U0803165

能源化工基地绿色发展概论

傅泽强　邬　娜　谢园园　等　编著

中国环境出版集团·北京

图书在版编目（CIP）数据

能源化工基地绿色发展概论/傅泽强等编著．—北京：中国环境出版集团，2021.6
ISBN 978-7-5111-4705-9

Ⅰ．①能…　Ⅱ．①傅…　Ⅲ．①能源工业—工业基地—可持续发展—研究—中国②化学工业—工业基地—可持续发展—研究—中国　Ⅳ．①F426.2

中国版本图书馆 CIP 数据核字（2021）第 070879 号

出 版 人　武德凯
策划编辑　周　煜
责任编辑　王宇洲　王　菲
责任校对　任　丽
封面设计　宋　瑞

出版发行　中国环境出版集团
（100062　北京市东城区广渠门内大街 16 号）
网　　址：http://www.cesp.com.cn
电子邮箱：bjgl@cesp.com.cn
联系电话：010-67112765（编辑管理部）
010-67112735（第一分社）
发行热线：010-67125803，010-67113405（传真）
印　　刷　北京中科印刷有限公司
经　　销　各地新华书店
版　　次　2021 年 6 月第 1 版
印　　次　2021 年 6 月第 1 次印刷
开　　本　787×1092　1/16
印　　张　16.75
字　　数　341 千字
定　　价　75.00 元

前　言

煤炭、电力及煤化工产业是国民经济的基础性产业，也是区域性的重要支柱产业。“富煤、缺油、少气”的能源禀赋条件决定了煤炭是我国长期的优势能源资源，依托大型煤炭基地，建设以煤炭采选为基础产业，集火力发电、煤化工及其相关配套产业于一体的能源化工基地，是充分发挥煤炭资源优势，实现煤炭资源转化增值，保障国家能源安全和经济安全的重大举措。

我国能源化工基地主要分布在水资源短缺、生态环境脆弱的西北地区，大范围、高强度的开发可能对区域资源和生态环境造成极其深远的影响，资源过度开发和不合理利用或仅仅以短期经济利益为建设目标，可能会导致长远性、灾难性的生态环境后果。因此，推动能源化工基地建立绿色、低碳、循环发展模式，加强能源化工基地环境管理，建设资源节约、环境友好的绿色能源化工基地，具有十分重大的现实指导意义。

本书以产业生态学和循环经济学等相关理论为指导，采取“全面调查、重点剖析”的技术思路，初步建立了我国能源化工基地绿色发展理论和实践框架。全书分上、下两篇共 12 章，其中上篇为基本理论与方法，共 8 章；下篇为新疆准东经济技术开发区绿色发展方案，共 4 章。

第 1 章初步界定、辨析了能源化工基地的基本概念、属性和特征，从空间分布、功能定位、产业结构、主导产业链条、主导产品等方面对国家级煤基产业集中发展区进行了对比分析；第 2 章以德国鲁尔工业区、法国洛林工业区、英国中部工业区和日本九州工业区为例，分析了世界典型发达国家大型煤炭基地发展历程、存在的问题及转型改造措施、成效；第 3 章依据相关产业规划，阐述了我国大型煤炭基地、煤电基地、煤化工基地建设现状、存在的主要生态风险和环境污染问题；第 4 章在界定生态产业链基本概念基础上，系统分析了产业关联机制、生态产业链类型和稳定性，构建了煤基生态产业链的总体框架，提出了生态产业链优化的技术途径和对策；第 5 章综述了物质流研究的国内外现状，从企业、产业链和产业系统三个层次构建了物质代谢分析模型，建立了能源化工基地物质流分析框架，分析了主要主导产业工业废水、工业固体废物代谢特征，编制了工业废水再生、固体废物循环利用技术清单，提出了主导产业物质流管理对策；第 6 章述评了生态风险评价的国内外研究现状，梳理了生态风险评价的基本理论和方法，建立了能源化工基地生态风险评价指标体系和方法，提出了生态风险管理对策；第 7 章阐述了环境准入管理研究现状和我国环境准入管理实践，从总体要求、生产布局、产业集群、工艺技术和装备、资源能源利用、污染防治 6 个方面提出了能源化工基地环境准入管理要点，提出了强化环境准入管理的对策和措施；第 8 章梳理了我国煤炭、电力、煤化工、建材产业政策，从经济政策、产业技术政策、环境保护相关政策三个维度评估了各类政策绩效，提出了促进能源化工基地绿色发展的政策框架；第 9～12 章研究编制了我国典型能源化工基地——新疆准东经济技术开发区的绿色发展方案。

本书集成了环保公益行业性专项项目“能源煤化工基地生态转型及其环境管理技术研究（200909064）”及相关课题的主要成果。全书由傅泽强主笔统稿。参加本书撰写的主要人员有傅泽强、邬娜、沈鹏、高宝、谢园园、刘景洋、郭玉文、王景升、李佳、吴佳等。

本书撰稿中参阅引用了众多学者的文献成果，我们获益颇多，衷心致谢，虽力图详列文中，但仍可能有遗漏。全书成稿后虽精心校核，但书中仍不免存在谬误之处，敬请读者不吝批评和斧正。

作者

2020 年 6 月于北京

目　录

上 篇　基本理论与方法

上　篇

基本理论与方法

第1章　概念与特征

本章界定、剖析了能源化工基地的基本概念、属性和特征，从空间分布、功能定位、产业结构、主导产业链条、主导产品等方面对国家级煤基产业集中发展区进行了对比分析。

1.1　定义

能源（本书特指煤炭，下同）化工基地是指在煤炭资源相对富集的地区规划建设的，以煤炭及其共生或伴生矿产资源的采选为基础产业，集煤炭采选、火力发电、煤化工及其相关配套产业于一体，以生产和输出煤炭、电力、煤化工产品为主的煤—电—化多产业集聚、多链条耦合、多产品输出的复合型煤基生态产业系统。

具体而言，能源化工基地是以煤炭资源就地加工转化利用为核心，以煤炭采选、火力发电、煤化工等为主导产业，以生产和输出煤炭、电力、煤化工（如煤制甲醇、煤制烯烃等）以及建材等多种类工业产品为功能的多产业集聚区。

1.2　属性与特征

从复合生态系统角度看，能源化工基地具有以下属性与特征。

第一，能源化工基地是一个以煤炭产业为主体的多产业聚集区。在煤炭资源富集区内通过规划建设煤炭采选、火电、煤化工及其配套产业项目，最终形成煤（采选）、电（火力发电）、化（煤化工）、建（材）等有多个产业分布的产业集聚区；其中，煤炭采选业是基础产业，火电、煤化工是主导产业，固体废物综合利用、污水再生等产业是辅助产业。

第二，能源化工基地是一个以煤炭资源为纽带，多产业关联耦合的煤基生态产业链网。煤炭采选业是上游产业，为能源化工基地内部下游产业提供燃（原）料；火电、煤化工是能源化工基地下游产业，通过煤—电、煤—化工产业链实现煤炭资源转化增值。此外，依据产业生态学原理规划建设一系列资源再生与循环利用项目，形成承担分解者功能的资源再生产业，从而实现基地内部的固体废物（煤矸石、煤泥、粉煤灰、化工渣）、废水（工业、生活）、废气（如二氧化碳）的综合利用。如此，能源化工基地形成了一个产业之间相互连接、产业链之间相互耦合的纵向闭合、横向耦合的生态产业链网。

第三，能源化工基地是一个多产品输出的煤基生态产业系统。除生产输出煤炭产品供基地内部、外部工业和民用外，通过理化过程，将煤炭资源转化为电力、煤化工产品，其中，火电厂输出的电能除供应集聚区内部工业和民用外，主要通过电网输出供应基地外部工业、民用；甲醇、二甲醚、烯烃、液化石油、煤气等系列煤化工产品是基地的最终产品或中间产品。此外，基地内部产生的工业“三废”经过资源再生转化过程，如余热余气余压利用、废渣制建材、污水再生等生产各类资源再生产品。

1.3 相关概念辨析

与能源化工基地概念相关的包括煤炭基地、煤电基地、煤化工基地，这些均属于国家根据煤炭资源禀赋条件、产业技术进步、经济社会发展战略需求而规划建设的煤炭产业集中发展区。根据国务院办公厅印发的《能源发展战略行动计划（2014—2020 年）》，我国已规划建设了 14 大煤炭基地、9 大煤电基地；根据《现代煤化工产业创新发展布局方案》，国家拟规划建设 4 大煤化工基地。

煤炭基地，指在煤炭资源禀赋条件较好的地区规划建设的以煤炭采选为主导产业的煤炭产业集聚区。

煤电基地，指依托煤炭基地规划建设的以煤炭采选为基础产业，火力发电为主导产业，以生产和输出电力为主要功能的煤电产业集聚区。

煤化工基地，指依托煤炭基地规划建设以煤炭采选业为基础产业，以煤化工为主导产业，以生产和输出替代石化产品、清洁燃料等为主的煤化工产业集聚区，煤化工产品一般包括煤制油、煤制气、煤制醇醚、煤制烯烃等。

关于能源化工基地，在国家相关政策文件、规划方案中并没有做出明确部署。部分地区依据本地煤炭资源禀赋条件和产业技术优势，明确提出了建设能源化工基地的相关规划，并已得到国家相关部委审查批复，如陕西省提出的《榆林能源重化工基地建设规划》、宁夏回族自治区提出的《宁东能源化工基地开发总体规划》（专栏 1-1）等。从各地关于能源化工基地建设规划的定位和内容看，能源化工基地基本上涵盖了煤炭采选、煤电、煤化工三大主导产业，同时也包括冶金工业等高载能产业项目、资源综合利用产业及环境基础设施等相关配套项目。

专栏 1-1 宁东能源化工基地

宁东能源化工基地是依托宁东煤田建设能源化工及相关产业集群的大型工业基地。规划区总面积为 3 484 km^2，范围覆盖宁夏回族自治区灵武市、盐池县、同心县、红寺堡区 4 个县（市、区），核心区面积为 766 km^2，距宁夏回族自治区首府银川市 40 km，距黄河 30 km。煤炭地质储量已探明 386 亿 t，占宁夏探明储量的 85%。

2007 年 3 月，国家《西部大开发“十一五”规划》将宁东基地列入其中，明确提出利用宁东地区水、煤、电、石油、天然气资源丰富的优势，加快建设国家重要的能源工业开发接续基地和重要能源化工产品加工基地。同年 4 月，胡锦涛同志在视察宁东时做出了“又好又快建设宁东能源化工基地，实现资源优势向经济优势转化”的重要指示。2008 年 8 月，温家宝同志在视察时指出：“高水平建设好宁东能源化工基地，是推动宁夏工业发展和产业结构调整的龙头，也是宁夏经济发展新的增长点。”“要把宁东建设成为贯彻科学发展观要求的全国一流经济开发区。”同年 9 月，国务院《关于进一步促进宁夏经济社会发展的若干意见》指出，将宁东基地建设成为国家重要的大型煤炭基地、煤化工产业基地、“西电东送”火电基地和循环经济示范区。2009 年 2 月，国家发展改革委批复了《宁东能源化工基地开发总体规划》，确定将宁东基地建成全国一流的能源化工基地；建成全国循环经济与资源高效利用示范区；建成带动宁夏回族自治区跨越式发展与实现全面小康社会目标的重点开发区，进一步明确了宁东的定位。

按照规划，宁东能源化工基地将建设成为以煤炭、电力、煤化工三大产业为支撑，全国重要的千万千瓦级火电基地、煤化工基地和煤炭基地。到 2020 年，形成煤炭生产能力 1.1 亿 t，电力装机 2 000 万 kW 以上，煤炭间接液化生产能力 1 000 万 t，煤基二甲醚生产能力 200 万 t，甲醇生产能力 170 万 t。

初步测算，基地总投资将达到 2 055.66 亿元，全部项目建成后，将新增工业增加值约 297.6 亿元，并拉动其他行业形成产值 897.39 亿元。

从空间分布、功能定位、产业结构、主导产品等几个方面看，4 类煤基产业集中发展区既存在联系，又存在差异，见表 1-1。

表 1-1 不同类型煤基产业集中发展区比较

<table>
<tr><th>产业基地名称</th><th>空间分布</th><th>功能定位</th><th>产业结构</th><th>主导产业链条</th><th>主导产品</th><th>备注</th></tr>
<tr><td>煤炭基地</td><td>神东、蒙东（东北）、鲁西、冀中、晋北、晋中、晋东、河南、两淮、云贵、陕北、黄陇（华亭）、宁夏宁东、新疆</td><td>煤炭开采</td><td>煤炭采选业，相关配套产业</td><td>煤炭开采—洗选</td><td>煤炭</td><td rowspan="4">神东含鄂尔多斯；
陕北含榆林、延安；
蒙东含锡林浩特；
新疆含准东</td></tr>
<tr><td>煤电基地</td><td>内蒙古锡林郭勒、鄂尔多斯，晋北、晋中、晋东，陕北，宁夏宁东，新疆哈密、准东</td><td>火力发电</td><td>煤炭采选业，火电，相关配套产业</td><td>煤炭采选—火电</td><td>电力+煤炭</td></tr>
<tr><td>煤化工基地</td><td>内蒙古鄂尔多斯、陕西榆林、宁夏宁东、新疆准东</td><td>煤化工</td><td>煤炭采选业，煤化工，相关配套产业</td><td>煤炭采选—煤化工</td><td>煤化工产品（煤制油气、煤制醇醚、煤制烯烃）+煤炭</td></tr>
<tr><td>能源化工基地</td><td>陕北榆林、宁夏宁东、新疆准东、内蒙古鄂尔多斯……</td><td>煤炭、电力、煤化工</td><td>煤炭采选业，火电，煤化工，相关配套产业</td><td>煤炭采选—火电—煤化工</td><td>煤炭+电力+煤化工</td></tr>
</table>

从空间分布看，煤炭基地的数量最多、分布范围最广，且大部分集中分布在中西部地区。煤电基地、煤化工基地数量较少，二者是在煤炭基地的基础上规划建设的，与部分煤炭基地在空间上重合；而煤化工基地与部分煤电基地在空间上重合。

能源化工基地是在大型煤炭、煤电和煤化工基地的基础上规划建设的，从空间分布、产业类型看，涵盖了煤炭基地、煤电基地、煤化工基地。4 类煤基产业集中发展区空间分布嵌套关系见图 1-1。

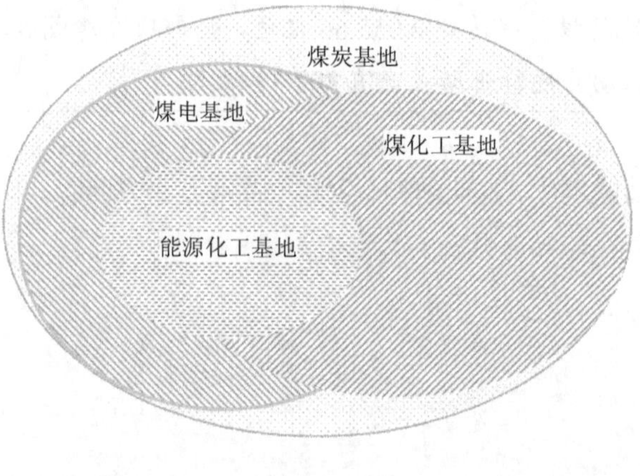

图 1-1 煤基产业集中发展区空间分布嵌套关系示意

从功能定位看，4 类基地均属于为保障国家能源安全而规划建设的煤基产业集中发展区，其功能定位与生产输出的主导产品有密切关系。其中，煤炭基地是以生产输出煤炭产品为主的煤炭产业集中发展区，煤电基地是以电力输出为主的煤电产业集中发展区，煤化工基地是以替代石化产品和清洁燃料的生产输出为主的煤化工产业集中发展区，而能源化工基地是以煤炭、电力和煤化工产品生产输出为主的煤电化产业集中发展区。

从产业结构看，煤炭基地的主导产业是煤炭采选业，煤电基地、煤化工基地除煤炭采选业外，其主导产业分别是火电、煤化工产业，而能源化工基地的主导产业涵盖了煤炭基地、煤电基地、煤化工基地的主导产业，包括煤炭采选业、火电和煤化工产业。

从主导产业链看，煤炭基地以煤炭采选业为主，主导产业链为“煤炭采掘—煤炭洗选”，基本上属于产业内部工序层次；煤电基地产业以煤炭采选业、火力发电为主，主导产业链为“煤炭采选—火力发电”；煤化工基地产业以煤炭采选、煤化工产业为主，主导产业链为“煤炭采选—煤化工”；能源化工基地包括“煤炭采掘—煤炭洗选”“煤炭采选—火力发电”“煤炭采选—煤化工”等多条产业链，形成了多产业、多链条的复合产业系统。

无论是哪类基地，均产生大量工业废水和工业固体废物（如煤矸石、中煤、煤泥、粉煤灰、炉渣、煤化工渣等），以及大量的余热、余压、余气等。按照循环经济发展要求，同时考虑废物资源循环利用的成本效益，基地内部一般配套建设废水、废渣、废气资源再生和循环利用工程项目，形成“工业废（污）水—中水或再生水”“工业固体废物—建材产品”“余热、余压、余气回收—发电”等多条废物资源（包括废水、废气、废渣）再生产业链。废物资源再生产业链、主导产业链彼此之间通过物流、能流交换，最终形成了纵向闭合、横向耦合的煤基产业链网。

1.4　小结

“富煤、缺油、少气”的能源禀赋条件决定了煤炭是我国长期的优势能源资源，规划建设大型能源化工基地是确保国家能源安全的重要战略选择。由于煤炭资源主要集中分布在生态环境相对脆弱、水资源严重匮乏的中西部地区，大型能源化工基地建设一方面受制于水资源短缺和生态脆弱性，另一方面可能对区域生态环境系统造成影响。

在传统能源产业经济体系中，煤炭基地以单一的煤炭采选为主，煤电、煤化工产品加工项目一般远离煤炭基地。煤炭基地输出的煤炭经长距离运输后，成为火电厂的燃料和煤化工产品生产企业的原料。从产业生态学角度看，由于煤炭采选、火电、煤化工等产业项目在空间分布上彼此相隔距离远，导致能源产业在空间上彼此分割，实际上没有形成一个结构完备、功能高效的生态产业系统，除煤炭开采、火电及煤化工生产过程造成的一系列生态破坏和环境污染外，煤炭长距离运输也显著增加了生产成本，降低了煤炭资源开采的经济效益。

能源化工基地是一个具有较高生态效率的煤基产业集中发展区（张驎等，2006）。煤炭采选、煤电、煤化工项目在空间上相邻，在物质、能量利用上有联系，并共享基地内部的基础设施，易于形成以煤炭采选为基础产业的生态产业链网。各条生态产业链的高效运行不但实现了煤炭就地转化，减少了因煤炭资源长距离运输带来的额外生产成本，提升了煤炭资源附加值，而且能够有效利用基地内部产生的各类废弃物，形成“资源—产品—资源”的物质代谢循环路径，解决了末端治理的被动性和低效性，实现了产业系统综合效益最大化。

随着能源、化工行业技术不断进步和生态环境监管力度不断加大，能源、煤化工行业的清洁生产和生态效率水平也不断提高。从经济、社会、生态环境综合效益和效率方面看，单个企业/行业与产业生态系统相比差异极其明显。考虑到煤炭、火电、煤化工等产业之间本身具有密切的关联效应，基于产业生态学和循环经济基本原理规划设计煤基产业生态链，优化调控煤基产业集聚区内部的物质流、能量流，建立健全生态环境管理技术，可形成一个绿色、清洁、集约、高效的煤基生态产业系统，极大地提升煤炭资源利用效率，实现能源化工基地绿色低碳循环发展。

第 2 章　世界能源化工基地发展概览与启示

本章追溯了德国鲁尔工业区、法国洛林工业区和日本九州工业区等世界典型能源化工基地兴衰历程及主要问题，分析了基地转型发展采取的主要措施，并从产业结构、生态环境保护、科技成果转化及环境基础设施建设等方面，总结了可供我国大型煤炭基地实现可持续发展借鉴的经验。

2.1　德国鲁尔工业区

鲁尔工业区（以下简称鲁尔区）位于德国西部、莱茵河下游支流鲁尔河与利珀河之间，在北莱茵—威斯特法伦州（以下简称北威州）境内。鲁尔区面积为 4 593 km^2，占全国面积的 1.3%。鲁尔区内人口达 570 万人，占全国人口的 9%，核心地区人口密度超过 2 700 人/km^2。

鲁尔区煤炭种类齐全，品位高，多为优质硬煤田（老木，2014）。煤田面积为 6 200 km^2，煤炭地质储量为 2 190 亿 t（2006），占全德国总储量的 3/4，其中经济可采储量约 220 亿 t，占全德国的 90%。

2.1.1　兴衰历程

19 世纪之前，鲁尔区的采煤业尚不成规模。到 19 世纪初期，随着焦炭、炼铁的广泛普及以及蒸汽机的广泛应用，煤炭需求量大幅上升。1813 年，鲁尔区煤产量已占到全德国总产量的 60%。

第一次世界大战结束后，根据《凡尔赛条约》，战败国德国要用鲁尔区的煤向法国给予战争赔偿，因此，鲁尔区引进了 15 万矿工和 45 万家属，加快发展煤炭开采业。著名的克虏伯钢铁公司、蒂森公司、鲁尔煤矿公司等大型公司在这一时期相继创建。丰富的煤炭资源推动了以煤为主要投入资源的二次能源开发和化学工业产业群体的形成。在此期间，鲁尔区形成了以煤炭、钢铁、机械制造等重工业为核心的产业结构，并成为德国重要的经济中心（冯革群等，2006）。

到第二次世界大战前夕，鲁尔区集中了德国 73%的煤产量、67%的钢产量、77%的焦炭产量、31%的人造液体燃料产量、36%的硫酸产量和 50%的颜料产量（柯文，1992）。在第二次世界大战期间，鲁尔区的重工业和资源对德国发动战争起了重要作用。当然，这一地区也成为盟军的主要轰炸目标，1943—1945 年，鲁尔区 3/4 的地区被炸，1/3 以上的煤矿被炸毁。

第二次世界大战后，欧洲的重建和经济振兴带动了鲁尔区的再度繁荣。到 20 世纪 50 年代，鲁尔区钢铁产量已占到德国的 70%左右，煤炭产量更高达 80%以上。鲁尔区以其国内生产总值（GDP）占西德 12%的份额，成为德国经济实力最强劲的地区，为第二次世界大战后德国“经济奇迹”做出了重大贡献。

但是，从 20 世纪 50 年代末期开始，随着石油、天然气逐渐成为主流能源，以及新一轮科技革命浪潮的冲击，鲁尔区先后遭遇“煤炭危机”和“钢铁危机”。以煤、钢铁为基础的重化工业经济结构日显弊端，区域经济陷于结构老化的危机之中，主要表现为经济增长乏力、主导产业衰落、就业人数下降、失业率上升、大量人口外流、社会负债增加、生活水平相对下降和环境污染日益严重等方面。到 1980 年，鲁尔区所在的北威州每千名居民中接受救济的人数由 29.7 人升至 36.6 人，负债额占全国的比重也由 6.4%升到 31.1%。至此，鲁尔区已从德国工业化的“领头羊”、20 世纪 50 年代“经济奇迹”的发动机转变成 20 世纪 80 年代的衰退地区。

2.1.2　问题分析

鲁尔区依托丰富的煤炭资源，首先发展煤炭产业，然后随着煤炭资源的进一步综合利用，逐步发展钢铁、机械制造等工业，并且形成了以煤炭、钢铁、机械制造等重工业为核心的重化工业结构，具有强烈的资源依赖性。

但是，在石油、天然气逐渐成为主要能源消费种类、煤炭资源贮存量不断减少等因素的综合作用下，鲁尔区以煤炭资源为基础的单一化、重工业产业结构的弊端日益凸显，产业发展的不可持续性日趋明显，表现在：工业产值的增长速度大大低于全国工业产值的增长，经济增长速度放缓；许多煤炭、钢铁、机械制造等企业已经倒闭或者面临倒闭风险，主导产业衰落，环境污染严重，失业率持续上升，社会不稳定因素增多等（佚名，1992）。

不仅如此，更为重要的问题是人们赖以生存的环境遭到了极大的破坏。据统计，1961 年鲁尔区共有 93 座发电厂和 82 个炼钢高炉，每年向空气中排放 150 万 t 烟灰及 400 万 t 二氧化硫。1962 年 12 月，鲁尔区首次遭遇雾霾危机，当时部分地区空气二氧化硫质量浓度高达 5 000 $\mu g/m^3$。同时，矿区排放的大量污水严重污染了当地饮用水和生态用水，致使鱼类曾一度绝迹，水生态环境遭到严重破坏。

2.1.3　改造措施

（1）建立管理机构，制定发展规划

1920 年，鲁尔煤管区开发协会成立，成为鲁尔区最高规划机构，现已成为区域规划的联合机构、北威州的权力部门。该机构具有广泛的代表性，成员中 60%是市、县政府代表，40%是企业代表。

针对存在的问题，鲁尔煤管区开发协会于 20 世纪 60 年代编制了鲁尔区第一个总体发展规划，并作为法令要求全区严格遵守执行。1969 年在经过多次修改后该总体发展规划成为联邦德国第一个在法律上生效的区域整治规划（李晟晖，2003）。

此后，德国政府对鲁尔区颁布并实施了一系列规划与政策（王志成，2014），包括 1970 年的“北莱茵—威斯特法伦 75 计划”、1979 年的“1980—1984 年鲁尔行动计划”、1985 年的“鲁尔煤钢地区的未来倡议”、1989 年的“区域性综合整治与复兴计划”“矿冶地区未来动议”，近年来又着手实施“欧盟与北威州联合计划”以及 2007 年的“未来鲁尔倡议”等。

（2）改造传统产业，鼓励新兴产业

从 20 世纪 60 年代开始，鲁尔区大规模地整合煤炭和钢铁工业，对企业实行集中改造。1968 年，鲁尔区开始着手进行产业结构和空间布局调整，拯救老企业，重点采取了对矿区进行清理整顿、将采煤业集中到盈利多和机械化水平高的大矿井、调整企业的产品结构和提高产品技术含量等措施。在 1966—1976 年的 10 年间，政府共拨款 150 亿马克资助煤矿集中改造，关闭不盈利、技术落后的小煤矿，同时对能耗高、污染大的煤化工厂和炼钢厂实行兼并、重组。

加强企业内部和企业之间的协作，进行循环化改造，实现资源配置和经济效益最优化。近百年来，鲁尔区由单一的采煤工业发展成为拥有多种工业部门的综合性的工业聚集区，拥有采煤、冶金、机械、电力、化学、建材、酿酒、食品等多种工业部门，各部门不仅在地域上相对集中，而且各部门、各企业之间相互联系、有机结合。

在对煤炭、钢铁等传统支柱产业进行调整过程中，鲁尔区注重技术更新，依靠先进技术实现产业升级（李晟晖，2003）。例如，在东鲁尔区开发研制并在竖井设备中采用最新的现代矿山开采技术。此外，20 世纪 70 年代中期，在钢铁工业不景气的情况下，钢铁企业调整产品结构，积极开发具有竞争力的新产品，同时通过引进新技术使产品升级换代。

在改造传统产业的同时，鲁尔区鼓励发展新兴产业，如汽车、炼油、化工、电子以及服装、食品等。目前这类企业已遍及全区，且大多是技术精良的中小企业，产品种类繁多。同时，鲁尔区的第三产业蓬勃兴起，各城市大多已建有完善的服务业，服务网点遍及各个角落，在边缘地区开辟了新的旅游点，为旅游业的发展提供了条件。

（3）制定环保法规，治理环境污染

① 严格立法设规

1974 年，联邦德国出台了《联邦污染防治法》，主要对大型工业企业进行法律约束，制定更为严格的排放标准。《联邦污染防治法》明确规定，现有的企业要在一定时间内加装废气过滤装置，排放必须达标。新成立企业在申请时就必须严格遵守该法律的规定。

1979 年，《关于远距离跨境空气污染的日内瓦条约》对区域空气污染控制做出规定。1999 年，欧洲国家以及美国和加拿大共同签署了《哥德堡协议》。根据该协议，到 2010 年，德国要完成二氧化硫排放减少 90%、氮氧化物排放减少 60%等目标。2005 年，德国氮氧化物排放量为 1.446×10^3 t，比 1990 年减少了 60%。

自 2005 年 1 月 1 日起，德国实行欧盟的统一排放标准。例如，粒径小于 10 μm 的可吸入颗粒物（PM_{10}）年平均值应低于 40 $\mu g/m^3$；日平均值应低于 50 $\mu g/m^3$。如出现日平均值高于该值的情况，每年不得超过 35 天。而自 2010 年起，德国已将欧盟关于粒径小于 2.5 μm 的细微尘颗粒（$PM_{2.5}$）的规定引入本国，并争取到 2020 年，将 $PM_{2.5}$ 年平均质量浓度降至 20 $\mu g/m^3$ 以下（王志成，2014）。

② 控制污染排放

第一，控制工业废气。一方面，针对燃煤电厂锅炉烟气，德国要求工业企业必须配备过滤装置或净化设施。新建燃煤电厂锅炉烟气电除尘后，应采用石灰乳湿法脱硫；老燃煤电厂除了进行除尘脱硫外，还应采用催化脱氮装置。另一方面，针对垃圾焚烧废气，要求采用酸、碱两段吸收及催化装置治理垃圾焚烧尾气中含有的二氧化硫、氮氧化物等有害物质。

第二，控制工业废水，加强中水回用。鲁尔区在鲁尔河上建立了完整的供水系统，在 100 km 长河面上先后建立了 4 个蓄水库和 108 个清水池，在埃姆舍河口修建污水净化系统。在矿井较为集中的地方建立了中心型矿井水处理系统，在井下收集地表渗透水，然后用潜水泵采用多级提升的方法排到中心处理站处理，处理后的矿井水排到附近的河流中。

第三，控制车辆尾气。德国对小汽车、轻型或重型卡车、客车、摩托车等各类车辆的尾气都设定排放上限。而且法律规定所有在德国境内销售的汽车必须装有汽车尾气净化装置，私人轿车每两年、运营车每一年进行一次检验，其中包括汽车尾气的检验。此外，国家还投入大量资金，进行低排污量发动机及尾气净化装置的研发。

第四，控制民用采暖排气。对于冬季用煤取暖，德国规定了取暖用煤中硫的最高含量和所排烟气中的含硫量。

③ 改善土壤和绿化环境

联邦政府专门设立了 3.5 亿马克的“鲁尔地产基金”，用于收购关停并转企业闲置下来的土地，并建立专门机构，对土地进行评估处理。土地只有在经过消毒清洁后，才能成为新的工业用地、绿地或居民区。此外，在鲁尔区总体规划中制订了营造“绿色空间”的计划（乔青山，2013）。

（4）出台优惠政策，提供政策扶持

为推动鲁尔区的经济结构变革和保持社会稳定，联邦和州政府对煤矿地区实施了一项为期三年的特殊政策，一是通过德国联邦协调银行提供 9 亿马克的低息贷款；二是每创造一个就业岗位就提供给企业 5 万马克；三是政府全额资助工人的转岗培训费用。

在改造传统产业过程中，鲁尔煤管区开发协会制定了多项优惠政策，一是对煤炭、钢铁工业改造提供资金援助；二是降低投资税，运用补贴和价格手段支持煤炭工业的发展；三是政府向在鲁尔区新建和迁入的企业提供低息贷款和就业赠款。同时，对生物、信息和环保型及科技型企业予以政策上的支持。北威州规定，凡新兴产业在当地落户，对大型企业投资者给予 28%、对小型企业投资者给予 18%的经济补贴。

（5）加强人才培养，加快技术研发

鲁尔区十分注重对青年职工的严格培训、对在职工人的“转业”培训、对技术管理人员的进修和新技术训练。同时，鲁尔区内几乎每座城市都有一所高等院校，中专、技校则更为普遍，其中仅煤炭技校就有 30 多所。除此之外，鲁尔区还有众多的研究所，如位于埃森市的煤炭研究中心、位于多特蒙德市的明斯特大学社会科学研究所、位于米尔海姆市的马克斯—普朗克煤炭研究所等。

不仅如此，鲁尔区重视高技术的市场化，这里所有大学和研究所都有技术转化中心，以帮助企业把技术转化成生产力。

2.1.4　改造成效

经过数十年持续不断的努力和发展，鲁尔区在整顿传统产业的同时，致力于发展新的工业及服务行业。新的企业如化学、汽车、机械制造、信息通信以及环保企业等纷纷建立，零售业、旅游业、法律咨询、广告、多媒体等各种新兴服务产业百花齐放，鲁尔区的产业结构已由单一产业结构向多元化产业结构转变。

鲁尔区第二产业的就业比重下降较快，已由 20 世纪 80 年代的 58.4%下降到 2000 年的 33.3%。与此同时，第三产业的就业比重上升较快，由 20 世纪 80 年代的 40.2%上升到 2000 年的 65.5%。

鲁尔区的基础设施建设和环境治理工作取得了不错的成绩。在基础设施方面，先后建成了 6 条航运水道、74 个内河港口、9 850 km 的铁路、8 500 km 的运输管道和四通八达的高速公路。现在的鲁尔区有全德国最便捷、最发达的水陆空接通网路。在环境治理方面，国土整治和绿化也取得了效果，城市的空气、水资源都得到有效改善，整个区域基本上实现了水清、天蓝、地绿的目标（赵涛，2000）。

2.2 法国洛林工业区

洛林工业区（以下简称洛林区）属于法国东北部地区，位于与比利时、卢森堡、德国和瑞士交界处，包括默兹省、孚日省、摩泽尔省和默尔特-摩泽尔省 4 省。洛林区面积为 2.35 万 km^2，占全国总面积的 4.3%；人口约 231 万人，占全国总人口的 3.9%。

洛林高原是法国矿产资源富集区。其中，铁矿是其最重要的矿产资源，储量达 60 亿 t，占法国铁矿资源的 4/5 以上，且埋藏较浅，便于开采。但是，矿石品位较低，平均含铁量仅为 30%左右，而含磷量较高，平均为 1%左右。摩泽尔河以东的煤田是法国最大的煤田，储量占法国 1/2 以上，煤质较好，可以炼焦（王德喜，1991）。

2.2.1 兴衰历程

在第二次工业革命以前，洛林是一个以农业为主的贫穷落后地区。第二次工业革命时期，洛林的铁矿开采和工业化较晚，煤炭、钢铁工业发展缓慢。一直到第二次世界大战以后，法国重点恢复和发展基础工业，洛林区的钢铁、煤炭生产才有了很大发展。1945—1960 年，洛林区的铁矿石产量增加了 3 倍，生铁产量增加了 2 倍，煤炭产量增加了 1 倍，整个洛林区提供了全国 3/4 的铁、2/3 的钢和 1/3 的煤炭。

洛林的辉煌没有持续多长时间，进入 20 世纪 50—60 年代后，受资源的消耗、科学技术的进步、替代产品的出现等多种因素影响，洛林的煤炭、钢铁工业经历了由高速发展到衰落的过程。1957 年原煤产量为 6 000 万 t，达到最高峰。20 世纪 60 年代以后，法国原煤产量逐年下降。1973 年降至 2 911 万 t，减产一半。1990 年原煤产量为 1 289 万 t，自给率不足 1/2。到 2005 年，法国矿井全部关闭，彻底结束了煤炭生产。1970 年，铁矿石产量为 5 000 万 t，达历史最高水平，到 1983 年已降至 1 600 万 t。

严重的产业衰退、企业亏损、失业率上升、环境污染等问题使得洛林区自 20 世纪 60 年代以后成为法国的经济落后地区，完全依靠国家大量补贴（陈志萱，2008）。

2.2.2 问题分析

洛林区以丰富的煤铁资源为基础，从 1945 年开始大力发展煤炭、钢铁产业，在很短的时间内取得了卓越的成就。但是，洛林区的产业结构较为单一，仅以煤炭、钢铁等重工业为主，且高度依赖有限的煤铁资源，增长方式较为粗放。当有限的煤铁资源被开发殆尽，加之石油、天然气等新型能源迅速崛起，在多重作用下，洛林区煤炭、钢铁等产业从 1960 年就开始步入难以为继的困难境地，并且带来了失业率上升、环境污染严重等问题。

2.2.3 改造措施

（1）建立管理机构，制定专项规划

为了保证洛林等老工业区改造能顺利进行，防止地方恶性竞争，法国成立了工业转型与国土整治部，专门对改造进行总领和协调，并在与比利时和卢森堡接壤地区成立了欧洲资源转型与调整中心，为洛林区的调整与改造提供组织保障。在洛林区，成立了煤矿关闭环境综合治理办公室，负责煤矿关闭后的善后处理工作；成立了促进矿区和地方工业化的金融（投资）公司（SOFIREM），对矿区创办企业给予资金支持。此外，还有一个管理机构——洛林工业促进与发展协会，主要负责利用洛林区的土地、经过培训的劳动力、地理位置、基础设施和能源优势，吸引外部投资集团，寻求并接受国家和国际项目。

法国曾先后制定专门规划，如“钢铁工业改组计划”“拯救钢铁工业计划”等对老工业基地实施有序改造。为了使国家目标与地区目标相协调，法国政府还与各地方政府签署“国家—地区经济发展合同”，国家负有常年承担合同中“优先项目”的义务。

（2）采用“休克式”做法淘汰传统产业

洛林区对传统产业改造采取的是较为彻底、较为激进的方式，就是在停建一切传统产业的新企业的同时，通过关、停、并、转，大幅淘汰经营不善的企业，大批裁员，以提高劳动生产率。

同时，将保留的企业实施国有化改造，向少数企业集团集中。通过实施“紧缩”政策，大幅压缩煤炭、钢铁以及纺织产业规模，并最终实现退出不具有竞争优势的传统产业领域。

（3）高起点发展新兴产业

洛林区没有在原有的产业基础上拓展、延长产业链，发展接续产业，而是高起点利用第三次产业革命的成果，大力扶持和导入市场前景看好的新兴技术产业，如汽车、电子和塑料加工业等（辽宁工业转型研究课题组，1998）。

目前，汽车、电子和塑料加工业 3 个行业用工人数占工业总人数的 20%，而在 1960 年还不到 5%。洛林区已经从一个以煤炭、钢铁等传统产业为主的老工业基地转变成以高新技术产业、复合技术产业为主的新兴工业区。

（4）出台优惠政策，吸引外部投资

对于到本地投资办厂的企业，洛林区不仅给予税收优惠，而且给予设备、土地以及就业补贴。例如，在洛林区建厂，土地的价格比较便宜，只相当于德国的 1/6～1/5，而且地方还资助 50%；厂房建设可得到 20%的资助；在原有矿区办厂，国家给予 5 年免税待遇；在设备方面，可得到 15%的资助。

此外，政府还帮助新建企业按岗位要求进行劳动力培训，规定每雇用一个本地劳动力，可得到3万法郎资助；洛林区还通过在国外设立代办处，对一些大的国际公司进行调查，分析这些公司在洛林区落户的可能性，如果发现哪家国际公司愿在本地投资，就邀请他们到本地参观，介绍自己的优势和优惠政策。

（5）大力扶持中小企业

第一，为中小企业提供创业资助。在洛林区创建雇员不足15人的小型企业，可得到1万～2万法郎的创业补贴。当企业的新设备投资达到3万法郎以上时，若是生产性设备，可享受最高为设备投资额30%的地区补贴；若是服务性设备，补贴的最大比例可达20%。

第二，支持中小企业的技术进步。当中小企业招聘具有大学以上学历的高级技术人员时，可得到由地方政府提供的住宅补贴、高工资补贴及研究与开发经费资助。

第三，创办中小企业孵化器。在孵化区内，有厂房、车间、机器、办公室等设施，配有专家顾问，可供创业者实习两年，从而降低创业者的创业成本和创办企业的风险。一个中小企业孵化器每年大约扶持创立20家新企业，帮助10家企业改型。为了给企业提供较好的服务，孵化器每年分别同100家科研单位、企业取得联系，同时与整个地区的技术转让网络建立联系，与所有的技术开发区也建立联系，这些措施都有力地保障了中小企业的发展。

（6）妥善解决失业问题

第一，实行提前退休政策。法国规定煤矿职工退休年龄由55岁提前到45岁，地面工人由60岁提前到50岁，提前退休职工的退休金为原工资的85%，比正常退休的65%还要高。对一些不愿转行、希望享受提前退休政策又不到提前退休年龄的职工，政府成立留守处，组织这部分职工从事煤矿关闭后的一些善后处理及环境治理工作，直至退休。

第二，加强再就业培训。洛林区的再就业培训组织严密，实施分门别类管理，而且培训的时间较长，培训时间一般为2年，特殊岗位可达到3～5年。按照有关法律的规定，企业职工必须定期离岗参加培训。培训期间，职工可领取70%的工资，培训费用由国家承担。培训结束后，可返回原单位工作，也可以离开原企业另谋职业。

第三，鼓励自谋职业、自主创业。以洛林区的煤炭行业为例，政府规定，根据煤矿工人职工的年龄情况，对开办公司的职工给予约65万法郎的启动资金；对到其他公司工作的给予约45万法郎的扶助资金；煤矿职工自谋职业所需的差旅费、邮政费等全部由煤炭公司支付；煤矿职工到新公司工作的1～3个月试用期间，工资仍然由原煤炭公司支付；煤矿工人到新公司工作，煤炭公司负责搬家并给予住房补贴等；煤矿工人在新公司的第一年工资如果低于原工资，煤炭公司给予补差。

（7）加强环境整治和基础设施建设

第一，大力整治矿区环境。成立煤矿关闭环境综合治理办公室，负责环境治理工作，并创立专项基金。煤矿关闭后及时调查环境污染情况，并组织实施治理。煤矿关闭后，对其进行重新改造，或建居民住宅、娱乐中心，或作为新厂厂址，或植树种草等。

第二，加强基础设施建设，营造良好的投资环境。由政府拨专款建立煤矿地区工业发展基金，主要用于基础设施（不动产）投资，不需要偿还。

2.2.4 改造成效

经过改造，洛林区已由一个人文环境很差的重工业城市变成了一个人居环境优美、人文气息浓郁的绿色城市。工业的重心也由过去的以煤炭、钢铁为中心，转变为以汽车、塑料和电子元器件三大产业为主体的现代工业中心。

借助于一系列优惠条件与良好服务，洛林区在对外开放、利用外资方面取得了突破性进展。目前，到法国投资的外商50%都集中在洛林区，在该地区的外国企业已达500多家，涉及40多个国家和地区。

2.3 英国中部工业区

英国的传统工业区位于英格兰北部和苏格兰南部，集中在以伦敦为核心，包括伯明翰、利物浦、曼彻斯特和谢菲尔德等在内的英国中部地区。

英国煤炭资源丰富，硬煤总储量达1 700亿t，其中已探明储量为450亿t。英国煤炭资源多属中厚煤层，平均厚度为1.3～1.5 m，其中1.2 m以下的占30%，1.2～2.2 m的占58%，2.2 m以上的占12%。

2.3.1 兴衰历程

伴随着第一次工业革命的发生，纺织、冶金、煤炭、机器制造和交通运输等产业在英国迅速发展。第一次工业革命以后，英国工业布局集中于煤炭、钢铁产地及水利资源丰富的地区，形成了伯明翰、利物浦、曼彻斯特、谢菲尔德、纽卡斯尔、加的夫、伦敦等老工业基地。

第一次世界大战和世界经济危机后，英国的煤炭工业逐渐衰退，煤炭年产量从1938年的2.3亿t一路下跌到1945年的1.87亿t。第二次世界大战后，能源需求增加，煤炭产量有所回升，1952年产量恢复到战前的2.3亿t，是英国战后的历史最高水平。

由于1956年的伦敦烟雾事件、北海油田的开发以及煤炭价格不断上扬等原因，石油销量呈直线上升趋势，能源结构开始发生变化。1957年后，煤炭销售量下滑，库存增加。到1960年，煤炭占终端能源消费的63%，此后煤炭工业急剧衰退。到1996年，英国只剩下20余座煤矿，产量仅5 000万t，煤炭在终端能源消费结构中仅占7%。

2.3.2 问题分析

英国煤炭工业由于开采条件差、人力成本高等造成煤炭开采的成本相对较高，在与相对低价的进口煤炭进行竞争时处于劣势，出现了销售困难、连年亏损等问题。不仅如此，到 20 世纪 80 年代，随着能源结构的变化，煤炭工业的市场需求直线下降，间接加快了煤炭工业的衰退。

此外，英国存在着利率过高的问题，20 世纪 80 年代平均利率保持在 12%～14%，在西方工业化国家中利率水平最高。这种高利率政策虽然起到了抑制通货膨胀的作用，但同时也抑制了工商业的投资，导致经济增长乏力和失业人口增加。

2.3.3 改造措施

（1）成立专门机构，制定相关法律

英国成立了煤炭调整部，专门对煤炭类企业的改造进行监管。英国还于 1999 年 4 月成立了地区发展代理机构（RDAs），该机构属于非政府机构，主要为各个地区制定相应的发展战略，促进地区经济的发展，减少地区间及地区内部的不平衡。2001 年 6 月后，贸易工业部（DTI）开始参与地区经济事务，主要负责与工业有关的地区政策的实施。

为了保证老工业基地改造能顺利进行，英国制定了多项法律。例如，早在 1945 年，英国就制定了《工业分布法》，法律规定：任何新建工厂或车间扩建，只要超过一定规模[起初定为新建超过 10 000 平方英尺（1 平方英尺≈0.093 m^2）和扩建超过原规模的 10%，但后来有所变动] 就必须从政府商务部取得工业发展执照。此后，英国还颁布了《卫星城镇法》（1946 年）、《田园城市法》（1947 年）、《开发地区的指定》（1958 年）、《地方雇佣法》（1960 年）、《办公及工厂建设限制法》（1965 年）、《选择雇佣法》（1966 年）等，为老工业基地的发展提供法律保障。

（2）改造传统产业，发展高新技术及服务业

一方面，削减生产效率低下、盈利情况不佳、没有发展前途的企业。由于采用压缩煤炭、纺织、钢铁等夕阳产业的政策，英国的老工业基地钢铁产业从业人员数量从 1967 年的 26.7 万人减少到了 1988 年的 5 万人。另一方面，对一些尚有改造余地的企业进行技术改造，更新设备、采用新工艺，使其脱胎换骨。以钢铁制造业为例，1967 年，政府把该行业的 90%收归国有，之后投资 30 亿英镑进行现代化改造，将新技术应用于冶炼与轧制、设计与生产、管理与营销等方面。通过改造，英国钢铁产业丰富了产品品种，提高了产品质量，增加了产品的技术含量，提高了劳动生产率。

在改造传统产业的同时，英国适时在中部各个老工业地区发展高新技术产业及服务业。电子、通信、生物工程、软件、汽车等行业的比重日益增加，物流、金融、中介、

咨询等服务行业也得到了较大发展。例如，在 20 世纪 70—90 年代的经济结构调整中，伯明翰的制造业共减少了 10 万个工作岗位。

（3）放松政府管制，鼓励自由竞争

英国政府通过一系列财政及货币政策，放松或取消国家控制与干预，鼓励自由竞争，调动企业生产及投资的积极性。

在老工业基地改造过程中，英国政府废除了 160 多项对经济活动的限制规定，例如，取消最低固定佣金制度，取消证券经纪人与证券批发商之间的分工，允许外国公司直接参加市场交易，废除私人企业工人最高工资的限额及对产品价格的限制等。同时推行国有企业私有化，扶植私营部门的发展，把企业推到市场上去竞争，促使企业提高经济效益，政府只提供有利于经济发展的外部环境，而不干预其中。

（4）改善外部环境

英国政府放松对市场的干预，转而致力于改善经济发展的硬、软环境。在硬环境方面，政府在老工业地区大力兴建交通运输、通信等基础设施，治理环境污染，改善生活环境。

在软环境方面，政府在老工业地区开展了大量教育及培训活动，还为在老工业地区投资的企业提供现金补助，为高新技术企业实行税收减免政策等。例如，按照英国 1996 年的《工业发展法》，在英国南威尔士和西南部等被划为援助区的地区投资，可得到相当于工厂设备投资 40%的赠款，而对于那些投资高新技术的企业给予特别优惠的政策，可提供高达 50%的资助，并可减免所得税、财产税。

（5）鼓励扶持中小企业

在投资方面，政府制订了《企业扩张计划》，为中小企业提供资本和技术咨询。在金融政策上，提高中小企业的开业贷款额，帮助小企业筹借外部资金。在税收政策方面，减少所得税、投资特别税、法人税及附加税、资本让渡税、资本所得税等。

（6）妥善解决失业问题

1984 年，英国专门成立了职工安置机构——煤炭企业转产有限责任公司，负责实施煤矿职工职业变更计划，安置煤矿关闭后下岗人员及其他煤矿富余人员。煤炭企业转产有限责任公司的主要任务包括：一是为煤矿富余人员找到尽可能理想的新职业；二是提供职业变更的技术培训；三是为煤矿职工职业变更提供贷款，增加矿区就业渠道。同时，英国政府还大量开展了就业培训活动。

2.3.4 改造成效

经过多年的努力，英国中部工业区城市，如伯明翰等在产业转型上取得了巨大成果。2001—2005 年，伯明翰的经济出现了大幅度的增长，曾经一度保持了每年 3.27%的增长率，2010 年以后，伯明翰的经济增长率已经明显高于当年英国经济增长的平均水平。尤其是 2012 年，伯明翰实现全年生产总值 126.5 亿元，同比增长 17%。

2.4 日本九州工业区

九州工业区位于日本列岛的西南部，包括福冈、佐贺、长崎、熊本、大分、宫崎、鹿儿岛 7 个县。九州工业区总面积为 4.2 万 km^2，约占全国面积的 11.2%，总人口为 1 323 万人（2003 年），约占全国的 10.5%。九州全境煤田探明储量为 42.7 亿 t，可采储量 4.19 亿 t，分别占全国的 49.7%和 42.7%（孙久朋，1990）。

2.4.1 兴衰历程

九州工业区的形成始于明治维新时期。在“殖产兴业”“富国强兵”政策的推动下，1887 年日本在九州地区开发筑丰煤田。1901 年，利用筑丰煤炭、以军需生产为目的的八幡制铁公司的建立，标志着九州工业区的形成。

第一次世界大战后，日本的工业布局开始向沿海地区集中，九州的工业以八幡制铁公司为据点得到迅速发展。到 20 世纪 20 年代前后，在北九州地区聚集了大批工矿企业，形成了以钢铁、煤炭、化工、造船为中心的重化工业基地，成为日本“四大工业地带”之一。

第二次世界大战后，日本政府以“倾斜生产力方式”为核心的产业复兴政策曾使九州的钢铁、煤炭工业有过一段高速成长期。20 世纪 50 年代，日本产业政策的重心开始由“经济恢复”转向“经济振兴”，贸易立国发展战略的确立使资本密集型产业成为政府产业政策支持的重点，而基础产业、原材料产业让位于新兴的加工工业。这一时期，九州的钢铁工业逐渐失去支持，煤炭工业则由早期的促进成长的保护对象转变为衰退调整的保护对象（李猛，2002），到 20 世纪 70 年代，九州区逐步成为日本亟待整治的老工业基地。在石油等能源种类的外部冲击下，九州区高度依赖煤炭资源的重化工业结构的弊端日益凸显，逐步走向衰退。此外，九州区在发展过程中对自然环境的保护力度不够，导致发生了“米糠油事件”等公害事件。

2.4.2 问题分析

九州工业区的经济发展高度依赖煤炭资源，当有限的煤炭资源面临枯竭时，其经济即陷入困境。尤其是在石油等能源种类的外部冲击下，高度依赖煤炭资源消耗的重化工业结构的弊端日益凸显，煤炭工业遭到生产成本和市场空间的双重挤压，开始逐步衰退。

不仅如此，九州工业区在产业发展过程中对自然环境的保护力度不够，出现了严重的环境污染问题。1966 年北九州洞海湾内的溶解氧量为 0 mg/L，而化学需氧量则高达 36 mg/L，100 多种鱼类和其他水生生物在海湾内全部绝迹。1968 年在此爆发了“米糠油事件”，成为 20 世纪“世界八大公害”事件之一，环境污染达到了顶峰。

2.4.3　改造措施

（1）采取循序渐进政策调整煤炭产业

日本政府对九州煤炭等资源产业采用的是“渐进式”调整战略。日本政府用了近 40 年的时间调整九州的煤炭产业，使九州的煤炭产业顺利实现软着陆。

1962 年 7 月日本第一次制定煤炭政策，截至 1991 年 7 月日本政府共 9 次修改煤炭政策。前 3 次煤炭政策主要力求稳定煤炭产量，保证国内生产需求，而第 4 次煤炭产业政策中明确提出了“煤炭工业的自立发展已经没有可能，应勇敢地去选择进退”的煤炭工业夕阳化路线，第 8 次煤炭政策明确提出加大国外煤炭开发。9 次煤炭政策调整反映出日本政府对煤炭产业从保护、扶持到放弃的演变过程，对九州地区煤炭产业的软着陆起到了关键作用。

同时，完善社会保障，重视失业人员的培训与安置，保障失业人员就业平稳过渡。日本政府为安置关闭煤矿后的失业人员制定了《煤炭矿业结构调整临时措施法》《煤矿职工队伍稳定雇佣临时措施法》《煤炭矿业年金基金法》，对在合理调整中离岗的煤矿职工发放退职金和离职金，实施援助职业转换、办理职业训练和再就业援助等措施，使离岗人员实现再就业和保障生活稳定，避免因矿山关闭造成社会和经济混乱。

（2）结合区位优势发展新兴替代产业

日本在九州工业区产业结构调整的过程中，并没有简单地在原有资源产业基础上向前或向后延伸发展接续产业，而是对九州地区的区位优势进行重构，结合区位优势重新定位产业结构，植入新兴替代产业，实现产业结构的多元化和高度化。其中，最典型的就是九州的集成电路（IC）产业。IC 产业为九州经济注入了新的活力，这不仅对地区的经济发展起到推动作用，而且形成明显的集聚效应，极大地促进了九州地区高新技术产业的发展。

（3）创立技术城模式，注重成果转化

技术城（technopolis）是以高技术研究开发为基础，将产（业）、学（术）、住（生活环境）有机结合成“三位一体”的、以原有地方城市为母城的新型中小城市。技术城在地域上大体是按圈层模式规划的。高技术城本身是核心，为内圈，包括产、学、住基本功能齐全的独立生活圈；将高速公路或铁路行程为 1～2.5 h 的中心城市地区规划为中间圈；以飞机航程 1 h 左右为界作为外圈。中间圈和外圈属于日归型行动圈。技术城的基本设想是把经济发展与科学技术、产业技术结合为整体，把开发高技术产业与改造传统产业相结合，将产、学、住有机融合，以优良的环境、优惠的政策和一定的技术经济基础，吸引外地人才和大企业，目的是提高地方实业的技术水平，进而促进地方工业发展，实现地区经济振兴。技术城的迅速发展，推动了当地基础设施的建设，促进了新产品、新技术开发和人才培养，对推动九州的工业和经济发展做出了突出贡献。

在技术城带动下，遵循“产、学、官”原则，九州地区科技成果转化效果明显。九州地区于2002年成立了地区产学官交流中心，负责汇总企业需求、掌握技术资源信息、匹配科研院所、提供交流信息、指导科研方向等。“产、学、官”结合活动成果显著，对促进地区科技成果转化、提升地区产业技术能力发挥着重要的作用。2002 年，九州企业与大学、科研院所共同研究的项目数为810件，5年间增长了2.57倍，已占到全国的12.0%。

（4）注重环境修复

第一，制定严格的环境保护法律。20世纪60—70年代，日本政府先后出台了《公害对策基本法》《大气污染防治法》《噪声规制法》《水质污染防治法》《海洋污染防治法》《恶臭防治法》《自然环境保护法》等一系列环保法律。进入20世纪90年代，日本又推出了《循环型社会形成推进基本法》及2部综合性法律和6部专门法。九州制定了比国家法律更为严格的地方法律，如北九州市的《北九州公害防治条例》，关于废弃物减量和妥善处理的条例和规则；大型垃圾、产业废弃物处理的相关规定，防止乱扔废罐等物品的条例和实施规则，生态工业园条例等。

第二，官、产、民协调一致改善环境。政府通过法律、政策引导，企业积极配合，民众积极参与实施监督。如北九州市政府与企业签订“公害防治协议”，对中小企业防污控制提供援助，环境局每年都要将环境情况向市民公开，以便于市民监督等。

第三，环境修复与国土整治相结合。在矿区原址建设城市居民住宅小区、娱乐中心、旅游景点。如福冈的饭冢市利用煤矿原址建立起市民公园、赛车场、游乐场等娱乐设施，不仅环境得到修复，而且有效地将煤矿的负遗产顺利转变成经济发展的新动力。

第四，建立生态工业园，发展循环经济。为改善九州的环境，日本以建设循环型社会为目标，在发挥地区产业优势的基础上，在九州大力培育和引进环保产业，强化循环再生利用，建立多处生态工业园示范区（夏爱民，2005）。

2.4.4 改造成效

在第二次世界大战前，九州巅峰时期的经济实力相当于日本的10%，素有“一成经济”之称。经过几十年改造，九州经济又重获新生，恢复了往日的活力。

据统计，2002年，九州地区的GDP为4 032亿美元，已占到全国的8.7%，基本恢复到巅峰时期的实力。同时，九州的主导产业也由原先的重化工业转变为半导体、汽车、电子、环保、物流等高新技术产业。此外，九州的环保产业、新能源也已成规模，循环经济已成为世界工业发展的典范，垃圾处理产业遥遥领先于其他国家和地区。

2.5 启示和借鉴

2.5.1 一煤独大的产业结构不可持续

德、法等国经验表明，以煤炭资源为基础而发展起来的资源型经济往往具有产业结构重型化、资源能源消耗强度大、污染排放负荷高等特点。一旦煤炭资源面临枯竭，区域经济即可能出现增长缓慢、后劲乏力等现象，发展可持续性难以保证。因此，各大能源化工基地在发展初期必须未雨绸缪，统筹规划，充分发挥煤炭工业的带动性和辐射效应，构建以煤炭资源为基础、结构稳定的产业链网，才能走上市场竞争力强、资源消耗低、环境污染少的可持续发展道路。

2.5.2 生态环境保护力度不可降低

生态破坏、环境污染是发达国家能源产业基地建设和发展过程中共同面临的问题。德国鲁尔区、日本九州区等国家和地区采取多种治理措施，形成了包括规章制度、管理机构、技术支撑、产业应用等在内的一整套生态保护和环境污染治理体系。

我国各大能源化工基地在建设和发展初期，应建立完善的环境管理机构，出台严格的生态环境保护管理条例、办法等，制定适合自身产业特点的准入标准、污染物排放和处理处置标准，配备合格的监督执法队伍。同时，应成立高标准、高规格的技术支撑机构和成果转化中心，形成一整套比较成熟的环保技术等，从而构建起包括监管、制度、执法、技术等在内的比较健全的生态保护和环境污染治理体系。

2.5.3 科技成果转化不容忽视

德国鲁尔区、日本九州区均注重科技成果转化应用。其中，鲁尔区拥有大量的高等院校、中专、技校、研究所等，而且所有的大学和研究所都有技术转化中心，直接推动技术转化成生产力；日本九州区建立了“产、学、官”联合模式，即在政府支持下，充分利用大学强大的科研队伍和企业雄厚的经济实力，开发高新技术产品，加快科技成果转化。

对于我国各大能源化工基地而言，也应当充分利用当地的高校、科研院所等科技创新资源，建立技术研发中心，提高技术转化和应用水平，提高企业在国内外市场的竞争力。

2.5.4 发达的运输系统不可或缺

德、法等国均具有发达便捷的交通运输系统。鲁尔区虽然地处内陆，但紧邻黄金水道——莱茵河，区内的鲁尔河、利珀河和埃姆舍河等河流长度都在 230 km 以上，水量大、水位变化小，且都是欧洲标准通航河道。鲁尔区五条东西向的铁路构成铁路网的主体动脉，其营运里程约占全国总里程的 1/5。法国洛林区汇集了从南到北、从东到西连接欧洲各国的主要公路，形成了高度密集的公路网络，同时，摩泽尔河是欧洲水运网络的主要河流之一。

正是借力于发达便捷的交通运输系统，德、法等国的煤炭资源才得以快速地外运内销，煤炭工业才得以快速发展。我国各大煤炭产业基地应当因地制宜，提早做好交通运输系统布局，为煤炭资源及其相关产品转运提供条件。

2.5.5 环境基础设施建设必不可少

德、日等国家通过建设“三废”处理处置等环境基础设施，不但有效控制了环境污染，而且提高了资源综合利用率，取得了良好的环境和经济综合效益。

我国各大能源化工基地在建设和发展初期，应当结合自身产业特点，同步建设污水处理厂、尾矿库、废气治理及在线监测系统等环境基础设施，以满足产业快速发展的环保需求。

第 3 章　中国能源化工基地发展概况

本章概述了我国不同类型能源化工基地建设状况，并从空间布局风险，水环境、大气环境、生态环境影响等方面对能源化工基地建设可能带来的布局风险、水资源压力和生态环境影响进行了综合评估。

3.1　煤炭基地

我国煤炭资源丰富，已探明储量位列世界第三位。按照国务院办公厅印发的《能源发展战略行动计划（2014—2020 年）》，依据区域水资源分布特点和生态环境承载能力，严格煤矿环保和安全准入标准，推广充填、保水等绿色开采技术，重点建设晋北、晋中、晋东、神东、陕北、黄陇（华亭）、宁东、鲁西、两淮、云贵、冀中、河南、蒙东（东北）、新疆 14 个亿吨级大型煤炭能源基地，探明煤炭储量近 3 万亿 t（表 3-1）。到 2020 年，14 个煤炭基地的煤炭产量占全国煤炭总产量的 95%。

据国家能源局统计数据[①]，2011 年，14 个大型煤炭基地产量达 32 亿 t，约占全国煤炭总产量的 90%以上，10 个基地煤炭产量超过 1 亿 t，其中神东煤炭基地 5.6 亿 t，晋北和蒙东（东北）煤炭基地超过 3 亿 t。

表 3-1　我国大型煤炭基地基本情况

序号	基地名称	区位	探明煤炭储量/亿 t
1	神东	陕北榆林和内蒙古鄂尔多斯交界处	3 585
2	蒙东（东北）	呼伦贝尔、通辽、赤峰、兴安和锡林郭勒	910
3	鲁西	覆盖兖州、济宁、新汶、枣滕、龙口、淄博、肥城、巨野、黄河北 9 个矿区	160
4	冀中	开滦、峰峰和蔚县矿区	150
5	晋北	大同、平朔、朔南、轩岗、河保偏、岚县 6 个矿区	—

① http://www.nea.gov.cn/2012-11/05/c_131951302.htm.

序号	基地名称	区位	探明煤炭储量/亿 t
6	晋中	太原西山、东山、汾西、霍州、离柳、乡宁、霍东、石隰矿区	192
7	晋东	晋城、潞安、阳泉和武夏 4 个矿区	104
8	河南	鹤壁、焦作、义马、郑州、平顶山、永夏 6 个矿区	1 130
9	两淮	淮南、淮北矿区	251
10	云贵	黔西和滇东	550
11	陕北	榆林、延安	2 300
12	黄陇（华亭）	彬长（含永陇）、黄陵、旬耀、铜川、蒲白、澄合、韩城、华亭矿区	150
13	宁东	银川东部的灵武，吴忠盐池、同心、红寺堡	270
14	新疆	由吐哈区、准噶尔区、伊犁区、南疆区四大区域 51 个矿区组成	19 400
合计			29 152

（1）神东煤炭基地

神东煤炭基地位于陕西省榆林市和内蒙古自治区鄂尔多斯市交界处，以神府、东胜矿区为主。

神府—东胜煤田是黄河中游侏罗纪特大型煤田，均属低灰、低硫、低磷、高发热量的优质动力煤和气化用煤，占全国优质动力用煤的 80%，煤层稳定、埋藏浅，便于露天开采。神府—东胜煤田的煤为世界少见的优质动力煤，尤以煤田南部为最佳。近期开发的工程主要分布于窟野河流域，在行政区上位于陕西省神木市北部、府谷县西部，内蒙古伊金霍洛旗和东胜市南部及准格尔旗西南部。

1984 年发现的神府煤田位于陕西榆林，面积约为 2.6 万 km^2，煤矿储量达 1 349.4 亿 t，其与内蒙古东胜煤田连为一体，是我国规模较大的优质煤制气动力煤田。东胜煤田位于内蒙古自治区伊克昭盟境内，面积为 12 860 km^2，探明储量为 2 236 亿 t，是我国已探明储量最大的整装煤田。

（2）蒙东（东北）煤炭基地

内蒙古东部的呼伦贝尔市、通辽市、赤峰市、兴安盟和锡林郭勒盟，简称蒙东地区，总面积为 66.49 万 km^2，煤炭资源丰富，探明储量为 909.6 亿 t，在全国五大露天煤矿中，伊敏、霍林河、元宝山三大露天煤矿处于蒙东地区。

伊敏煤田于 1959 年发现，北距内蒙古自治区呼伦贝尔市海拉尔区 85 km，面积为 35 000 km^2，探明煤炭储量 50 亿 t。霍林河煤田位于内蒙古自治区哲里木盟扎鲁特旗境内，面积为 540 km^2，保有储量为 131 亿 t。元宝山煤田位于内蒙古自治区赤峰市东南部，面积约为 612 km^2，煤炭保有储量为 16 亿 t。

（3）鲁西煤炭基地

鲁西煤炭基地范围覆盖兖州、济宁、新汶、枣滕、龙口、淄博、肥城、巨野、黄河北 9 个矿区，探明煤炭储量为 160 多亿 t。

其中，兖州矿区拥有兖州和济宁东部两块煤田，矿区总面积为 435.44 km^2。截至 2007 年年末，资源储量为 36.6 亿 t，可采储量为 17.7 亿 t；新汶矿区现有煤炭生产矿井 10 个、在建矿井 4 个，设计能力为 810 万 t/a，核定生产能力为 935 万 t/a，实际年产原煤 1 400 万 t；巨野矿区包括巨野煤田和梁宝寺煤田，含煤面积 1 210 km^2，总地质储量达 55.7 亿 t，巨野煤田面积为 960 km^2，地质储量为 48.7 亿 t。

（4）冀中煤炭基地

冀中地区探明能源煤炭储量达到 150 亿 t，可采储量 20 亿 t 以上，包括开滦矿区、峰峰矿区和蔚县矿区。

峰峰矿区位于河北省邯郸市西南部，地处河北、河南、山西三省交界处。矿区处于太行山东坡到华北平原的过渡地带，矿区中部为鼓山山区，鼓山以西为丘陵地带，鼓山以东为低缓山丘及平原区。峰峰矿区总规模为 1 782 万 t/a，国有重点煤矿 10 个（其中新建矿井 1 个，生产矿井 9 个），规划规模为 1 692 万 t/a，地方煤矿规划规模为 90 万 t/a。煤炭洗选规划期为 1 890 万 t/a。规划新建煤层气综合利用电厂 5 座、大型合资燃煤电厂 1 座，规划建设综合利用电厂 1 座、煤化工配套余热发电站 2 座，新增装机容量为 949 MW。

（5）晋北煤炭基地

晋北煤炭基地是我国特大型动力煤基地，位于山西省会太原以北地区，包括大同市、朔州市、忻州市、太原市、娄烦县、吕梁市和岚县。由大同、平朔、朔南、轩岗、河保偏和岚县 6 个矿区组成。基地范围南北长约 230 km，东西宽约 190 km，面积约为 43 700 km^2。规划确定基地 2020 年的规模为 3.3 亿 t，与 2003 年的 1.72 亿 t 相比，产量增长了近 1 倍。其中，大同矿区产量为 1.33 亿 t/a，平朔矿区产量为 1.01 亿 t/a，朔南矿区产量为 0.32 亿 t/a，轩岗矿区产量为 0.17 亿 t/a，岚县矿区产量为 0.11 亿 t/a，河保偏矿区产量为 0.37 亿 t/a。

平朔矿区是晋北煤炭基地的主要矿区，生产优质动力煤，拥有煤炭资源总量近 95 亿 t。平朔矿区现有安太堡和安家岭 2 个露天矿以及安家岭一号、二号 2 个井工矿，在建的有安太堡井工矿，还在筹建的有东露天煤矿。

大同市矿藏资源丰富，是我国著名的“煤乡”，煤炭储量大、质量好、热值高，已探明的煤炭总储量达 376.9 亿 t，是我国重要的优质动力煤生产基地。大同矿区位于大同市西南，矿区含煤面积约为 1 827 km^2，保有探明储量为 386.43 亿 t，矿区现有生产煤矿 55 处，设计总规模为 4 500 万 t/a。

（6）晋中煤炭基地

晋中煤炭基地地处山西省中部及中西部，跨太原、吕梁、晋中、临汾、长治、运城 6 个市的 31 个县（市），包括太原西山、东山、汾西、霍州、离柳、乡宁、霍东、石隰矿区，煤炭可采储量为 192 亿 t。

西山矿区位于西山煤田西北部，分为前山区和后山区两部分，可利用储量为 65.2 亿 t。汾西矿区横跨霍西、河东、西山、沁水四大煤田，井田面积为 625 km^2，地质储量为 58 亿 t。霍州矿区地处霍西煤田中部，矿区总面积为 700 km^2，地质储量为 65 亿 t。

（7）晋东煤炭基地

晋东煤炭基地是我国最大和最重要的优质无烟煤生产基地，位于山西阳泉、长治、晋城和晋中等市（县）境内，由晋城、潞安、阳泉和武夏 4 个矿区组成。这里地理位置优越，煤层气资源丰富，水资源充沛，化工用无烟煤质量优良，发展清洁能源，以煤、电、气、化为一体的晋东基地正在形成。

晋城矿区位于山西省沁水煤田南端，南起煤层露头线；北界为高平市南缘马村、河西一线。矿区面积约为 280 km^2。

阳泉具有丰富的煤炭资源，井田含煤面积为 1 051 km^2，已探明地质储量为 104 亿 t。

（8）河南煤炭基地

河南省是我国主要产煤大省，全省已探明的煤炭资源储量为 1 130 亿 t，保有储量为 245 亿 t，其中，适宜发展煤化工的长焰煤和无烟煤的储量约为 90 亿 t，资源条件优越。

河南煤炭基地由鹤壁、焦作、义马、郑州、平顶山、永夏 6 个矿区组成。其中，鹤壁矿区面积为 150 km^2，目前，煤炭资源累计探明储量为 13.41 亿 t，保有储量为 10.88 亿 t，可采储量为 4.74 亿 t；焦作矿区东西长 60 km，南北宽 20 km，含煤面积为 971 km^2，预测煤炭储量为 80 亿 t；平顶山矿区位于河南省中部，东西长达 120 km，南北宽达 20 km，煤炭储量超过 100 亿 t。

（9）两淮煤炭基地

两淮煤炭基地包括淮南、淮北两个矿区，基地探明煤炭储量近 300 亿 t，约占华东地区煤炭资源储量的 45%。两淮基地矿区涉及淮南、阜阳、淮北、亳州 4 市，总面积约为 1.5 万 km^2，主要向华东地区供给煤炭。两淮煤炭基地煤炭资源储量丰富，是我国东南部已探明的最大整装煤田。

其中，淮南基地的远景储量为 444 亿 t，探明储量为 153 亿 t。按照规划，到 2020 年，煤炭年产量达 1.5 亿 t，火电装机容量将超过三峡电站 1 800 万 kW 的规划装机容量，达 2 000 万 kW。淮南矿区适宜建设大型坑口电站，实施煤电联营。淮北矿区位于安徽省北部，面积约为 9 600 km^2，含煤面积约为 4 100 km^2，探明储量为 98 亿 t，现有生产矿井 23 处，总设计能力为 1 932 万 t/a。淮北矿区应延伸煤炭产业链，综合发展煤、焦、化、电等产业。

截至 2008 年，两淮基地已经建成矿井 38 座，煤炭总产量达到 1.1 亿 t，电力装机容量超过 1 000 万 kW。

（10）云贵煤炭基地

云贵两省具有相对丰富的煤炭资源，黔西和滇东等地区集中了全国近 9%的资源储量。云贵两省是我国南方重要的煤炭基地，但长期受“以运定产”的生产销售方式困扰，煤炭生产受到极大限制。

贵州被称为“西南煤海”，资源量为 2 419 亿 t，其中，探明储量为 500 亿 t，86%的县级行政区为产煤区，含煤面积占全省面积的 40%以上，六盘水、织金、纳雍和黔北等煤田探明储量占该省已探明储量的 86%，明南和北盘江等红水河流域资源储量达 330 亿 t。云南的文山、红河煤炭探明储量超过 50 亿 t。

（11）陕北煤炭基地

陕北煤炭基地位于陕西北部，包括榆林、延安两市，面积为 8 万 km^2。这里煤炭、石油、天然气和岩盐等矿产资源储量大、质量好，被誉为“中国的科威特”。区内目前已发现八大类 40 多种矿产资源，其中，20 余种已探明储量。其中现已探明煤炭储量约为 2 300 亿 t，石油储量约为 11 亿 t，天然气储量约为 7 474 亿 m^3，岩盐储量约为 8 857 亿 t。预计到 2020 年，煤、石油、天然气的年产量将分别达到 3 000 万 t、2 000 万～3 000 万 t 和 15 亿 m^3。

2007 年以来，陕北能源化工基地主要以建设“国内一流、国际知名”的能源化工基地为目标，以延安和榆林两市为核心，通过优化资源配置，创新发展方式，已形成了以煤炭、石油、天然气、岩盐采掘为基础，以电力、化工、建材为主导的产业体系，基本建成了府谷火电工业区、榆神煤化工区、榆横煤化工及载能工业区、绥米佳盐化工区、延安石油化工区、靖定石油天然气化工区、陕北商品煤产能区。

府谷火电工业区利用丰富的黄河漫滩地下水和天桥岩溶水，结合陕北石炭二叠纪煤田开发，布局大型火电项目，利用煤电优势发展载能工业。规划建设府谷庙沟门、段寨“西电东送”大型煤电一体化项目。规划建设清水川电厂煤电一体化项目，满足基地用电需求。

榆神煤化工区包括规划的清水化工区和在建的榆树湾煤化工区。发挥榆神矿区优质煤炭资源优势，建设大型煤液化项目，规划建设 2 000 万 t 煤制甲醇及采用甲醇制丙烯（MTP）技术形成产业链项目，并建设配套煤矿项目。目前已建成兖矿 60 万 t 甲醇、榆树湾 800 万 t 煤矿等项目。

榆横煤化工及载能工业区由煤液化区、化工园区组成。拟采用先进、高效、清洁的煤气化工艺，按照甲醇—甲醇制烯烃—石化产品树的发展方式，形成集煤化工、盐化工、石油化工、精细化工为一体的大型煤化学工业生产基地，将建成 1 000 万 t/a 煤制油、540 万 t/a 甲醇、100 万 t/a 二甲醚和 180 万 t/a 甲醇制烯烃生产能力。

绥米佳盐化工区包括米脂盐化工区、佳县盐化工区、淮宁湾盐气综合利用区、义合工业区、折家坪工业区，规划控制面积为 32.93 km^2，规划重点发展氯碱和纯碱产业，形成烧碱、纯碱、聚氯乙烯及塑料加工产业链。目前已建成的有陕西金泰氯碱 10 万 t 聚氯乙烯和中盐皓海 20 万 t 真空制盐两个龙头企业。

延安石油化工区利用石油资源，依托延长石油工业集团公司，在洛川、永坪、靖边扩大采油和炼油规模，有 1 000 万 t 原油和 1 000 万 t 炼油的生产能力。

靖定石油天然气化工区加快天然气资源开发，扩大气体净化能力，发展有市场竞争力的天然气化工产品。

陕北商品煤产能区扩大神府矿区神木北区和黄陵矿区生产规模，建设黄陵 2 号矿井和前石畔矿井等项目，形成 1 亿 t 煤炭生产能力，增加“西煤东运”量。

（12）黄陇（华亭）煤炭基地

黄陇（华亭）煤炭基地包括彬长（含永陇）、黄陵、旬耀、铜川、蒲白、澄合、韩城、华亭矿区。陕西黄陵、甘肃华亭等相近矿区，有探明储量近 150 亿 t。

永陇矿区泛指永寿至陇县一带广大区域，为黄陇煤炭基地的一部分，主要位于宝鸡、咸阳地区北部，横跨麟游、凤翔、千阳、陇县、彬县、永寿 6 县。矿区北以陕甘省界为界，东、南以侏罗纪煤系地层底部岩层边界线为界，西以奥陶纪灰岩关山—草碧大断层为界，东西长 140 km，南北宽 30 km，总面积为 3 601 km^2。矿区分为麟游区、陇县区两部分，其中麟游区总资源量为 3 472 万 t。

黄陵矿区煤炭储量丰富，煤田总面积为 1 000 km^2，地质储量为 20 亿 t，可采储量为 15 亿 t，地质构造简单，埋藏较浅，开采方便。华亭矿区作为黄陇煤炭基地的重要组成部分，已具备 2 000 万 t/a 的煤炭生产能力。

（13）宁东煤炭基地

宁东煤炭基地规划区总面积约为 3 484 km^2，东西宽 16～41 km，南北长 127 km，范围涉及银川市辖区内灵武市，吴忠市辖区内盐池县、同心县、红寺堡区，其中灵武市 1 246 km^2，占规划区总面积的 35.8%；盐池县 1 559 km^2，占规划区总面积的 44.7%；同心县 575 km^2，占规划区总面积的 16.5%；红寺堡区 104 km^2，占规划区总面积的 3%。

宁东煤炭基地的煤炭探明储量为 270 多亿 t，占宁夏煤炭资源总量的 85%。按规划，到 2020 年，宁东煤炭基地煤炭年生产能力达到 1.45 亿 t，火电装机容量达到 1 600 万 kW，煤化工产能达到 2 000 万 t 以上。

（14）新疆煤炭基地

新疆境内煤炭资源丰富，含煤地层主要分布于准噶尔盆地和塔里木盆地边缘及天山、昆仑山间的中、小型盆地内，共有 61 个煤田或矿点。预测资源量为 1.94 万亿 t，占全国资源量的 35%。预测煤类以长焰煤等低阶烟煤为主，占预测资源量的 88.13%，气、肥、焦等炼焦用煤较少。

新疆煤炭基地由吐哈区、准噶尔区、伊犁区、南疆区四大区域组成，四大区域共包含 51 个矿区，其中，吐哈区包含 13 个矿区，准噶尔区包含 21 个矿区，伊犁区包含 3 个矿区，南疆区包含 14 个矿区。

吐哈区定位以“疆煤东运”“疆电东送”为主，严格控制煤化工。本区是“疆煤东运”的主要基地以及国家商品煤供应基地。准噶尔区定位以准东煤田为主，建设大型煤电基地及现代煤化工基地，集中建设大型坑口火电站，参与“疆煤东运”。伊犁区定位以发展现代煤化工为重点，适度发展火电，实施就地转化。南疆区以库拜为重点，定位以满足南疆五地（州）生产、生活用煤为主，适度发展火电和煤化工。本区为南疆煤炭供给基地。

根据《新疆大型煤炭基地建设规划》，新疆煤炭生产能力到 2020 年超过 7.54 亿 t，2030 年超过 10.5 亿 t。其中，煤炭外运量分别为 1.20 亿 t、2.30 亿 t。

3.2 煤电基地

按照国务院办公厅印发的《能源发展战略行动计划（2014—2020 年）》，采用最先进的节能、节水环保发电技术，重点建设锡林郭勒、鄂尔多斯、晋北、晋中、晋东、陕北、哈密、准东、宁东 9 个千万千瓦级大型煤电基地。到 2020 年，规划建设的九大煤电基地的电力装机容量达到 25 966 万 kW，具备完备的“西电东送”能力。

（1）鄂尔多斯煤电基地

鄂尔多斯煤电基地已探明煤炭保有储量为 1 800 亿 t，综合考虑煤炭和水资源，鄂尔多斯可开发电源装机容量约为 6 000 万 kW。

2015 年 4 月鄂尔多斯市发布了《内蒙古鄂尔多斯煤电基地开发规划》，规划范围包括鄂尔多斯市准格尔旗、鄂托克前旗、鄂托克旗、伊金霍洛旗、杭锦旗、达拉特旗、乌审旗、东胜区及康巴什新区。规划至 2017 年建成黄玉川电厂等燃煤电厂 22 座，装机规模 2 716 万 kW；规划至 2020 年建成神华布尔台低热值煤电厂等燃煤电厂 32 座，装机规模 3 858 万 kW。

截至 2015 年年底，鄂尔多斯市火电装机规模达 1 610 万 kW，居内蒙古自治区首位，全年火力发电 711 亿 kW·h。

（2）锡林郭勒煤电基地

内蒙古锡林郭勒盟煤炭资源丰富，探明及预测储量为 2 500 亿 t，估算可采总储量为 1 452 亿 t，以褐煤为主，宜就地煤电化转化，总储量在全国居第一位，资源储量大于 100 亿 t 的有锡林浩特市胜利煤田，西乌旗白音华、高力罕和五间房煤田。资源储量在 10 亿～

100 亿 t 的煤田发现 21 处。全盟属于气候干燥、降水量少、地表水系不发育地区。临近的赤峰市元宝山平庄矿区煤炭资源接近枯竭，但水资源相对丰富。

在 2016 年锡林郭勒盟发布的“十三五”重点项目表中，外送电源项目包括中国电力投资集团公司白音华电厂、华电白音华电厂、国电乌拉盖电厂、大唐五间房电厂、江苏能源五间房电厂、蒙能污泥特电厂、上都电厂四期工程、多伦路口电站群和查干淖尔电厂二期，装机总容量达到了 1 588 万 kW，总投资额达到 625 亿元。

（3）陕北煤电基地

从地域上说，陕北包括榆林和延安，是国家“十二五”规划的 16 个大型煤电基地之一。榆林的榆神、榆横和府谷 3 个矿区，含原神府矿区的神东矿区与延安矿区属于国家 13 个大型煤电基地 98 个矿区。榆林煤炭资源预测有 2 800 亿 t，探明储量为 1 500 亿 t。主力煤田侏罗纪煤田探明储量为 1 388 亿 t，埋藏浅，易开采，是国内最优质环保动力煤和化工用煤。吴堡、佳县和府谷的煤田产稀缺的焦煤和肥气煤，探明储量为 54.74 亿 t。延安的黄陵矿区煤质优良，地质储量为 15.7 亿 t；子长矿区二期规划区资源量为 7.22 亿 t。

陕北煤电基地规划面积为 31 807 km^2，包括榆林市的府谷县、神木市、榆阳区、横山区和靖边县（总面积为 27 338 km^2），以及咸阳市的四县（彬县、长武县、永寿县和旬邑县，总面积为 4 469 km^2），规划电源点装机容量为 4 200 万 kW，单机平均为 100 万 kW。其中，煤电基地涉及榆林市的区域规划装机 3 400 万 kW，咸阳市四县规划装机 800 万 kW。此外，规划根据区内各大煤矿区的分布情况，进行了更细致的划分，即以矿区设置了次级煤电基地，具体包括榆林区的神府、榆横、横靖煤电基地和彬长区的彬长煤电基地。

（4）宁东煤电基地

宁东煤电基地已探明保有储量为 309 亿 t，据现有资源条件规划生产规模可达 1.35 亿 t/a。远景储量为 1 394.3 亿 t，是一个全国罕见的储量大、煤质好、地质构造简单的整装煤田，被列为国家“十一五”13 个重点开发的亿吨级矿区之一。2008 年明确将宁东煤电基地建设成为国家重要的大型煤炭基地、煤化工产业基地和“西电东送”火电基地。在国家“十二五”能源规划中被列为国家 16 个大型煤电基地之一。宁东处于黄河流域，位于鄂尔多斯盆地，主要水源为黄河，工业用水依赖农业用水通过水权转换取得，国家明确火电机组采用空冷技术。

2020 年，煤炭生产能力达到 1 亿 t 以上，火电装机容量达到 1 600 万 kW，电力以输出为主。

（5）山西煤电基地

山西煤电基地是我国传统的煤炭产区，包括晋北、晋东、晋中 3 个国家规划建设的大型煤炭基地，已探明保有储量为 2 663 亿 t。结合煤炭资源储量、生态环境等方面考虑，生产规模可达 9 亿 t/a。

据测算，晋中、晋北、晋东 3 个煤电基地可开发煤电装机规模约为 1 亿 kW，目前开展前期工作的项目规模为 7 520 万 kW，其中，晋东为 3 560 万 kW，晋中为 2 200 万 kW，晋北为 1 760 万 kW，所发电量除满足本省用电需要外，还送往全国各地。

2020 年，全省电力装机容量达到 1.3 亿 kW，其中，煤电装机容量达 9 200 万 kW。60 万 kW 级机组在燃煤火电装机中占比超过 40%，百万千瓦级机组在燃煤火电装机中占比超过 8%。

（6）准东煤电基地

准东煤电基地基本上可以分为三大片：五彩湾地区、将军庙地区、芨芨湖地区。其中五彩湾地区电源相对集中，且电源前期准备工作相对到位，具备优先开发的条件。准东地区外送备选电源有 10 个，包括国网能源准东大井电厂、中电投准东五彩湾电厂、华能吉木萨尔五彩湾电厂、中煤能源五彩湾电厂、国电准东五彩湾电厂、华电昌吉英格玛电厂、大唐准东五彩湾电厂、神华神东电力准东五彩湾二期电厂、特变天池能源五彩湾电厂和潞安准东电厂。

火电电源计划投资近 500 亿元，电源基地总装机容量为 1 320 万 kW，采用 660 MW 超超临界空冷机组，各项指标均达到国际先进水平。全部项目建成后，年均发电量为 660 亿 kW·h，转化煤炭为 3 300 万 t，实现工业总产值 220 亿元、工业增加值 135 亿元、财政收入 30 亿元，直接带动就业 1 万人，间接带动就业 5 万人。

（7）哈密煤电基地

哈密全地区预测煤炭资源量达 5 708 亿 t，居全疆之首，分别占全疆及全国煤炭总储量的 1/4 和 1/8，目前年产能接近 5 000 万 t，同时煤层气预测资源量在 5 000 亿 m^3 以上。哈密三塘湖、淖毛湖、巴里坤和大南湖西区 4 个矿区总规划已得到国家批复，总规模约为 2.208 5 亿 t/a。根据地区煤炭工业发展“十三五”规划，哈密到 2020 年煤炭产能将达 9 505 万 t。

目前，围绕“疆电外送”战略的实施，哈密地区先后有 13 家大企业、大集团开展了火电项目前期工作，涉及项目 19 个，总规模已达到 4 000 万 kW 以上。按照“疆电外送”规划，“十二五”期间国家规划在哈密地区布局电源容量 2 000 万 kW。

3.3 煤化工基地

据国家发展改革委、工业和信息化部对外公布的《现代煤化工产业创新发展布局方案》，国家规划建设的煤化工基地有 4 个：鄂尔多斯、陕西榆林、新疆准东、宁夏宁东。

（1）鄂尔多斯煤化工基地

紧盯国家能源安全战略需要和大气污染防治需要，紧盯化工产业精细化、高端化发展方向，积极争取国家布局现代煤化工试验示范项目。鄂尔多斯已成为国内门类最全、规模最大的现代煤化工试验示范项目集中区，构建了煤制油气、煤制醇醚、煤制烯烃等多条产业链，实现了资源型产业的纵向梯度增值。神华煤直接液化、伊泰煤间接液化、汇能煤制气、中天合创煤炭深加工等项目先后建成投产，全市形成了煤化工产能 1 428 万 t（其中煤制烯烃 133 万 t、煤制甲醇 570 万 t、煤制油 124 万 t、煤制气 4 亿 m^3、煤制化肥 411 万 t、煤制乙二醇 30 万 t、煤制精细化学品 120 万 t、煤制二甲醚 10 万 t），在建煤化工总规模达 500 万 t 以上。以甲醇为原料已延伸至聚烯烃和稳定轻烃，产能可达 154 万 t（已建成 94 万 t）。特别是该基地实施了石墨烯、碳材料、精细化工产品深加工等新型煤化工延伸项目，拓展了产业发展方向。

（2）陕西榆林煤化工基地

加快神华榆林煤炭综合利用项目一阶段和二阶段工程、延长靖边综合利用项目一期填平补齐、中煤煤制烯烃二期、百万吨煤制芳烃、未来能源煤制油一期后续工程、陕煤化榆林煤炭分质利用示范、延长石油粉煤热解—气化一体化技术（CCSI）示范等项目。推动煤化工向合成纤维、合成树脂、合成橡胶等合成材料及下游高端精细化工产品延伸，打造榆林国家级现代煤化工产业示范区。到 2021 年，甲醇、烯烃、芳烃、乙二醇产能分别达到 360 万 t、420 万 t、100 万 t、60 万 t，煤炭就地转化率提高到 50%以上。

培育世界一流高端能源化工产业集群。建设大型现代化智慧矿井，推进榆神一期、三期和榆横矿区开发。巩固提升基地建设水平，推动煤炭企业兼并重组转型升级，努力扩大先进产能规模，释放先进产能，实施“榆林煤”品牌战略。大力发展高精度煤炭洗选加工，扶持兰炭产业转型升级、提质增效，实现煤炭深度提质和分质分级清洁发展。到 2021 年，煤炭产量达到 4.5 亿 t，兰炭产量达到 3 000 万 t 以上。

（3）新疆准东煤化工基地

新疆准东煤化工基地位于准噶尔盆地东南缘，横跨吉木萨尔、奇台、木垒 3 个县。准东煤田是我国目前发现最大的整装煤田，东西长 220 km，南北宽 60 km，总面积为 1.5 万 km^2，预测煤炭资源储量为 3 900 亿 t，占全疆储量的 17.8%、全国储量的 7%。

已初步形成新疆宜化化工 40 万 t 合成氨、60 万 t 尿素、60 万 t PVC、50 万 t 烧碱、8 万 t 三聚氰胺产业规模。国泰新华循环经济工业园一期 20 万 t BDO、6 万 t PTMEG 产业项目，BDO 项目通过技术创新，已经实现单体规模全球最大、各项能耗指标全球最低、整体工艺水平全球最优的示范性工程。总投资 1 322 亿元的新粤浙煤制气管道项目，于 2015 年 9 月获得国家发展改革委核准并开工建设；总投资 1 300 亿元的准东 5 个配套 220 亿 m^3 煤制气示范项目正在加快各项前期工作。

（4）宁夏宁东煤化工基地

煤化工总产能为 2 150 万 t，其中煤制油 400 万 t、煤基烯烃 260 万 t，是全国最大的煤制油和煤基烯烃生产加工基地之一。通过持续的招商引资，该基地已引进化工新材料、精细化工产业项目 80 个，总投资 1 000 亿元。2017 年煤化工总产能达到 2 225 万 t。

3.4　生态环境风险评估

3.4.1　空间布局

西北地区是我国的煤炭富集区，煤炭储量约占全国煤炭储量的 60%，且煤种齐全，煤质优良，将成为我国未来煤炭供应的主要基地。

我国煤炭资源多分布在生态环境脆弱区，煤炭资源富集区水资源缺乏，环境容量有限，局部地区煤炭开采多以露天开采为主，地表植被破坏严重，多年开采导致的地面塌陷、水土流失等一系列生态环境问题日渐凸显。随着东部地区煤炭资源日渐枯竭，开采难度加大、成本增加，煤炭开采业布局逐步西移，到 2020 年，仅晋陕蒙地区的煤炭产量即达到 13 亿～16 亿 t。煤炭资源的大规模开发可能加剧西部地区自然生态系统的脆弱化，加速土地沙漠化、水土流失，引发大面积地表沉陷，威胁生物多样性，破坏地表水和地下水系统。

3.4.2　水资源压力

我国煤炭资源与水资源在空间上呈逆向分布，煤炭资源富集区也是水资源短缺地区。从供给端看，能源化工基地建设规划区水资源短缺，供给不足；从需求端看，能源化工基地的主导产业需水量大，特别是煤化工产业属于典型的高耗水产业。因此，能源化工基地建设可能加剧当地水资源短缺。

黄河中上游、蒙东、中原和新疆能源化工基地所在地区大多属于干旱和半干旱地区，年均降水量大多在 350 mm 以下，且蒸发系数较高。黄河中上游能源化工基地地处西北地区，水资源极其贫乏，是世界上干旱缺水最严重的地区之一。年降水量为 230 mm 左右，平均蒸发量是降水量的 6～10 倍，其中 40%地区的平均降水量在 100 mm 以下，而平均年蒸发量高达 2 000 mm 左右，有些地区甚至超过 3 000 mm。西北 5 省（区）的水资源总量是全国平均水资源总量的 8.3%，地下水天然资源量占全国地下水天然资源量的 13.3%，地下水可采资源量仅占全国地下水可采资源量的 14%，70%的矿区缺水，40%的矿区严重缺水。

按行政区计算，仅山西、内蒙古、陕西、新疆、贵州和宁夏 6 省（区）的煤炭保有储量约占全国的 81.6%，而水资源总量仅占全国的不足 10%。据研究，13 个大型煤炭基地（不包括新疆）中除云贵和两淮 2 个基地水资源相对丰富外，其余 11 个基地均缺水，规划总需水量为 296 万 m^3/d，现有供水能力为 152 万 m^3/d，缺水为 144 万 m^3/d。截至 2020 年，13 个煤炭基地年缺水约 12 亿 m^3、日缺水 330 万 m^3。

为了提高煤炭资源效益，多数煤炭主产区各级政府要求煤炭资源就地转化率须达 50%，个别地区要求煤炭就地转化率达 90%。煤化工作为高附加值的煤炭资源后向延伸产业备受青睐，属于高耗水行业，每生产 1 t 甲醇、液化油品分别耗水 5 t、10 t 左右。以宁、陕、蒙三角地区为例，宁东、陕北、神东三大基地“十一五”末期规划煤炭产量为 5 亿 t，按 50%的就地转化率计算，需水约 25 亿 m^3，已接近 3 个地区水资源实际可利用量。可见，煤炭基地及其煤化工产业的规模化发展，将对区域水资源供给产生巨大压力。

此外，煤炭资源开发破坏水系，加剧水资源短缺。煤炭开采，特别是煤炭井工开采不可避免地对地下岩层空间造成破坏，引起水循环系统的改变，主要表现在疏干矿坑排水使区域性地下水水位下降，造成地下水水资源损失和破坏，加剧了水资源短缺。

3.4.3 环境污染

能源化工基地的建设不但造成水资源破坏、瓦斯排放、煤矸石堆存、地表沉陷等，而且会产生大量工业“三废”，对矿区及其周边生态环境造成影响。

在 14 个煤炭基地中，除云贵煤炭基地的环境容量较大外，其余 13 个煤炭基地的环境容量明显不足。煤炭采掘将产生大量矿井水。据统计，全国煤矿矿井每年涌水量在 42 亿 m^3 左右，利用率为 26%左右，大量未被利用的矿井水直排到地表、流入河道或渗入地下后，将对地表和地下水系造成污染，严重威胁流域水生态系统服务功能和健康状况。煤化工行业水资源利用量大，废水排放量也大，而且废水中有机物含量较高，含有大量的多环芳烃、酚类、杂环类化合物等有毒有害物质，难降解，可生化性差。

火电行业是大气污染物排放源。2010 年我国电力、热力的生产与供应业二氧化硫排放量占全行业二氧化硫排放总量的 53%左右，烟尘排放量占 36%以上。以宁东能源化工基地为例，2010 年火电装机容量达到 7 310 MW，二氧化硫、氮氧化物、烟尘排放量分别占基地排放总量的 56.9%、54.0%、51.7%。近年来，各地开展了火电厂超低排放改造，火电行业大气污染排放得到一定程度控制。

煤化工产业大规模发展将显著加大碳减排压力。每生产 1 t 煤制油、煤制甲醇、煤制烯烃分别排放二氧化碳 8.8 t、2.3 t、11.63 t。截至 2011 年 6 月 30 日，全国在建和拟建煤制烯烃产能为 2 800 万 t、煤制油为 4 000 万 t、煤制天然气为 1 500 亿 m^3、煤制乙二醇超过 500 万 t。可见，煤化工将成为我国十分重要的碳排放源。

工业固体废物问题日渐突出。随着能源化工基地建设，煤矸石、粉煤灰、脱硫石膏以及煤气化和液化废渣产生量将急剧增加。大量工业固体废物长期堆放不仅占用土地，而且会随大气降水和地表径流进入河流、湖泊，可能导致地表水和地下水污染。

3.4.4 生态影响

煤炭开采可能导致地质构造破坏，造成地面塌陷以及各种地质灾害。平原地区煤炭开采往往导致地面塌陷，进而毁损耕地、房屋，塌陷面积一般为开采面积的 1.2 倍左右。云贵等山区丘陵地区，煤炭开采容易诱发滑坡、崩塌、地裂缝等地质灾害。此外，煤矿开采后会造成裂缝、崩塌、沉降等各种地面变形，改变煤系含水层原有的循环运移条件以及矿区地表径流的汇流条件，使得岩溶地下水水位下降，出现大面积疏干漏斗，导致水源枯竭或河水断流。

截至 2020 年，地面塌陷对黑东和苏鲁豫皖生态脆弱性的约束程度已达 22%，地质灾害对云贵基地生态脆弱性的约束程度已达 60%以上。

第 4 章　能源化工基地生态产业链

本章阐述了生态产业链网的相关概念，解析了生态产业链网结构、产业关联机制及生态产业网络类型，分析了生态产业链稳定性及其影响因素，建立了生态产业链定量评估指标和方法，构建了能源化工基地主导生态产业链，提出了生态产业链优化的技术途径。

4.1　基本概念

4.1.1　产业链

产业链的概念最早可追溯到亚当·斯密提出的社会分工理论。他在《国富论》一书中提出“工业生产是一系列迂回生产的链条”。赫希曼在《经济发展战略》中论述了产业链的概念，并强调企业之间前后向联系对经济发展的重要意义（游振华等，2011）。

在我国，“产业链”一词最早是由傅国华于 1990—1993 年在立题研究海南热带农业发展课题中，受到海南热带农业发展的成功经验的启迪而提出来的，同时从价值增值角度指出产业链是在一定的地理区域内，以某一个产业中具有竞争力或竞争潜力的企业为链核，与相关产业的企业以产品、技术、资本等为纽带结成的一种具有价值增值功能的战略关系链（李心芹等，2004）。李万立等（2005）同样从价值角度指出，产业链也叫价值链，是指围绕一个关键的最终产品，从形成到最终消费所涉及的各个不同产业部门之间的动态关系。此外，龚勤林等（2004）认为，产业链从本质上说是各个产业部门之间基于一定的技术经济关联并依据特定的逻辑关系和时空布局关系客观形成的链条式关联关系形态。陈朝隆等（2007）从企业关联角度指出，产业链是以分工协作为基础、以产业关联为纽带、以企业为主体所形成的链网状产业组织系统。

4.1.2　生态产业链

生态产业链是模仿自然生态系统的生产者、消费者和分解者，通过企业间物质转化和能量流动形成的。尹琦（2002）最早给出了“生态产业链”定义：生态产业链是指依据生态学原理，以恢复和扩大自然资源存量为宗旨，以提高资源基本生产率和根据社会需要为主体，对两种以上产业的连接所进行的设计（或改造）并开创为一种新型产业系统的系统创新活动。王兆华等（2003）则从资源循环的角度对生态产业链进行了界定，指出生态产业链是指某一区域范围内的企业模仿自然生态系统中的生产者、消费者和分解者，以资源（原料、副产品、信息、资金、人才）为纽带形成的具有产业衔接关系的企业联盟，以实现资源在区域范围内的循环流动。

4.1.3 生态产业网络

（1）基本定义

生态产业网络是指工业系统中企业之间通过物流、能流、价值流和信息流交换而形成的关联关系。它是区域工业生态系统的主体部分，从结构上看，包括生态产业链、生态产业环和独立企业等；从组织形式上看，包括生态工业园、传统工业园和单个企业等。此外，它还包括公共设施，如区域信息中心、技术中心、环境中心、道路交通、垃圾填埋场、能源中心（电、热、气）等，以及支持服务，如政府、区域市场和法律金融服务等。

狭义上讲，生态产业网络是指一定区域范围内的企业模仿自然生态系统中的生产者、消费者和分解者，以资源（产品、废弃物、信息、资金、人才等）为纽带形成的具有产业衔接关系的企业联盟，以实现资源、能源等在区域范围内的循环流动。

生产者是指利用环境资源进行生产活动的企业，主要为消费者提供原辅材料和初级产品，如利用基本环境要素（水、土壤、岩石、矿物质等自然资源）生产出初级产品的采矿厂、采油厂等。

消费者是指将生产者企业提供的产品或废弃物作为原料，进行初级产品的深加工和废弃物的资源化利用，进而生产产品，如化工、肥料制造、服装和食品加工、机械、电子产业等。

分解者是指把企业产生的废弃物进行处置、转化、再利用等，如废物回收公司、资源再生公司等。狭义的生态产业网络突出其“网络”的特点，并且因为它是区域工业系统对自然生态系统的模仿，因此同时具有经济学特性和生态学特性。

广义上讲，生态产业网络是指一定区域内所有企业的集合体，并不强调所有企业之间的相互联系，网络内既存在生态产业链，也存在独立运行企业。

因此，可以将生态产业网络视为一类突破地理位置限制和行政区域限制的更广泛意义上的生态工业园区，是超越了以地方副产物交换为核心的模式，扩展到改进环境、社会和企业绩效（王灵梅等，2003）。目前，国际上的生态产业网络有菲律宾的 PRIME 工程，5 个传统工业园构成了 1 个生态产业网络。

（2）内涵特征

同生物群落中的生物一样，组成生态产业网络的企业并不等同于个体的简单“相加”，而是由个体通过直接或间接联系所组成的一个有机统一体，即工业群落。生态产业网络内的各个节点企业就相当于生物群落中的个体，而网络中属于同一产业的企业的集合，则相当于生态学中的种群，称为工业种群。可以看到，生态产业网络具有许多与自然生态系统生物群落相类似的特征。

① 生态产业网络由若干个分工协作的上下游企业组成，它将不同功能、不同规模的产业整合在有限的区域内，使一个系统在产业种类、生产工艺、运行机制、产品模式等方面呈现复杂多样的形式，而各产业之间的稳定连接保证了系统的整体性。一个产业网络中涉及产业的多少，以及每一产业中企业的数量，是度量生态产业网络多样性的基础。

② 生态产业网络中存在着若干产业链，这些产业链由个体企业组成，但不等于个体的简单“相加”，而是通过复杂的链内关系组成的一个有机统一体。链上的企业通过有效的整合实现有规律的共处，即在有序状态下生存。生态产业网络及其内部产业链的形成和发展必须经过企业对环境的适应和各产业之间相互适应这样一个过程（刘贵富等，2006）。

③ 生态产业网络中的生态产业链长度有限。在自然生态系统中能量随营养级逐级耗散，食物链不会太长，营养级一般情况下为四、五级。在工业生态系统中，能量也会随产业链延伸逐步耗散，大部分能量在企业生产过程中不可避免地耗散掉了。

④ 生态产业网络与其所处的外界环境是相互作用的。具体而言，生态产业网络对其所处环境具有一定的能动作用。它不仅受到当地环境的制约，也对当地环境产生重大影响，并促进自身发展条件的形成。

⑤ 生态产业网络具有一定的动态特征。网络内企业都具有一定的生命周期，在生命周期的不同阶段表现出不同的特征，处于不断的动态变化中。不适应网络发展需要的企业会被淘汰出局，新的企业又不断地加入，网络在动态发展中不断强化其竞争优势。

⑥ 生态产业网络具有一定的分布范围和边界特征。每一个生态产业网络都分布在特定空间区域内，不同生态产业网络的分布范围是不同的。有些生态产业网络具有明显的边界，可以清楚地加以区分，有的则不具有明显边界，处于连续变化中。

（3）与自然生态系统比较分析

生态产业网络是对自然生态系统的模仿，但是无法达到同自然生态系统一样的稳定和高效。与自然生态系统不同，生态产业网络是一个人工生态系统，是通过规划联系起来的区域工业生态系统。生态产业网络的形成和运行既要遵从生态经济规律，同时还受国家与地方政策、市场和技术等因素的制约和影响，有一些自身独有的特征。

① 自然生态系统具有工业生态系统无法比拟的复杂性。虽然两个系统中的营养级数相似，但在自然生态系统中有无数生物，它们所构成的食物链网结构错综复杂，这种复

杂性决定了一个生态系统的稳定性。相对来说，生态产业网络的食物链网结构要简单得多，因此其稳定性也要差得多。

② 自然生态系统只受到生态学规律的影响，而生态产业网络作为一个人工生态系统，它不仅要遵循生态学规律，更主要的是要遵循经济学中的市场规律。如果不符合经济学规律，即使其他条件均达到要求，生态产业网络也不会建立起来，即使建立起来也会非常不稳定。例如，当建立生态产业链条进行副产品交换的成本高于重新购买原材料的成本时，企业就会自动选择购买原材料而不加入生态工业链条。此外，生态产业网络还受到环保、地方政策和技术等因素的影响。可见生态产业网络是在多重因素作用下产生和发展的。

③ 区域内自然生态系统中的所有生物个体均位于食物链网中，互相之间都有着直接或间接的联系，即没有完全孤立的个体存在。而生态产业网络中则可能存在着孤立的企业，它们与其所在区域内其他企业之间不存在直接的物质和能量交流。

④ 对自然生态系统的研究认为，生态系统中生物群落的物种多样性越高，系统越稳定，抗干扰能力越强。而生态产业网络中，多样性的增加并不必然带来稳定性的增强，网络中的一些企业可能并未在生态工业链上，而是独立存在，这种企业数量或种类增加，并不能带来网络资源利用水平的提高。

⑤ 物质和能量在自然生态系统中的流动是单向的，即只能从生产者流向消费者，从上一营养级流向下一营养级，并逐级递减。而工业生态系统中，能量的流动可以是单向的，也可以是双向的，即存在物质或能量交换关系。

4.2 生态产业网络结构

4.2.1 组成要素

尽管工业生态系统的内部组成（企业类型、数量、规模）、共生关系和循环机制不同，表现在系统结构和功能上存在很大差异，但是，可通过网络理论和方法对其结构和功能进行模拟和分析。生态产业网络是对工业生态系统结构和功能进行分析模拟的模型，由节点、路径和环等要素构成（图 4-1）。

（1）节点

节点是指生态产业网络中具有输入和输出功能的结构单元，实质上是组成工业生态系统的企业单元。一个节点既可从系统外部或内部其他节点获取所需的营养物质，也可向系统外部或内部其他节点输出物质（产品或副产物）。单个节点的物质流动结构模型如图 4-2 所示。

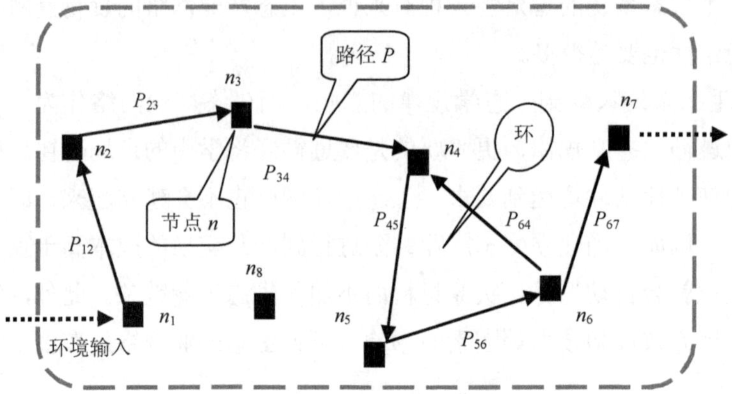

图 4-1 生态产业网络分析模型

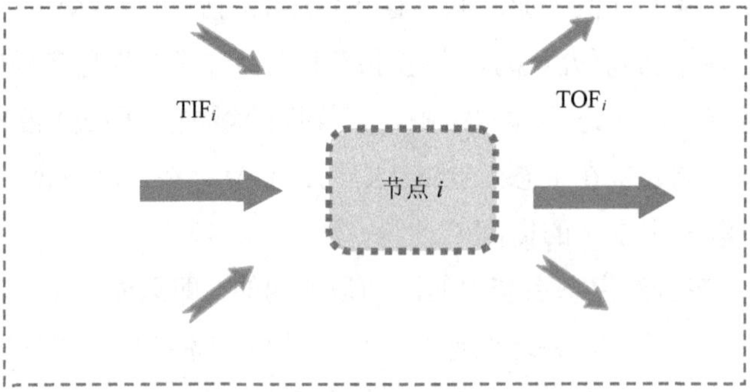

图 4-2 单个节点的物质流动结构模型

注：TIF_i表示节点 i 总的输入流量，包括其他节点或系统外部的输入流量；TOF_i为节点 i 总的输出流量，包括到其他节点或系统外部的输出流量。

按照生态产业网络分析模型中节点之间的相互关系，节点可划分为孤节点、悬节点和重节点。与网络中其他任何节点都不发生关系的节点称为孤节点（如图 4-1 中的 n_8）；仅与其中 1 个节点发生关系的节点称为悬节点，其中，按照物流方向分为输入型悬节点（如图 4-1 中的 n_1）、输出型悬节点（如图 4-1 中的 n_7），前者从外界环境输入物质，后者则向外界环境输出物质。与 2 个及以上节点发生关系的节点称为重节点（如图 4-1 中的 n_2～n_6）；在重节点中，与其他节点发生关系最多的节点为关键节点（如图 4-1 中的 n_4、n_6），这类节点所代表的企业在工业生态学中被称为“主要工业种群”。

（2）路径

节点与节点之间的连线称为路径，反映节点之间的物流关系。节点之间的连线可以是有向的，也可以是无向的。节点和路径交替出现组成了一条链（生态产业链）。一条链至少包含 2 个节点和 1 个路径，一个网络体系中可存在多条链。

（3）环

环又称为循环路径或回路，指 3 个以上节点相互联系构成的封闭路径。这里，构成循环路径的起始节点相同，一个循环路径包含至少 3 个节点、3 个路径，且节点数和路径数相同。

4.2.2　产业关联机制

如前所述，生态产业网络是在自然因素和人为规划共同作用下形成的，而产业之间客观上存在的物质、能量联系是产业链形成的基本条件。因此，生态产业网络是不同产业之间通过物流、能流交换而形成的类似自然生态系统的工业食物链网。

关联关系用于表征生态产业网络中两两节点之间的物流、能流和信息流的交换关系。如果节点之间存在物质、能量和信息交换关系，则认为存在关联关系，计关联次数为 1；否则认为不存在关联关系，计关联次数为 0。

根据企业在生态产业网络中所处的功能位置，以及产业链中物质、能量和信息流动方向，可划分为以下几种产业关联机制类型。不同关联类型之间存在一定交叉，各有特点。

（1）单向关联和双向关联

在生态产业网络中，节点之间的物流可能是单向的，也可能是双向的，前者称为单向关联，后者称为双向关联。无论是单向关联还是双向关联，在模拟计算关联次数时，规定计为 1 次。例如，节点 i 为节点 j 供给原料，其关联关系记为 $P_{i,j}$；同时，节点 j 为节点 i 也供给原料，其关联关系记为 $P_{j,i}$，在计算关联次数时仅计 1 次。

（2）前向关联和后向关联

根据节点的输入和输出情况，关联关系分为前向关联和后向关联。如图 4-1 中，相对于 n_2 节点，它与 n_1 节点发生的关联称为前向关联，与 n_3 节点发生的关联称为后向关联。

（3）纵向关联和横向关联

上下游企业之间构成的关联关系即为纵向关联，表现为一对一的关系。横向关联，即节点企业的横向关系，是指所有从同一企业获得相同废料从事生产活动的企业间关系，或是向同一企业提供相同废料的企业间关系。广义上讲，横向关联可类比为自然生态系统中的营养级关系，即利用环境资源进行生产的所有企业构成了网络第一营养级，即生产者。与生产者企业进行物流交换的，无论是进行产品深加工，还是废弃物综合利用的所有企业，构成了第二营养级，即初级消费者，依此类推。

（4）产品交换型关联和废物交换型关联

根据企业间相互交换利用的资源类型不同，产业关联可分为产品交换型关联和废物交换型关联。

前者指上下游企业主要通过产品联系在一起，下游企业将上游企业生产的初级产品作为原材料，对其进行深加工，提升上一个生产过程中形成的初级产品的价值，直至形成价值增值的最终产品进入市场。

后者指上下游企业主要通过废弃物联系在一起，下游企业将上游企业产生的废弃物作为原材料，对其进行循环、梯级利用直至最终处置、排放。这样就形成了废物链。随着废物链的延伸，初始输入的原材料利用率不断提高，同时可以消除上一个生产过程产生的废物对环境的影响。

4.2.3 类型与特征

工业生态系统中，各企业之间发生着错综复杂的关系。一定区域内的工业生态系统由一个个独立的企业组成，彼此之间可能存在物质和能量的交流，也可能独立购买原材料进行生产，生产出的产品直接进入市场，废弃物则不再与其他企业进行交换而是自行处理。随着区域工业系统的演进，交通、信息、技术条件的改善，进入生态产业网络的企业数量逐渐增加，彼此之间形成了物流交换，建立关联，这样就发生类型转变，如同生态学上的进展演替。

依据各企业在系统中的功能定位和彼此之间的关联关系，可将生态产业网络类型划分为散点型、线型、簇型、环型和混合型 5 种，各类型在企业多样性、资源利用效率和稳定性等多个方面存在差异性。

（1）散点型

1）形成机制

散点型是由各自独立的企业组成的生态产业网络（图 4-3）。这种网络依循的是“自然资源—产品—污染排放”的开放式的传统经济发展模式，物质和能量仅在单个企业内部单向转化、流动，彼此之间不存在物质和能量交换关系。

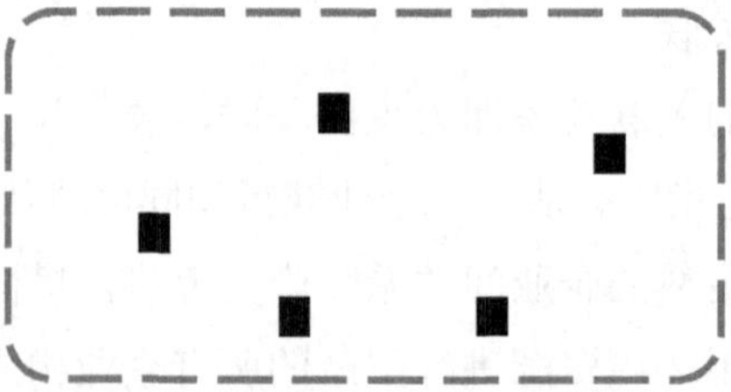

图 4-3 散点型生态产业网络示意

散点型网络的存在，有以下几种情况：

① 生态产业网络发展的初期，区域内企业和产业数量较少，多样性较低，还未实现企业间连续稳定的产品或废弃物交换。

② 区域内企业基本上属于同种产业，其组织形式可能是传统工业园。区域内企业不存在生产者、消费者和分解者的区别，因此，企业相互之间无法形成原材料的供求关系，无法实现产品或废弃物的多级利用。

③ 有多种产业存在于区域内，但相互之间没有进行产品和废弃物的交换利用，可能是受空间距离、废弃物处理成本、连接技术等因素的限制。

2）基本特征

① 企业多样性

根据对散点型网络存在原因的分析，散点型网络的企业多样性可分为两类：在第一、二种情况中企业多样性低，在第三种情况中多样性较高。但是，该类型网络的企业多样性无论高与低，企业之间几乎不存在关联，即几乎不存在物质和能量变换。

② 资源利用效率

散点型网络的各个节点之间没有物质与能量的交换，每个企业都是独立购买原材料进行生产，产品直接进入市场，产生的废弃物也自行处理，几乎不存在资源的交换重复利用，其资源利用效率很低。可见，散点型网络并不符合循环经济的发展要求，在区域工业发展中，散点型网络应逐渐转型。

③ 稳定性

散点型网络是生态产业网络的原始形态，由于企业之间实际上没有形成共生关系，无法进行物质和能量交换，导致网络的综合效率相对较低，企业的发展实质上是以牺牲资源环境为代价的。

（2）线型

1）形成机制

线型生态产业网络是指由节点联结成单一链条的一种连接形式，即由数家企业串联形成一条生态产业链（图 4-4）。

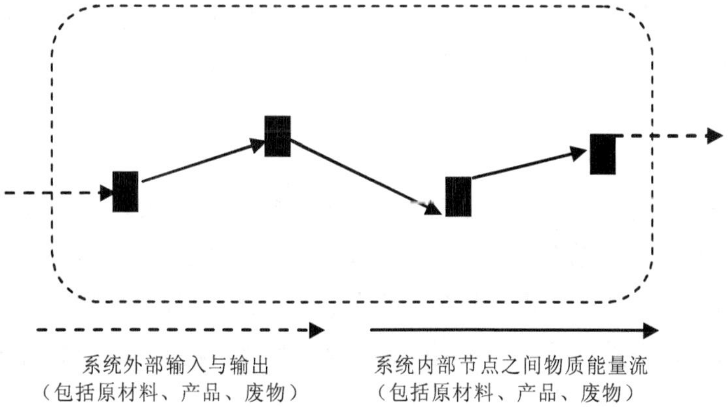

图 4-4　线型生态产业网络示意

线型网络连接方式简单，上下游环节结构对等，每一环节只有一个节点，企业之间是一对一的关系。从原材料供应到最终产品产出的整个过程中，线型生态产业网络由上游原材料的单一供应方与下游原材料的单一需求方构成。网络中的物质和能量沿着上下游企业形成的链条进行转换、传递。

线型网络是生态产业网络发展初期的一种类型，区域内企业数量较少，资源代谢结构较为简单。随着更多企业进入网络，网络结构复杂性增加，可以逐步发展为并联或环形结构。

2）基本特征

① 企业多样性

线型网络中，每一环节上只有一个节点企业，每个节点企业分属不同产业，整个网络由一个生产者和多级消费者串联组成。但由于生态产业网络的生态学特性，产品和废弃物交换过程中不可避免地耗散大量物质、能量，生态产业链长度不可能维持太长，现实情况下至多四级或五级。因此，线型网络中企业的数量有限，导致企业多样性受限。

② 资源利用效率

上游企业产出的产品或废弃物可以被下游企业利用，实现资源的多级重复利用，其资源利用率较散点型网络有明显提高。但是，由于副产品交换设施的专用性，下游企业可能只利用上一级企业的一种产品或废物，而上游企业在没有其他企业可以选择的情况下，其产生的某些废弃物就无法被重复利用，只能另行处理。可见，线型网络虽然可以实现资源的多级利用，对原材料进行深加工，将废弃物资源化，但由于其专用性，仍然有大量资源在生态产业链的生产流程中流失掉了。

③ 稳定性

在线型网络中，物质和能量的传递效率完全取决于生态产业链上各个节点的有效参与，系统的可靠性完全依赖于各环节企业的正常运转。一个节点因技术、市场等因素影响而出现问题，整个系统都将受到影响，甚至是产业链条断裂。在线型网络发育的过程中，生态产业链进行纵向延伸，而随着链上企业的增多，整个网络的可靠性也会随之衰减。

（3）簇型

1）形成机制

在簇型网络中，每个营养级上存在一个或多个横向关系企业，每种产业也有一个或多个企业存在。在关联关系上，上下游企业间可以有多种选择，上游企业可向多家企业输送产品或废弃物，下游企业也可从多家企业获得生产原料。簇型网络在现实情况中较为常见，可由线型网络发育而来。簇型网络，又可称为树枝型网络（图 4-5）。

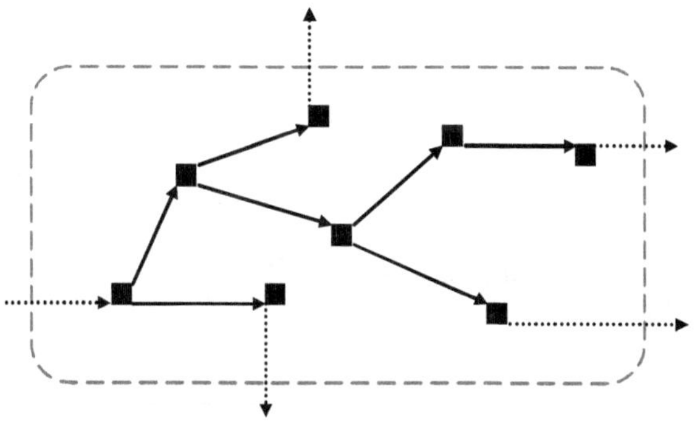

图 4-5 簇型生态产业网络示意

2）基本特征

① 企业多样性

簇型网络每一环节上存在一个或多个企业，处于同一营养级上的企业也可能分属不同产业，因此，其选择性较高，企业多样性较高。

② 资源利用效率

当网络中存在横向关系时，企业产生的多种产品和废弃物，可分别输送到下一级的几家企业进行利用，同时实现产品的深加工及废弃物的回收利用，因此，其资源利用效率较线型网络有明显提高。

③ 稳定性

簇型网络每一环节上存在一个或多个节点企业，节点企业间有多条路径可以选择，而不像串联关系那样只有唯一选择。整个网络由多节点多层次构成，可以提高整个网络的可靠性。只有当某一环节上所有的企业全部失效时，整个网络才会失效。可见，簇型网络的稳定性相对较高。

（4）环型

1）形成机制

环型网络主要由一个循环路径构成，每一环节上只有一个节点（图 4-6）。上游企业的产品或废弃物可作为原材料流向下游企业，在经过几级下游企业的加工利用后，最后产出的废弃物又可再流回上游企业进行重复利用，这样，整个网络就形成一个闭合回路。

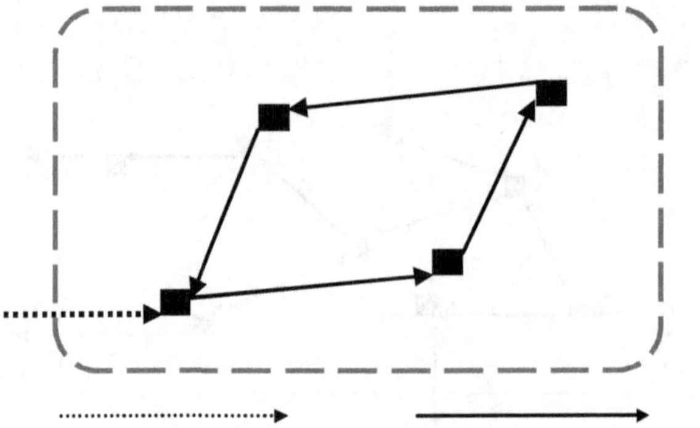

图 4-6 环型生态产业网络示意

2）基本特征

① 企业多样性

环型网络中存在着生产者企业、消费者企业和分解者企业，每一环节上有不同的产业，各个产业间消化上一级的产品或废弃物。与线型网络相同的是，由于物质和能量的耗散，这种单链的连接方式不可能维持太长，因此，企业多样性不高。

② 资源利用效率

环型网络真正实现了资源的多级循环利用，资源进入网络后，只有有限的废物排出，因此资源利用效率达到最高。

③ 稳定性

环型网络同线型网络一样是单链连接，因此，网络能否正常运行，取决于所有节点企业是否正常运转。闭合回路上每一级企业都不可或缺，只有全部企业正常生产，才能保证整个网络的正常稳定发展。当某一级的企业发生变故无法正常生产，不能对上一级企业的来料进行加工，或者无法向下一级企业提供其所需原料，而企业又没有其他选择，那么，就会在回路上形成断点，严重时则会导致环型网络的崩溃。可见，环型网络的稳定性较差。

（5）混合型

1）形成机制

一定区域内的企业相互连接形成生态产业链条，既可能包括多个横向关系，也可能包括多个环，还可能存在孤点企业，这就是混合型生态产业网络（图 4-7）。

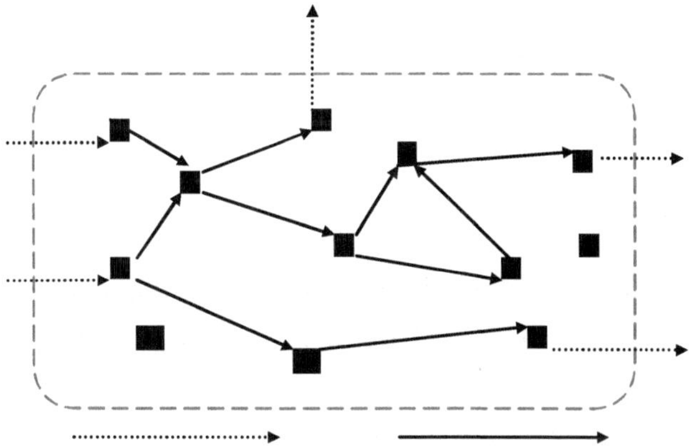

图 4-7 混合型生态产业网络示意

混合型网络有较高的结构复杂性，它效仿自然生态系统中的食物链网，实现资源的多级、循环利用。混合型生态产业网络既提高了企业自由选择合作伙伴的可能性，又增强了网络上合作企业之间相互依赖和相互凝聚的网络整体性。在混合型网络内，网络成员之间的资源交流渠道增多、交流频率加快，各级网络层层相连，提高了网络的稳定性和安全性。

2）基本特征

① 企业多样性

混合型网络中存在多种产业，生态产业链上每一环节都可能存在多个横向关系节点，且节点间关联关系错综复杂，可见在所有生态产业网络类型中其企业多样性是最高的。

② 资源利用效率

在混合型网络中，进入生态工业链的资源，可能被加工成产品并进行多级深加工；而产生的废弃物又可通过某些企业进行再利用，或是通过环形结构被重新加工成原料输送回上游企业，可见，混合型网络复杂多样的结构有利于真正实现资源的多级、循环利用。

③ 稳定性

节点企业间多种连接方式的并存，可以增加节点企业的选择性，降低企业间的依赖性，任何内部和外部波动都不太可能同时影响网络上的所有环节，可见，这种结构特点有利于提高整个网络的稳定性。

4.3 生态产业链稳定性分析

4.3.1 稳定性内涵

生态产业网络的稳定性是指整个网络处于有序、良性的状态，当内部和外部环境出现不同程度的变动时，系统维持稳定状态的能力。系统内部和外部环境的变动是指由于系统内部的构成要素发生变化以及外部环境（包括市场环境、政策和法律等）发生改变，从而造成系统运行上出现某种波动（兰友根，2006）。

从生态学角度来讲，稳定性包括两方面内容（杜旻，2003）：① 系统对于干扰破坏的承受能力与抵抗能力，可以简称为“抵抗力”（Resistance）。抵抗能力是指变动发生后系统的承受能力，它主要受到两个因素的影响：外部干扰的强度以及产业链波动的剧烈程度。当外部干扰强度越大时，产业链自身的抵抗能力越强；当产业链的波动越剧烈时，意味着系统的抵抗能力越弱。产业链抵抗能力的强弱取决于系统组成要素，即产业种群的一致性和生态多样性。② 系统在受到干扰破坏后恢复到最初状态的自我修复能力，可以简称为“恢复力”（Resilience）。修复能力是指在遭受外部干扰出现不同程度的损伤后，针对这种损伤系统自行修复的能力，其修复能力的高低取决于系统自身的协调性，系统组成要素相互之间的替代性越高，则系统的修复性越强。修复能力在某种程度上显示了工业生态系统的柔性。一个生态产业网络对于外界干扰的抵抗能力有一定的限度，即稳定性阈值。这一稳定性阈值的大小取决于生态产业网络的发育程度。发育越成熟的生态产业网络其稳定性阈值越大，意味着抵抗能力就越强。

一个稳定性较好的生态产业网络具有如下几方面的特征表现。

（1）组织结构协调

生态产业网络要达到和保持稳定状态，应做到网络内产业数量丰富、节点企业的组成和相互间的联系多样化、企业间有较强的替代和互补关系，并且技术设备先进。网络中企业分属不同行业，原材料进入网络后，经过生产加工产出多种产品和废弃物，在网络内总能找到某个或几个企业成为其上下游的合作伙伴，这就在客观上促进了工业共生网络的形成和稳定。因此，良好的组织结构是保持生态产业网络稳定性的最主要因素。同时，生态产业网络始终是一个动态发展的过程，一个健康的生态产业网络，其成员应该可以依据市场原则顺利地进入和退出，这样才能保证生态产业网络的平衡和稳定发展。

（2）供需关系持续稳定

生态产业网络是一定区域内的企业通过物质和能量的交换而联系起来的，在一个稳定的网络中，各个直接相连的企业间都应该保持持续稳定的供需关系，并且供需规模相互匹配，即在原料供应数量、质量和供应频率上满足下游企业的需求，不会出现严重的供大于求或供小于求的现象。

（3）组织协作高效性

生态产业网络的发展壮大，需要高效的保障体系支持。网络节点企业间应保持良好的友邻关系，主要是指网络内企业、政府和行业协会间有着紧密、高效的合作和交流关系。

（4）综合效益最大化

建设生态产业网络有着双重目标，就是要提高区域工业系统乃至整个区域的经济效益和环境效益，同时也追求网络内企业的经济效益和环境业绩。当各个层次上的效益都达到一定程度时，网络才能稳定健康地发展。

4.3.2　稳定性影响因素分析

影响生态产业网络稳定性的因素有很多，有些存在于网络内部，如网络的连接方式、技术设备、企业间供需匹配程度等；有些来自网络外部，如市场、国家和地方政策等。本节主要从政策、经济、网络空间布局、网络连接形式、供需和技术 6 个方面 18 个影响因素进行定性分析（表 4-1）。

表 4-1　生态产业网络稳定性分析指标

类别	指标
政策因素	宏观政策
	环境法规
	网络管理体系
经济因素	生产成本
	企业收益分配
	产品多样性
	产品市场需求
空间布局	地理位置
	产业布局
	可利用自然资源
	运输条件
连接形式	网络纵向关系
	网络横向关系
	节点企业竞争与协作关系
企业供需	原料供应稳定性
	供需匹配程度
技术条件	技术设备先进性
	信息共享程度

（1）政策因素

① 宏观政策

宏观政策包括国家制定的相关产业政策、金融政策和税收政策，以及地方的产业政策和法规等，这些政策作用于生态产业网络，对网络内企业的经营形式、效益和管理都会产生重要影响，这种影响有可能是积极的，也可能是消极的。地方政府的支持程度大小和支持能力强弱也同生态产业网络能否稳定运行密切相关，这是宏观层面上的影响因素。目前国内的一些生态工业园主要是通过行政手段建立起来的，因此在其发展过程中，政策因素就成了最主要的影响因素。

政府可以通过税收、管制、建立激励机制和制度改革等手段，来抑制因公共物品缺位、外部性、垄断等市场经济本身所存在的缺陷而造成的市场失灵状态对生态产业网络的冲击。政府还可以通过各种政府行为来协调各个微观经济单位、各个部门及各个地区之间的经济利益关系。例如，在原国家环境保护总局和国家清洁生产中心的大力支持下，广西贵糖（集团）股份有限公司自2000年始创建国家生态工业示范园区，项目资金由贵港市财政局提供，地税局会返还50%的农业税用于甘蔗场的灌溉系统建设。

② 环境法规

发展生态产业网络的目的既包括提高区域工业系统的经济效益，也包括提高区域环境效益，地方的环境法规政策即是对区域生态产业网络环境效益的要求。环保法规包括排污收费、污染物配额分配等，它看重的不是单个企业或者少数几个企业的孤立效果，而是区域的整体效果。

③ 网络管理体系

生态产业网络的管理体系、管理层的决策和人员变动对网络发展有着重要影响。例如，我国某著名生态工业园区中的核心企业高层于近年发生人事变动，由于继任领导在产业布局和发展战略上和原领导有不同认识，着手对过去已经长期运行的企业工艺流程进行业务流程重组，结果切断了原有的上下游企业之间的废料—产品循环流动途径，使原先的一些生态工业链条发生变动，甚至断裂（武春友等，2005）。

应注意的是，有关生态产业网络的管理办法，包括产业政策、环境政策以及网络管理体系等，应随着网络的发展而做相应调整，但现实情况中政策的调整往往具有滞后性，因此这种滞后性也会影响生态产业网络的稳定性。

（2）经济因素

一定区域内的企业自发交换产品或废弃物，进而逐渐形成生态产业网络，根本驱动力是追求经济成本最小化，提高企业经济效益。企业加入生态产业网络，就是要通过废弃物交换来降低原料购买成本，提高企业利润。例如，丹麦卡伦堡的济普洛克石膏墙板厂认识到斯塔托伊尔炼油厂的燃烧火焰是潜在的低成本燃料源，通过谈判，斯塔托伊尔炼油厂同意以低价供应多余的气体给济普洛克石膏墙板厂。

当这种成本优势受到外部市场或网络自身影响而减弱时，企业就可能选择退出网络，而使网络的稳定性受到冲击。因此，在评价生态产业网络时，不能仅考虑其在环境影响方面的绩效，还要考察其市场竞争力。生态产业网络是否成功取决于投资和收益的比例，如果市场拒绝其提供的产品和服务，那么再怎么特殊的资源利用效率也不能产生影响力。因此，生态产业网络稳定运行的关键在于适应市场，健康发展的生态产业网络必须与市场进行良好连接。

① 生产成本

简单来说，某一家独立企业的生产成本包括原材料成本、非原材料成本和排污成本等。在进入生态产业网络之后，则可能增加废弃物交易、处理成本以及新技术设备投入成本等。对于是否进入生态产业网络，企业会在回收利用废弃物的相关费用，以及购买新原材料和简单处置废弃物费用之间进行权衡，只有在前者比后者更为经济，且废物再循环利用技术也可行的情况下，企业间的副产品交换利用关系才能够建立。

a. 废弃物交易和处理成本。生态产业网络中的下游企业要向上游企业购买废弃物作为生产原材料，这部分交易费用只有低于企业另行购买原材料的费用，企业间的废弃物交换利用关系才能保持。而要回收利用废弃物，企业须对其进行必要处理，另外还需要研发新技术、采购新设备和改造现有的生产供应和管理方式，而这部分费用会增加企业的生产成本。只有保持这种原材料成本上的优势，生态产业网络才能稳定运行。

b. 新技术设备成本。新技术的引入会为构建工业生态链，或提高原有工业链的效率提供机会，但新技术的采用往往会带来技术成本的提高，如果技术成本没有在这条工业链中得到消化，只是提供了组成产业链的可能并增加了相应的成本，那么就有可能给网络带来风险。

② 企业收益分配

所谓企业收益分配是指合作各方从合作总收入或总利润中分得各自应得的份额。公平、合理的收益分配是促进节点企业成功运作的基础。

产业链利益分配的核心问题是中间产品的定价问题。如果上游企业不对生产过程产生的废弃物负责，反而将废弃物作为其获利的重要来源，对下游企业索取高价，则在这种利益分配结构中，下游企业处于被动地位，再加之如果有价格比较低廉的原材料，那么从事废弃物资源化利用可能就不是最经济的做法，这就会阻碍企业进行废弃物回收利用。

③ 产品多样性

生态产业网络可以通过技术改进、产业链延伸和合理引入新的产业类型等方法，增加网络产品的类型。而产品多样性的增加，有利于提高网络的市场竞争力，并更好地应对产品的市场需求变动。

④ 产品市场需求

市场是不断变动的，其对产品的需求情况也在不断变化，而产品需求的波动、供给量、市场价格、消费能力等外在因素会通过物质或能量在节点企业间传播、放大，影响节点企业的经济效益。因此，网络内企业的产品是否具有持续稳定的市场需求趋势，会对生态产业网络的稳定性造成影响。

（3）空间布局

① 地理位置

生态产业网络所处的地理位置会影响区域内劳动力水平、政府经济支持能力、产品市场需求、作为原材料的产品和废弃物的运输等，进而影响生态产业网络的运行与发展。某些地处偏僻或经济欠发达地区的生态产业网络，可能难以引入新技术和高层次人才，或是因难以得到足够的财政支持而难以维系企业间的连接关系。例如，美国早期工业生态系统的代表查尔斯岬，利用风能发电，一般在用电高峰时以高价售出电的方式补充地方电力不足的部分。在非用电高峰的时候，风能电被用来把黄豆变成油，成为可储备能源。黄豆炼油渣作为家禽饲料，过程中的热能被用来养鱼，鱼塘养分可以做农业肥料。但是由于地理位置偏僻、劳动力水平低下、经济支持减弱等，该系统已逐步停止这种循环连接，基本陷入僵局。查尔斯岬生态工业园区的管理人员对此的总结是“尽管有上下游物料流动、能量循环的最初意向，可是随着实践的深入，却发现形成网络困难重重”。

② 产业布局

一定区域内的各个企业间的距离会对企业是否能够进入生态工业链条产生影响。空间上距离较近的企业会较为容易进行产品和废弃物的交换，相反距离较远的企业就可能难以加入生态产业链。此外，生态产业网络的整体布局，也应与所处区域内及其周边的自然环境相适应。工业生产活动会对区域自然环境造成较大影响，如果网络布局在生境脆弱地区或自然保护区周边或处于其内部，则负面影响会更为明显，不利于生态产业网络的稳定。

③ 可利用自然资源

某些生态产业网络中的生产者企业，是利用自然资源进行生产的（如煤炭等），则其所处的地理位置可供开采和利用的自然资源的数量和质量，将极大地影响着生产者企业的生产活动，进而影响着整个生态产业网络系统的运行。

④ 运输条件

运输条件影响着生态产业网络中企业间产品和废弃物的交换便捷程度以及交换设备的建设等。此外，运输还影响着网络产出产品向区域外输送的情况。因此，良好的运输条件可以促进生态产业网络的建设和发展。

（4）连接形式

生态产业网络本身的连接形式对稳定性有着重大影响，其实质上是企业生态位问题。首先，并不是任何集聚在生态产业网络内的企业都可以建立共生关系。因为在实际生产中，一家公司的产品或废弃物并不一定都能用于另一家企业。其次，生态产业网络中的节点数有限，因此一些中小企业将难以被整合进来，主要是它们的生产量和对废弃物的吸收量都相当小。而对于那些通过产品和废弃物供需而连接起来的企业，下游企业的原材料获得完全依赖于上游企业的生产，极易受其废弃物产量和性质波动的影响。一般来说，生态产业链越长，其稳定性越差；网络越简单，企业的选择越少，稳定性越差。当位于链条上游的某一个环节出现问题时，其下游的所有环节都会受到影响，甚至可能导致整个生态产业网络的解体。

① 网络纵向关系

根据生态产业网络的生态学特性，网络内的产业链不可能无限延长，现实情况中产业链长度仅可达到四级或五级。此外，产业链的具体长度还与连接企业和其产出废弃物的性质相关。同时，与自然生态系统食物链网结构的复杂性相比，生态产业网络的结构要简单得多，其脆弱性也要大得多。如 4.2.3 中讨论的线型网络，它是一种单链连接形式，一家上游企业对应一家下游企业，这使企业间依赖性很大，其中一家企业的生产发生异常情况或是退出，都将造成整个生态产业链的断裂，因此稳定性很差。环型网络中，每一环节只有一个节点，资源利用率高，但依赖性较强，如果有一个节点出现问题，则闭合回路结构被打破，稳定性较差。可见，一对一的串联关系由于企业间依赖性强、选择性差导致网络的运行风险较大。因此，单链的纵向结构不利于生态产业网络的长期稳定发展，理论上可以通过增加节点间的并联关系来增加企业选择性、降低依赖性，提高网络的稳定性。

② 网络横向关系

当网络中横向关系的企业数量增加时，企业间的作用强度和联结度降低，这种复杂性减弱了上游与下游企业之间的作用强度，有利于维持网络的稳定。如 4.2.3 中讨论的簇型网络，突出的是一对多、多对一或多对多的并联结构特点，此时网络中企业的选择性增加，企业间关系得到扩展，纵向关系的稳定性也相应提高。而混合型网络中，多种连接形式共存，多个横向关系企业的并存，将促进上下游企业关系的网络化，特别是当这些企业不属于同一产业时，它们不会因为外部环境的变化而同时出现较大波动，纵向关系将具有更高的稳定性。无论在上游还是下游，个别企业生产活动的变动或退出都不会对网络的稳定性产生决定性的影响。

横向关系的企业间也存在协作与竞争的关系。那些属于同一产业的横向关系企业可能共享基础设施、技术和信息等，有利于降低生产成本、提高生产效率。横向协作关系的存在又可以起到抑制企业间过度竞争行为的作用，减少市场和企业间关系的不稳定性。

横向关系企业的适度竞争有利于企业生产效率的提高。但如果横向关系企业间竞争过度，上下游企业间将难以建立长期紧密的合作关系，也可能导致网络不稳定。

③ 节点企业竞争与协作关系

生态产业网络的发展受到经济利益的驱使，只要有经济利益，就会有新的企业加入，产业链就会延长。因此，健康发展的生态产业网络应该是一个开放的系统，随着市场状态的改变允许企业顺利地进入和退出，网络结构也是动态变化的。企业间竞争与协作的关系很大程度上取决于网络的纵向结构和企业间的依赖性。随着产业链的延伸，网络的资源利用效率增加，进而带来经济和环境效益的增加。企业基于经济效益而建立合作关系，但随着生态产业链的延伸、企业数量的增多，也会增加企业间利益分配关系的复杂性，从而影响网络的稳定性。节点企业间这种竞争与协作的关系深刻影响着生态产业网络的稳定性。无论是横向关系还是纵向关系的企业间都存在着竞争和协作，这种在经济利益上竞争与协作的关系决定了工业链稳定性的不确定性。企业间会通过适度的竞争来维持协作，当竞争超过网络所能承受的程度时，其稳定性就会遭到破坏。因此，如何取得和保持节点企业间竞争与协作的平衡，就成了生态网络发展中的重要问题。

（5）企业供需

① 原料供应稳定性

如果上游企业出于降低自身生产成本的原因，改变其原材料的获取途径，或是生产技术方式改变，就可能造成其产出的产品或废弃物的数量、性质发生改变，进而影响下游企业的正常生产。在建立了固定的副产品交换关系后，下游企业将很难承受所购原材料在性质或构成方面的变化，如果企业生产工艺技术对原材料的质量要求非常高，也会使得企业同时使用多种副产品的回旋余地变小。例如，1995 年，丹麦卡伦堡的济普洛克石膏厂在常规分析过程中发现，从阿斯内斯发电厂运来的石膏原料中含有大量的钒，其可能引起变态反应，对人危害性极大。经过调查得知，钒污染的原因是阿斯内斯发电厂使用了一种来自委内瑞拉的叫作奥利木松的燃料，其价格十分低廉。这种燃料是一种从委内瑞拉奥里诺利河流域开采来的石油。调查人员在这种石油里发现了钒，最终在石膏中也发现了钒。因此，济普洛克石膏厂在接受阿斯内斯火力发电厂的副产品时不得不改变它的原材料加工工艺。虽然通过工艺改进最终成功解决了这一问题，但两家企业也为此付出了很大的代价。阿斯内斯发电厂只好改进其设备，以防止钒的大量积累及脱硫装置生产的石膏污染其他产品（高伟，2006）。

② 供需匹配程度

生态产业网络是通过企业间物质和能量的交换利用来联系和维持的，所以企业间的供需规模、稳定性深刻影响着生态产业网络的稳定性。供需规模的匹配是指上下游企业间在材料的需求、供应数量和供应频率上相匹配，能够满足下游企业生产活动的原材料需求，供大于求或供小于求的情况都不利于网络的稳定。例如，在废弃物型的关联关系中，其供需关系影响到网络废弃物的资源化水平。如果供大于求，即废弃物的产生量大于下游企业的需求、消化能力，或是废弃物的性质发生变化，出现供需不匹配现象，则废弃物的减量化将难以实现，网络的环境效益也随之降低。这时，网络就需要合理引入一些下游企业来消化剩余废弃物、提高网络环境效益，可见供需的匹配情况的变动也可能引起网络结构的变化。

（6）技术条件

为了保证生态产业链条的建立和延伸以及资源的共享，必须有可行的技术将各个企业联结起来。而正是因为企业间的这种高度联系，在一定程度上导致了生态产业网络的不稳定性。

① 技术设备先进性

在生态产业网络中，废弃物处理技术和交换设备是企业正常生产和企业间有效连接的保证，而生态产业网络是一个动态发展的过程，因此网络中的技术设备也应保持其先进性。如果企业的技术设备落后，就会造成其生产效率的低下，进而有可能影响整个网络的效率，导致网络竞争力的降低。因此，企业必须提高产品技术含量，提高新产品开发的响应速度，以适应市场和消费者需求的高速变化。需要注意的是，生态产业网络是一个整体，企业间通过废弃物和技术实现连接，因此，新技术的采用带来的生产效率、废弃物性质和数量的变化，都要求上下游企业在技术上保持一定程度的同步性，才能保证生态产业网络企业间的有效连接。

但是，技术可行不一定经济可行。如果自然资源和能源的价格偏低，或废弃物的排放费用偏低，就会使得企业对废物的回收利用的成本相对变高，从而出现经济上的不合理。生态产业网络中的这种技术特点内在地决定了系统会出现不稳定性。例如，芬兰东部城市约恩苏（Joensuu）试图在已有的工业生态系统中建造瑟卡拉（Sirkkala）发电厂，逐步将其引导、建设成“关键种企业”（黄惠，2006），从而把当前已有的小型、零散的生态化连接企业进行整合运营，改变当前系统竞争力薄弱的现状。然而，这项工作被迫中止，主要原因是，在提升泥煤燃烧效率、消除森林钙离子等微量元素流失对森林系统健康的影响以及避免对约恩苏典型北欧寒冷生态现状（结冻的河流、覆雪的土地）的改变和避免发电厂高压输电线对居民区生态景观的破坏等方面未取得生态化技术的突破。

② 信息共享程度

要保持上下游企业间的同步性，就要加强企业间的沟通与协调，加强上下游企业间在废弃物信息上的交流和技术进化上的协同，避免信息不对称情况的发生。因为下游企业在原材料供应数量和频率以及废弃物特征和真实价值等方面，很容易受上游企业的限制和约束，在信息不对称的情况下，就可能导致企业获取原材料的成本增加，使其经济效益相应减少，从而影响整个生态产业网络的稳定性（何东等，2007）。

生态产业网络中的信息共享主要通过信息平台来完成，信息平台的构成可以分成三个层次：一是企业内部的信息系统；二是面向生态产业链的信息交换平台；三是生态产业网络综合性公共信息交换平台。与生态产业网络稳定性密切相关的是节点企业间的信息平台，即面向生态产业链的信息交换平台和综合性公共信息交换平台（高伟，2006）。

4.3.3 生态产业链定量评估方法

系统论认为，一个系统稳定与否主要取决于系统结构状况、功能水平及其相互关系。系统结构越复杂，系统组成之间相互联系的通道越多，系统的整体代谢功能水平越高，抵抗外界干扰和自我修复的能力就越强，系统就越稳定。一般地，结构决定功能，有什么样的结构就有对应的功能；功能反作用于结构，可从系统的功能水平判断系统。

为此，本书选取关联度、循环路径比及废弃物资源化率 3 个指标进行评价，从结构和功能两个方面对生态产业链进行定量评估。

（1）关联度

关联度是食物链网分析的统计指标（格雷德尔等，2004），可用于度量生态产业网络结构复杂性。关联度越大，表明网络中企业间关联关系越多。一般来说，节点企业联系紧密则稳定性较高。

设一个生态产业网络中的企业个数为 n，最大可能关联次数为 M，实际关联次数为 m，则关联度 β 可由式（4-1）计算：

$$\beta = \frac{m}{M} \tag{4-1}$$

其中，m——实际关联次数；

M——最大可能关联次数，$M = \frac{1}{2}n(n-1)$。

式（4-1）可进一步表示为

$$\beta = \frac{2m}{n(n-1)} \tag{4-2}$$

关联度 β 的取值范围为[0，1]。从式（4-2）可以看出，

当 $\beta=0$ 时，表示工业生态系统中所有企业均独立运行，任何一个企业与其他企业之间不存在物流交换关系。此时，所有节点为孤节点，它们组成的生态产业网络就是散点型网络；

当 $\beta=1$ 时，表示生态产业网络中所有企业两两之间均存在物流交换关系，此时该系统达到了最大的关联度；

当 $\beta=2/n$，即生态产业网络的实际关联次数为 $n-1$ 时，且网络中的每个企业均与另

一个企业关联一次，则该网络中企业只存在串联关系，所有企业组成了一条生态产业链，即线型生态产业网络；

当 $\beta = 2/n$，即生态产业网络的实际关联次数为 $n-1$ 时，且网络中有一家或多家企业与多家企业存在关联，网络中存在并联关系，则该网络为簇型生态产业网络；

当 $\beta = 2/(n-1)$，即生态产业网络的实际关联次数为 n 时，且网络中每个企业均与另一个企业关联一次，则该网络中有且仅有一个循环路径，形成了环型生态产业网络。

（2）循环路径比

循环路径比是用于度量生态产业网络中循环路径数量达限程度的指标。一般来说，循环路径比越大，系统内部的物流通道越多，物质在系统中存留时间越长，转化和利用效率越高，系统的资源输入和污染排放越少。

设 γ 为生态产业网络中实际存在的循环路径数；θ 为最大可能循环路径数，则循环路径比 η 可由下式计算：

$$\eta = \frac{\gamma}{\theta} = \frac{2(m-n+1)}{(n-1)(n-2)} \tag{4-3}$$

假定生态产业网络中不存在次级亚网（互不连接的网络），且存在循环路径，此时网络中的关联次数必然大于最低关联次数 $n-1$，则网络中循环路径数等于实际关联次数与最低关联次数之差，即

$$\gamma = m-n+1 \tag{4-4}$$

在任何节点数大于 2 的生态产业网络中，最大可能关联次数为 $M = \frac{1}{2}n(n-1)$，则生态产业网络中最大可能循环路径数等于最大可能关联次数与最低关联次数之差：

$$\theta = \frac{1}{2}(n-1)(n-2) \tag{4-5}$$

循环路径比 η 的取值区间为[0，1]，由式（4-5）可知：

当 $\eta = 0$ 时，意味着生态产业网络中不存在循环路径；

当 $\eta = 1$ 时，表示生态产业网络已达到最大限度的循环路径数；

当 $\eta = 1/\theta$ 时，表示生态产业网络中有且只有一个循环路径，即环型生态产业网络。

（3）废弃物资源化率

废弃物资源化率是指工业生态系统内废弃物（包括固体废物、废水等）作为原材料供给下游企业使用的比例，是衡量工业生态系统副产品、废弃物资源化程度的重要指标。废弃物资源化率越高，副产品、废弃物的资源化率越高。

设工业生态系统内各工业种群的废弃物资源化率为 u_i（$0 < u_i \leqslant 100\%$，$i = 1, 2, \cdots, m$），则工业生态系统的废弃物资源化率（C_R）按如下公式计算：

$$C_R = \frac{\sum_{i=1}^{m} u_i}{\frac{n \times (n-1)}{2}} \times 100\% \tag{4-6}$$

对式（4-6）进行数学变换，可得

$$C_R = \frac{m}{\frac{n(n-1)}{2}} \times \frac{\sum_{i=1}^{m} u_i}{m} \times 100\% \tag{4-7}$$

令 $r_L = \frac{\sum_{i=1}^{m} u_i}{m} \times 100\%$，则

$$C_R = \beta \times r_L \tag{4-8}$$

其中，β——关联度；

r_L——工业生态系统内各工业种群废弃物资源化率的平均值。

当 C_R＜20%时，工业生态系统内废弃物尚未得到充分利用，物质代谢效率较低；当 20%≤C_R≤50%时，工业生态系统内废弃物基本得到合理利用，物质代谢效率尚可；当 C_R＞50%时，工业生态系统内废弃物得到充分利用，物质代谢效率较高。

4.4 生态产业链框架

4.4.1 产业关联分析

产业共生或关联实质上是以物质流、能量流为纽带，形成以基础产业为主节点的前向或后向关联关系，由此构成了资源—产品—再生资源的物质闭环流动型生态产业系统，不但提高了资源、能源利用效率，而且降低了产业发展对生态环境的影响和压力。

从煤炭资源的开发利用看，煤炭资源的开发利用大体上可分为三个方向：一是直接作为工业民用燃料；二是用作火力发电厂的燃料；三是作为煤化工原料，通过煤炭焦化、液化和气化过程生产焦炭、甲醇、二甲醚、烯烃等一系列煤化工产品。

依据产业生态学理论分析，煤炭开采、火力发电和煤化工三大产业之间具有紧密的产业共生关系。此外，煤炭资源开发利用过程中产生的大量工业“三废”物质均可作为建材产品的原材料。这样，在特定的区域范围内就能够形成以煤炭开采为源头，以火力发电、煤化工、建材产业为主要节点的生态产业系统。一个生态结构完整、功能完备的能源化工基地也具有与自然生态系统相似的组织结构，根据各主导产业的功能特点，可区分为生产者、消费者和分解者（图 4-8）。

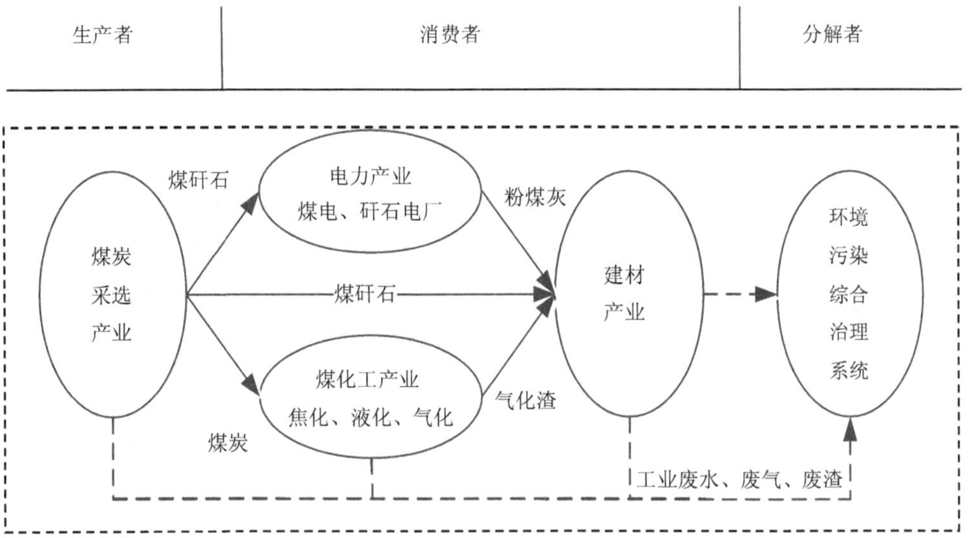

图 4-8　能源煤化工生态产业系统结构

（1）生产者

煤炭开采业是整个产业共生网络系统的生产者，主要为产业共生网络中的消费者提供原材料——煤炭。

（2）消费者

火力发电、煤化工产业均以煤炭开采业提供的煤炭为基本原料，主要生产电力、煤化工产品等，属于消费者。

此外，从产业角度看，建材行业实质上也属于消费者，即所谓的资源再生产业，其原材料来源于煤炭开采、火力发电和煤化工行业产生的可再生利用的工业固体废物，如煤矸石、粉煤灰、脱硫石膏、气化液化渣等。

（3）分解者

在自然生态系统中，分解者是以动植物残体、排泄物中的有机物质为生命活动能源，并把复杂有机物逐步分解为简单无机物的一类生物，主要包括细菌、真菌等微生物和一些无脊椎动物。分解者的作用是把动植物残体内固定的复杂有机物分解为生产者能够重新利用的简单化合物，并释放出能量。由于自然生态系统中存在大量分解者有机体，才促使自然界中的物质循环过程得以实现。

对于工业生态系统而言，分解者是指工业“三废”处理处置设施，可称为环境污染综合治理系统，具体可分为污水处理厂、大气污染治理设施及固体废物无害化处理处置设施。

4.4.2 生态产业链总体框架

能源化工基地由四大主导产业组成，即煤炭开采、发电、煤化工及建材产业。煤炭开采生产的原煤经过洗选后，精煤送往煤化工厂进行焦化、气化、液化等，生产煤化工产品，原煤、中煤、煤泥以及洗选矸可送往火电厂进行发电；煤炭开采和洗选产生的煤矸石，火电厂所产生的粉煤灰和脱硫石膏，煤气化、液化和焦化过程产生的废渣可用于生产水泥、混凝土和石膏等建材产品。此外，能源化工基地整个生产过程中所产生的水、气等物质也参与到了循环过程中，从而形成了一个闭合的、可循环的、生态的生态产业链网。

总之，煤炭开采、火力发电、煤化工、建材等主导产业之间通过煤炭资源开采、加工转化过程产生复合共生关系，可形成以煤炭开采为源头的多条生态产业链（图 4-9）。

按代谢物质划分，能源化工基地可形成 3 条以煤炭资源开采、加工转化为主的产品代谢链，以煤炭资源加工转化过程中产生的工业“三废”物质为主可形成多条废物代谢链。

（1）产品代谢链

① 煤炭⟶电力⟶高载能产品；

② 煤炭⟶煤化工初加工产品（如甲醇）⟶煤化工深加工产品（如烯烃）；

③ 煤炭⟶煤化工产品⟶电力、燃料。

（2）废物代谢链

① 煤矸石、中煤、煤泥⟶电力（综合利用电厂）、建材；

② 粉煤灰、炉渣、废渣、脱硫石膏⟶水泥、砖、陶粒、纸板石膏等；

③ 煤矸石、粉煤灰⟶地下采空区、塌陷区充填物；

④ 矿井水⟶井下除尘、地面冲洗、绿化用水；

⑤ 矿井瓦斯⟶电力。

煤炭采掘位于能源化工基地产业链的起始端，是整个产业链最基础、最重要的组成部分。煤炭采掘环节通过清洁开采，提高回采率，实现煤矸石减量化和资源化利用，煤泥、矿井水等废弃物的综合利用，煤炭共伴生矿和煤层气的开采利用，塌陷区的生态修复，矿用物资的循环利用等，与其上下游其他环节建立起紧密的联系，并延伸出众多下游产业链。

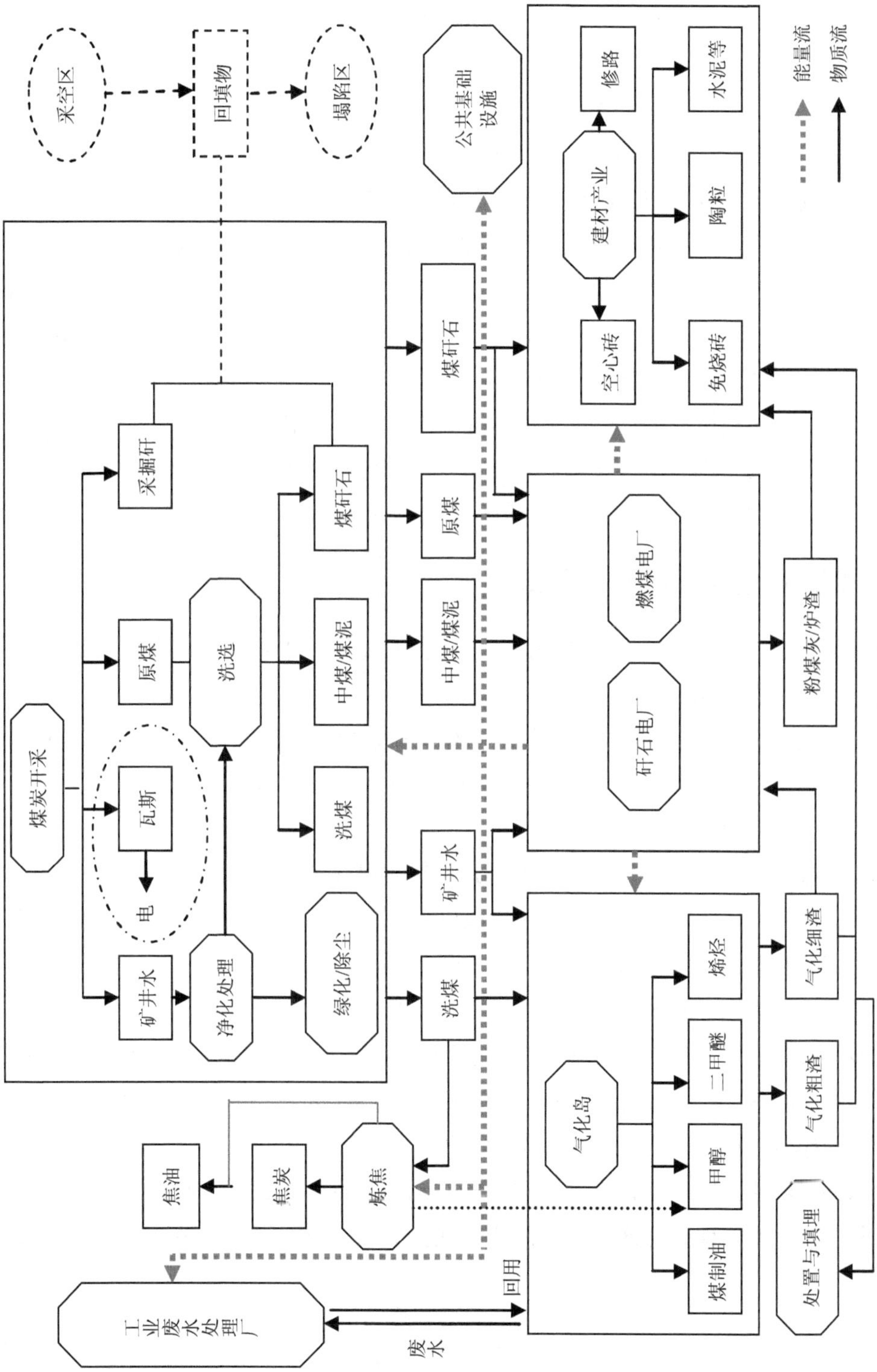

图 4-9　能源化工基地生态产业链框架

火电厂承接煤炭采掘产生的原煤、煤泥、煤矸石作为电厂的燃料；矿井水经处理后进入电厂的冷却水和锅炉水循环系统，减少新鲜水的消耗量；产生的电力回用于煤炭采掘与洗选，发展下游高能耗产业以及电力上网；产生的热蒸汽可以用于矿区供热以及其他下游产业；电厂烟气脱硫产物、粉煤灰和炉渣等可以用于生产建筑材料。电厂通过与其相关联的上下游产业之间物质、电、水、热和副产品的交换，构筑起了以电厂为核心的共生体，使整个产业链网资源得到最佳配置，废物得到有效利用。

煤化工是以煤为原材料，经焦化、气化、液化等化学过程转化为气态、液态及固态化工原材料或二次能源，并进一步深加工为一系列化工产品或代用燃料的工业，其范畴涉及煤的气化、液化、焦化与煤焦油化工和电石乙炔化工。煤化工环节在整个能源化工基地循环经济系统内，产业链条最为丰富，下游产品也最为多样化，有利于煤炭资源的清洁、合理、高效利用，能够最大限度地提高煤炭资源的附加值。

建材产业主要是利用能源化工基地内各主导产业排放的工业废物作为原材料生产各类建材产品，可利用的工业废物包括煤矸石、煤泥、粉煤灰、脱硫石膏以及煤化工废渣等。

4.4.3 煤炭行业循环经济产业链

煤炭采掘是能源化工基地循环经济产业链的起始端，也是整个煤炭行业循环经济产业链最重要的组成部分。

煤炭开采和洗选加工过程中，精煤经焦化生产焦煤，焦炉富余煤气可用于生产甲醇，煤炭采选过程中产生的大量煤矸石、洗选中煤、煤泥等副产物，既可直接用于建材产品的生产，也可作为电厂的燃料。

煤炭采掘环节通过电力、燃油、设备设施等减量化投入，煤的清洁开采，提高回采率等措施，可实现煤矸石产出减量化和资源化利用，煤泥、矿井水等废弃物的综合利用，煤层气的开采和利用，塌陷区的生态修复，矿用物资的循环利用等，与其上下游其他环节建立起紧密的联系并延伸出众多下游产业链（图 4-10）。

煤炭采掘生态产业链包括煤矿开采、资源综合利用、生态修复治理等。各系统之间通过中间产品和废弃物的相互交换而互相衔接形成产业链网，提高了资源产出率，减少了煤矸石的排放，减缓了土地沉陷，节约用地；节水、节电，最大限度地实现矿井水、生活污水的资源化，实现煤矸石、煤泥、矿井瓦斯的资源化。利用矸石开展土地复垦工作，恢复生态平衡，保护生态环境，防止或减少矿山开发对环境的破坏，促进生态良性循环。

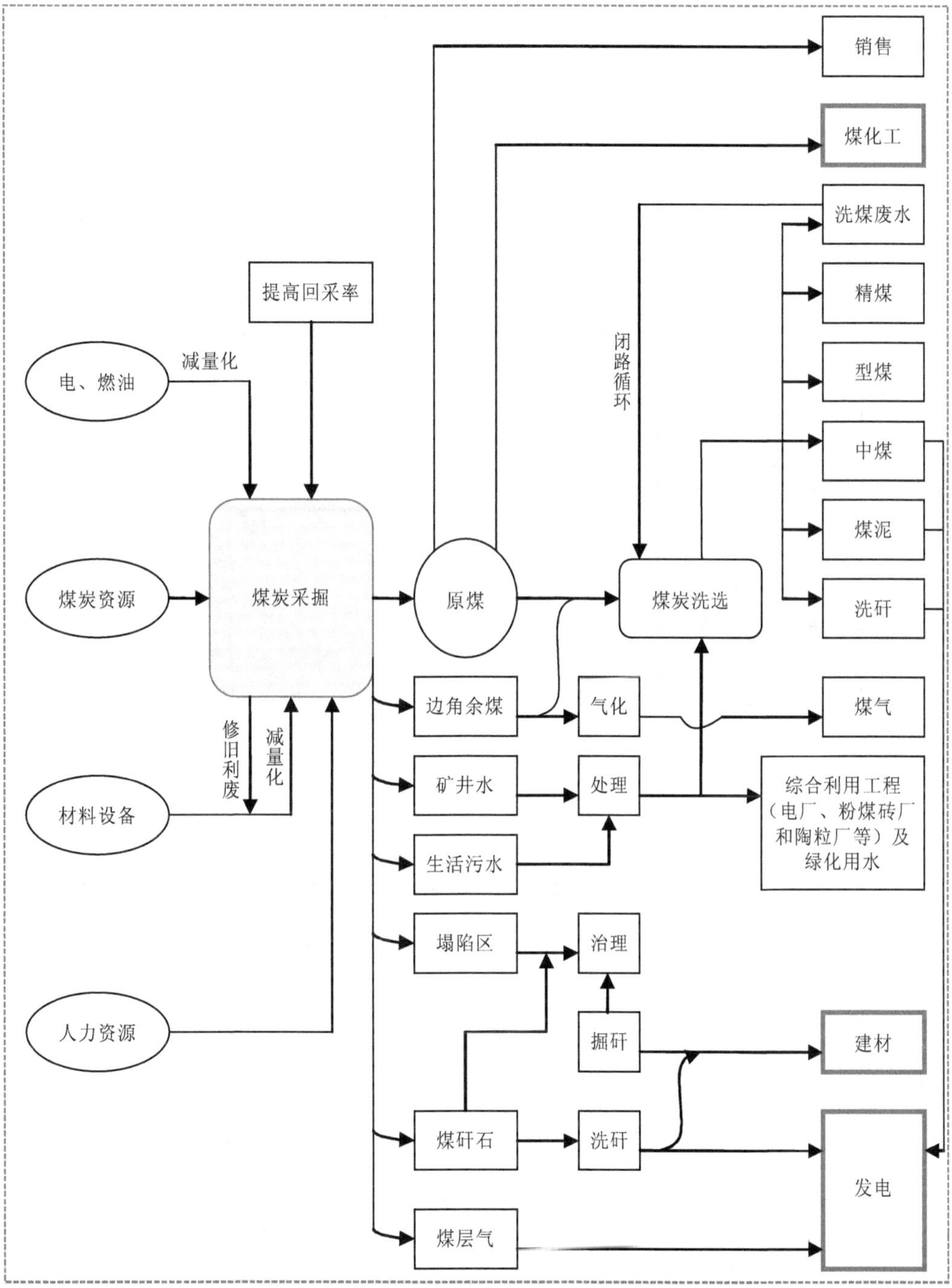

图 4-10　煤炭行业循环经济产业链

4.4.4　煤电行业循环经济产业链

火力发电是能源化工基地生态产业链中的重要节点，尤其是以煤矸石等废物为原材料的综合利用电厂在基地生态产业链的形成中起着关键作用。

电力行业循环经济产业链见图 4-11。

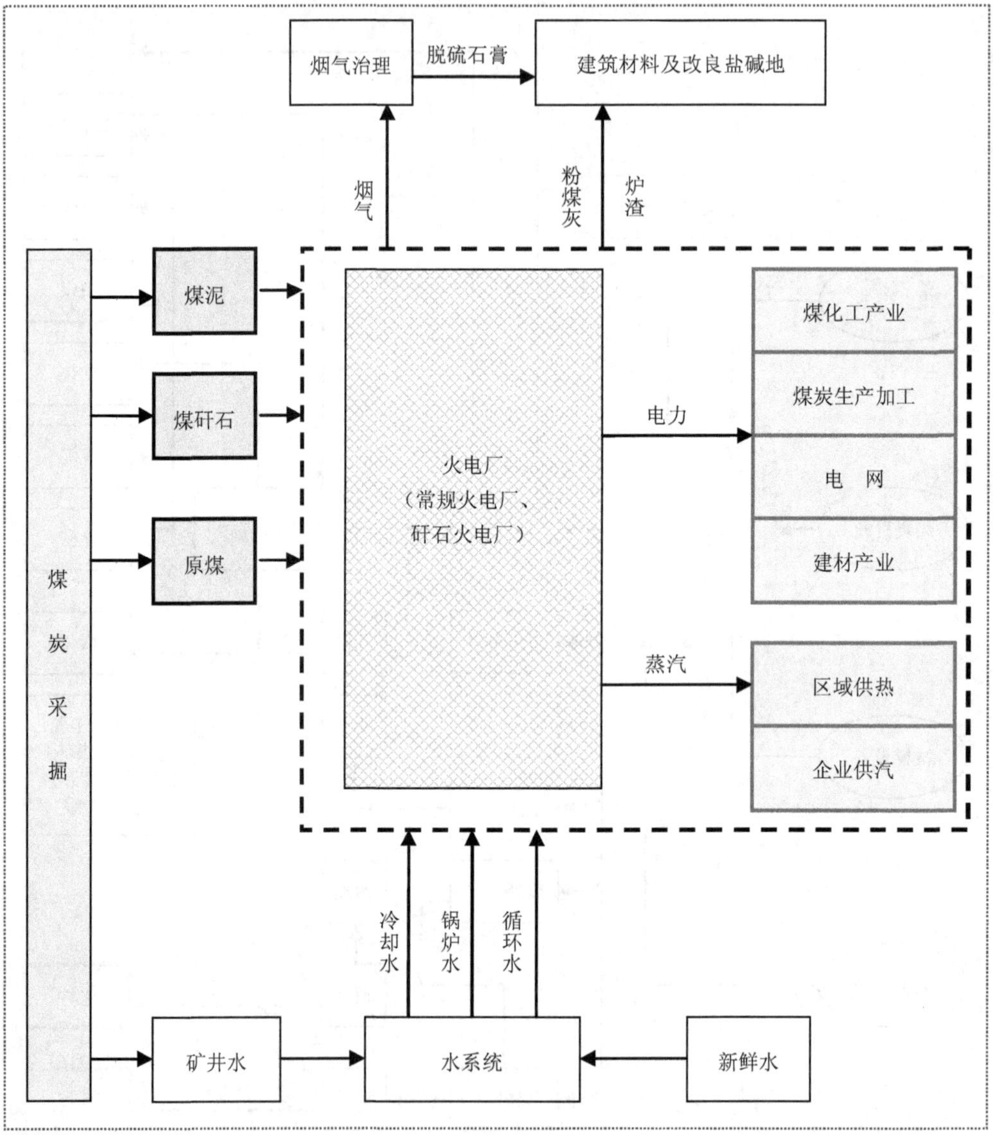

图 4-11 电力行业循环经济产业链

电厂承接煤炭采掘产生的原煤、煤泥、煤矸石作为电厂的燃料；矿井水经处理后进入电厂的冷却水和锅炉水循环系统，减少新鲜水的消耗量；产生的电力回用于煤炭采掘与洗选，发展下游高能耗产业以及电力上网；产生的热蒸汽可以用于矿区供热以及其他下游产业；电厂烟气脱硫产物、粉煤灰和炉渣等可以用于生产建筑材料及改良盐碱地。电厂通过与其相关联的上下游产业之间物质、电、水、热和副产品的交换，构筑起了以电厂为核心的共生体，使整个产业链资源得到最佳配置，废物得到有效利用，环境污染降到最低水平。

4.4.5 煤化工行业循环经济产业链

煤化工是以煤为原料，经化学加工转化为气态、液态及固态化工原料或二次能源，并进一步深加工为一系列化工产品或代用燃料的工业，其范畴涉及煤的气化、液化、焦化与煤焦油化工和电石乙炔化工。

煤化工行业循环经济产业链见图 4-12。

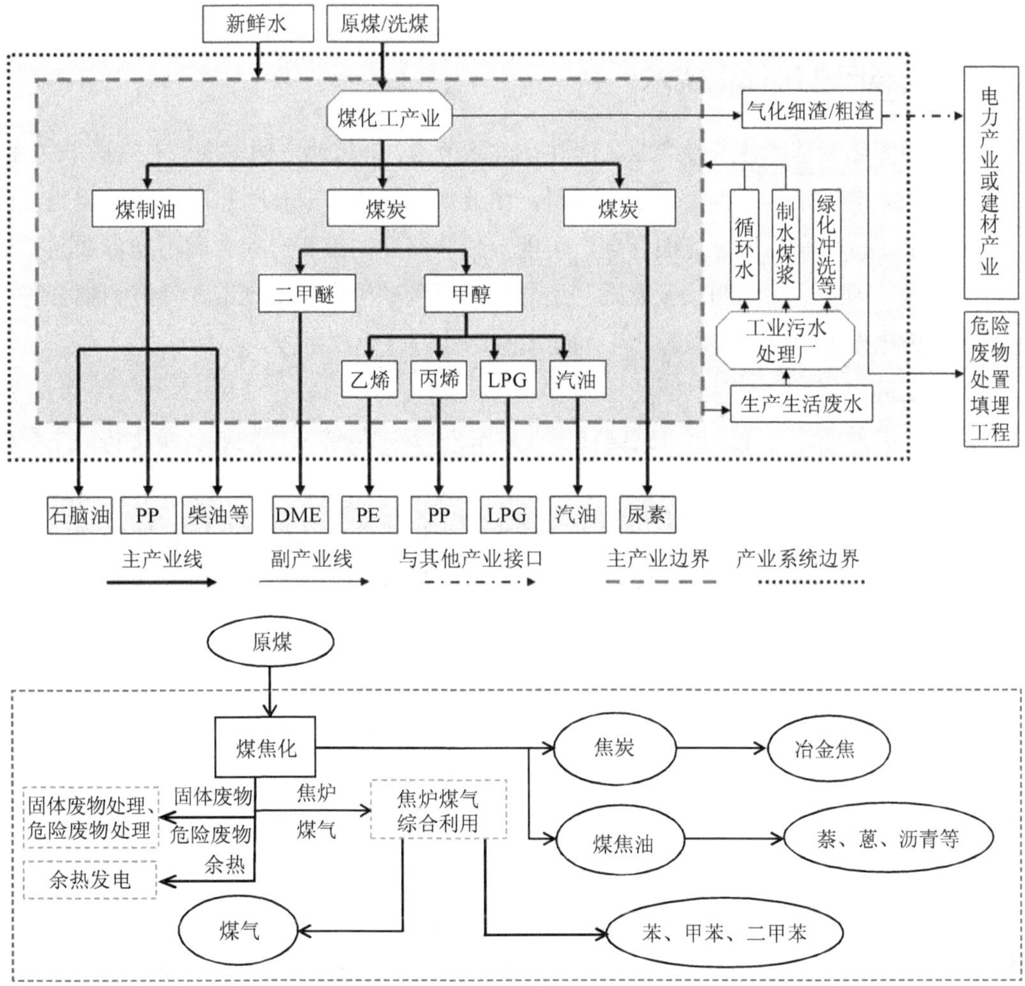

煤液化和气化　　　　煤焦化

图 4-12 煤化工行业循环经济产业链

注：图中 PP 为聚丙烯，DME 为乙二醇二甲醚，PE 为聚乙烯，LPG 为液化石油气。

煤化工主要包括 3 个过程：煤焦化、煤气化、煤液化。煤焦化过程可得到焦炭、煤焦油、粗苯和焦炉气；煤气化过程可以得到合成气（$CO+H_2$），再由合成气生产合成氨、甲醇、合成油、含氧化合物等多种煤化工产品；煤加氢液化，可获得石油类、化工原材料和产品。煤化工产业的副产物，如气化渣、液化渣等也可用作建材产品的生产原材料。

4.5 生态产业链优化

对生态产业链网中的各主导产业链进行延伸、提升和整合，使其形成完整的生态产业链。

4.5.1 生态产业链优化技术

尽管能源化工基地各主导产业之间存在关联潜力，即彼此之间客观上存在关联关系，如煤炭既是火电的燃料，也是煤化工原料，由此形成煤—电—化生态产业链，但是，由于存在体制、技术和经济等方面问题，可能导致同产业内部和产业之间不能形成完整的生态产业链。因此，除加强政策激励和引导外，研发和推广应用延链、补链和耦合等生态产业链优化技术，是完善能源化工基地生态产业链的重要手段。

（1）延链

根据关键种理论，优选出“关键种工业种群”，确定能够发挥区域资源优势的主导产业链。通过全面分析工业生态系统优势资源的利用途径，考察资源开发的经济效益及环境友好性，并在关键种工业种群引进高新技术、先进工艺，拓展产品链，增加产业链上游和下游产品生产，向前或向后延伸拓展产业链，提升关键环节技术水平及资源利用效率，从而增加产品附加值，提高产业链所创造的价值。

能源化工基地是以煤炭资源开发为基础，集煤炭采掘、火力发电、煤化工等产业于一体的产业集聚地。煤炭采掘、火力发电、煤化工是关键种工业种群，因此，应积极开展重点技术研发工作，并适时推广先进资源开采技术。在煤炭开采行业推广厚煤层综采放顶煤技术，矸石充填开采、保水开采、煤与瓦斯共采等绿色开采技术，以及洁净煤技术、水煤浆技术、型煤技术等煤炭清洁高效利用技术。积极研发从煤矿中引取煤层气，或者制备煤气进行发电的整体煤气化联合循环发电技术等，推动煤电联产。重点支持煤制甲醇、二甲醚、烯烃合成、煤制油等技术和催化剂的技术研究，以及煤炭气化、煤炭液化技术及装备的引进消化和再创新。通过高新技术的研发转化，提升关键环节技术水平，拓展产品链，促进资源利用效率及经济效益的不断提高。

（2）补链

以工业代谢分析为基础，以生态位理论为指导，确定现有产业链上未被充分利用的资源，并以关键种工业种群副产品和废弃物为突破点，有针对性地引入补链型工业种群，促进工业种群间副产品、废弃物的资源化利用，挖掘潜在生态位，拓宽工业生态系统生态位，增加园区产业链的稳定性。

能源化工基地建设过程中产生和排放大量煤矸石、粉煤灰、气化渣等多种可再生利用资源以及矿井水、煤层气等，具有极大的生态位拓展空间，因此，在发展主导产业的同时，应积极发展补链型产业，对煤炭、火电、煤化工等工业种群的副产品及废弃物进行再加工、精加工，促进副产品及废弃物资源的再生循环利用。重点开展煤矸石、粉煤灰等在土壤改良、化肥生产以及塑料添加剂等方面的可行性研究，拓宽其应用范围，充实资源回收利用系统，扶持废弃物综合利用产业，追求长期综合效益。

（3）耦合

以食物链（网）理论为指导，对工业种群的物质流、能量流进行系统集成，依据物质流、能量流传递规律，并以资源利用最大化和保证产业链稳定性为原则，不同产业链间物质、能量的多级共享可以加强不同产业链之间的共生耦合，丰富工业种群连接关系，完善产业链（网）。同时，注重生态产业链上各节点企业间的协调发展及联合协作，充分利用主产品、副产品、废弃物等各类资源。

4.5.2　生态产业链优化对策和措施

能源化工基地集煤炭、火电、煤化工等产业于一体，各主导产业之间相互连接，具有较高的关联度，因此，应在政府相关政策的引导下，在行业主管部门的业务指导和监督管理下，建立以推动基地资源高效利用为原则、跨行业产学研相结合的企业联盟，整合基地内主产品、副产品、废弃物等资源，统一规划各行业的技术研发，组织“瓶颈”技术的创新攻关，避免重复劳动，加快研究成果的共享与转化，提高基地资源的循环利用率，促进能源化工基地经济效益的快速增长。

（1）稳定发展“煤—电”循环经济产业链

“煤—电”循环经济产业链在能源化工基地中承担能源转化功能，一方面可减少煤炭长距离异地运送的成本，实现煤炭资源的就地转化、升值；另一方面可以充分利用煤炭产区与城市区域相比环境容量较大的有利条件，实现城市—矿区整体协同污染减排。同时，可将煤炭采选产生的煤矸石、中煤、煤泥等作为燃料用于发电，实现废物资源化。此外，在环境容量允许的条件下，可利用基地丰富的电能资源，适度引进先进的高载能产业，延伸“煤—电”产业链，实现电力能源就地转化升值。

（2）重点发展“煤—煤化工产品”循环经济产业链

我国石油资源匮乏，而煤炭资源相对丰裕。因此，发展煤化工对于减轻燃煤造成的环境污染、降低对进口石油的依赖均有着重大意义。

煤化工产业对于能源替代和化工原料替代具有重要作用。一方面，煤化工产品可作为交通工具和电厂的燃料气，如柴汽油、液化石油气等；另一方面，煤化工产品是重要的化工原料，如作为合成氨、合成甲醇等的原材料。无论是燃料气还是化工原料，煤化工产品的经济价值远胜于煤炭。可见，“煤—煤化工产品”循环经济产业链在能源化工基地建设中占有核心地位，应加大投入，重点发展新兴煤化工产业，努力形成“煤炭—洁净能源—化工原料”一体化的能源化工基地。

需要强调的是，煤化工项目用水量、“三废”排放量大，污染物处理难度高，因此，新上煤化工项目在符合国家产业政策的同时，要考虑所在地区的资源承载力和环境容量，坚持高标准、高技术、严要求，严格执行环境准入条件。

（3）大力发展废弃物资源再生和循环产业链

煤炭采掘、火电及煤化工等行业的工业“三废”产生量和排放量较大，如煤炭采掘过程产生大量煤矸石、矿井水等，火电厂产生粉煤灰、炉渣、脱硫石膏等，煤化工项目产生大量高浓度废水、化工渣等。这些废物如不加以有效利用和合理处理处置，不但浪费资源，而且会造成巨大的生态和环境压力，因此，提高废物资源综合利用处置率是能源化工基地建设的关键环节。

从技术上看，能源化工基地的工业固体废物均可转化为建材产品或其他产品，但由于受生产成本过高和市场需求不足的影响，从事废物资源再生的企业因难以获得满意的经济收益而极易放弃，最终导致“废物—建材产品”产业链“断链”。因此，应在落实国家财税政策的同时，根据本地区市场情况制定废物资源再生激励政策，鼓励发展资源再生产业。

此外，由于废物资源再生过程需要投入新的物质、能量，生产过程也可能产生新的污染物，增加环境负荷。因此，最大限度地减少废物产生量是降低环境负荷的首选途径。另外，在综合利用次生资源过程中，必须严把环境保护关，避免产生二次污染。

（4）加快发展环境基础设施共享与服务产业链

集中式污水综合处理系统、废弃物交换信息管理平台等是能源化工基地的有机组成部分，公共性环境基础服务设施的建设和共享，有利于提高废物资源综合利用率，减少废弃物排放和环境影响。

第 5 章　能源化工基地物质流管理

本章概述了物质流研究的国内外现状，从企业、产业链和产业系统 3 个层次构建了物质代谢分析模型，建立了能源化工基地物质流分析框架，分析了主要主导产业工业废水、工业固体废物代谢特征，编制了工业废水再生、固体废物循环利用技术清单，提出了主导产业物质流管理对策。

5.1　研究现状与趋势

物质流分析（Substance Flow Analysis，SFA）形成于 20 世纪 80 年代，Guinee 等（1999）提出了 SFA 技术框架，包括 3 个阶段：① 定义系统边界和系统组分；② 运用模型（静态或动态模型）计算物质的库和流；③ 根据研究目的解释量化结果，如某物质流潜在的减少量，或者该物质流对于环境的潜在影响等。目前，SFA 广泛应用于污染物迁移路径追踪（Berback et al.，2001；Hansen et al.，2002；刘毅，2004）、重要资源代谢分析（Graedel，2002；Maoj，2008）、物质社会库存量分析（Vandervoet et al.，2002；楼俞，2008）等方面的研究。黄和平等（2007）详细地描述了国内外物质流研究的现状。

5.1.1　国外研究现状综述

国外学者对荷兰冶金、纸浆、塑料等行业进行了物质流分析（Rob et al.，2000；Marko et al.，2000；Joosten et al.，2000）。在冶金行业，通过物质流模型和应用综合平衡模型（Applied General Model，AGE）的结合为填补物质模型和经济模型之间的缺口进行了初步试验；通过应用 STREAMS 方法计算了 1990 年荷兰纸张、木材和塑料的物质流动状况。Sven Hunhammar（1995）分析了瑞典航空运输日益增长的物质流动所带来的潜在风险。Susanne K 等（2004）则用经济学扩展的物质流分析（Economically Extended-Material Flow Analysis，EE-MFA）方法对瑞士食品生产链的资源利用效率进行了详尽的分析。Peter M 等（2000）对英国的钢铁和铁矿石部门 1954—1994 年和 1994—2019 年的物质和能量流动做了细致的分析和预测。Seiji H 等（2004）对 1960—1999 年日本林木资源的 6 个物质流分析指标做了精确计算，并指出产品贮存是最难解决的问题。

5.1.2 国内研究现状综述

国内对物质流分析也已经有了初步的尝试。国家经济系统物质流分析方面，徐明等（2004）对 1990—2000 年中国经济系统所使用的化石燃料数据进行的统计分析表明，中国经济系统对化石燃料的利用存在很多问题，并指出为了实现化石燃料利用的可持续发展，2010 年和 2050 年中国对化石燃料的利用效率应该分别达到 1990 年联邦德国和 1994 年日本的水平。孙启宏等（2007）运用 EW-MFA 方法，分析了 1990—2003 年我国国家层面资源利用与环境影响的 2 600 多个数据，得出 1990—2003 年我国资源利用和环境影响的特征。国家产业部门物质流分析方面，刘毅等（2006）以磷元素为例，运用物质流分析方法建立了 2000 年全国水平上的静态磷物质流分析模型。区域经济系统物质流分析方面，李健等（2006）利用 MFA 对生态工业园区的物质流进行了系统的剖析，提出了园区产业链优化的建议。

此外，刘斌等（2005）探讨了物质流研究与循环经济的关系。刑芳芳等（2007）在理论层次上，详细全面地介绍了物质流分析研究的方法以及今后的发展趋势和不足。研究指出，截至 2007 年，物质流分析的研究工作主要在国家层面上展开，而有关区域层面的物质流分析相对较少。结合国外学者的研究，区域层面的物质流分析将成为今后的研究热点。

5.2 物质代谢分析模型

为简化分析，模型规定所有输入和输出的物质是等当量的，即输入和输出的物质不存在理化性质上的差异，可直接相加减。物质循环过程包括两种情况，即废物自循环，指企业输出的废物中部分用于输出企业再利用；废物他循环，指企业输出的废物作为下游企业的原材料或排放。

5.2.1 企业单元

企业是组成工业系统的最基本单元，也是承担系统内部物质转化和能量流动的功能单元。企业单元所需的物质可由区域工业系统外部输入，也可由系统内部的其他企业单元提供；这里，输入的物质包括资源、能源等，用 R 表示，输出的物质包括产品和废物，分别用 P 和 W 表示。

（1）废物他循环过程模拟

当循环过程为废物他循环时，考察企业的物质代谢过程如图 5-1 所示。

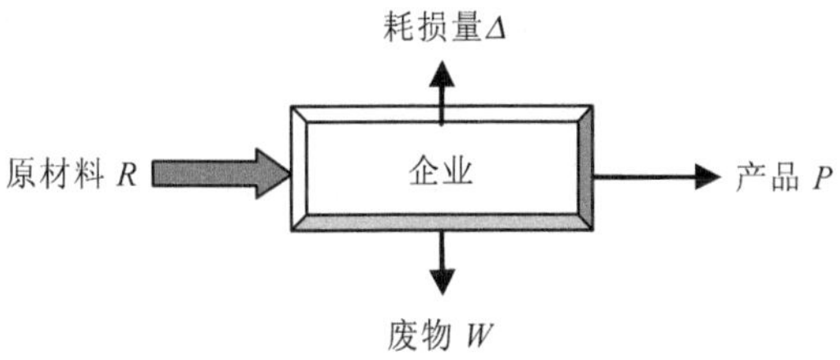

图 5-1　企业单元物质代谢过程（他循环）

根据质量守恒定理，输入等于输出，即

$$R = P + W + \Delta \tag{5-1}$$

其中，Δ——代谢过程的耗损量，可忽略不计。

（2）废物自循环过程模拟

当循环过程为废物自循环时，考察企业的物质代谢过程如图 5-2 所示。

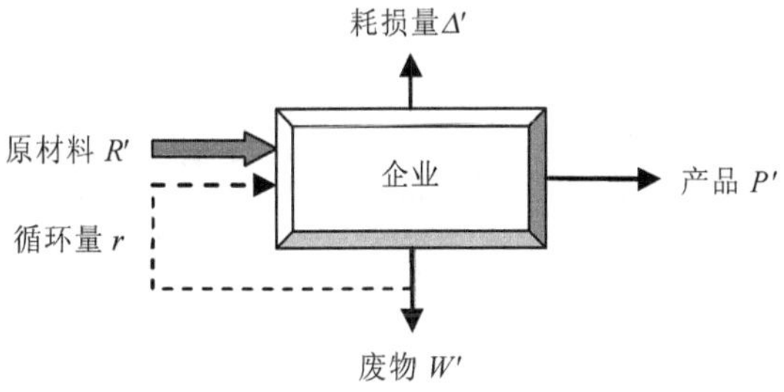

图 5-2　企业单元物质代谢过程（自循环）

由图 5-2 可见，当部分废物作为再生原材料回用时，输入的原材料包括两部分，一部分是新投入的原材料 R'，另一部分是再生原材料 r，根据质量守恒定理可得

$$R' + r = P' + (W' + r) + \Delta' \tag{5-2}$$

进一步整理可得

$$R' = P' + W' + \Delta' \tag{5-2'}$$

（3）比较分析

假定两种循环过程输出的产品量相等，且原材料转化率、原材料耗损量也保持不变，即 $P'=P$，$\Delta'=\Delta$，由式（5-1）和（5-2′）可得

$$\Delta R = R - R' = W - W' \tag{5-3}$$

由于 $W-W'=r$，故$\Delta R=r$。

由此可见，当输出的产品量保持不变并考虑废物自循环时，输入的原材料比不考虑废物自循环时减少了 r；同样，输出的废物也减少了 r。换言之，对于单个企业而言，在有废物自循环的情况下，可等量减少原料输入和废物排放，从而实现节材降耗减排，同时也可降低原材料成本。

5.2.2 产业链单元

工业系统中的生态产业链类似于自然生态系统的食物链。它是模仿自然生态系统中的生产者、消费者和分解者，以自然资源为纽带形成的具有产业衔接关系的企业联盟，使得自然资源在区域范围内逐级、循环流动，从而减少资源消耗和废弃物排放，实现资源增值利用。

从物质代谢角度看，生态产业链的类型主要有一对一型、一对多型、多对一型（图5-3）。如中国台湾最大代工厂商鸿海集团为世界很多知名企业做代工，形成了典型的一对多产业链。再如日本丰田汽车集团的汽车零配件由多家企业供给，然后提供给丰田组装，这是典型的多对一型生态产业链。

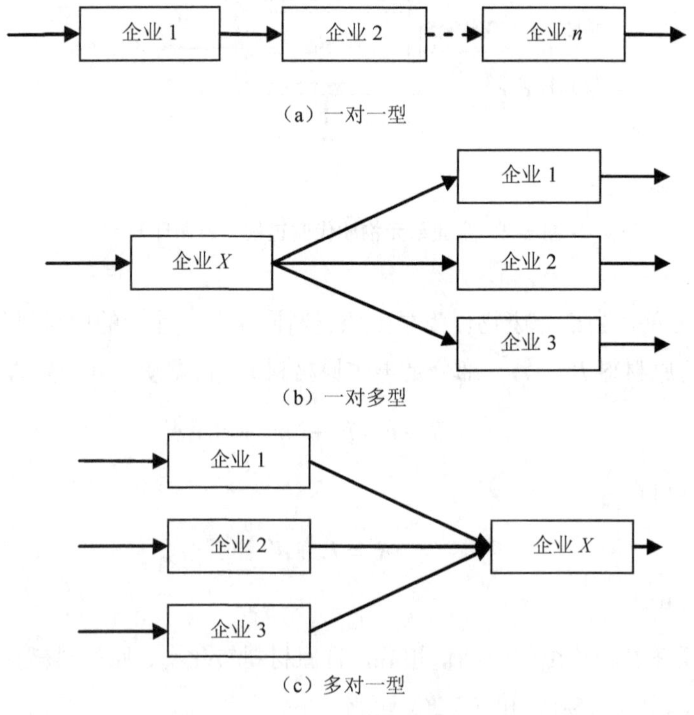

图 5-3 生态产业链类型

以工业系统中的一对一型生态产业链为研究对象，运用物质代谢分析方法和原理，建立生态产业链物质代谢通量模型。建模时考虑两种循环过程，即废物自循环和废物他循环。为便于分析，进行如下假设：

① 只考虑企业及企业之间的物质流（产品和废物），而不对资金流、人员流、能量流等进行研究。

② 忽略企业及企业之间在物质生产、加工、转移、循环和再利用等环节中的物质耗损量。

③ 只考虑废物代谢问题，即产业链上的企业只进行废物交换，而无产品交换。

（1）废物他循环过程模拟

假定生态产业链有 n 个企业通过废物代谢过程连接而成，其物质代谢流程如图 5-4 所示。

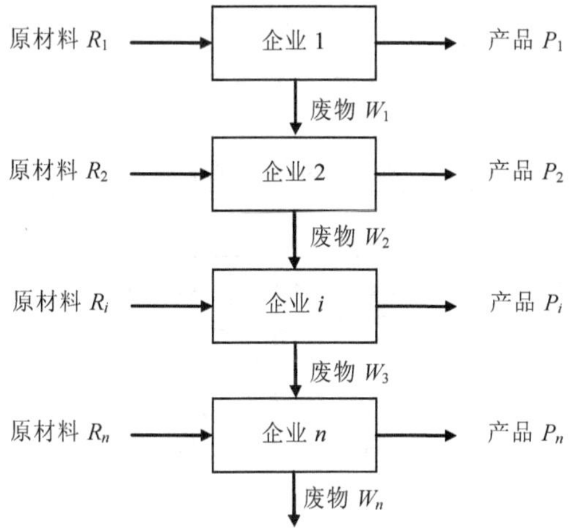

图 5-4　生态产业链的废物他循环过程模拟

根据质量守恒定理，第 1，2，…，n 个企业的物质代谢通量模型为

$$P_1 = R_1 - W_1$$

$$P_2 = R_2 + W_1 - W_2$$

……

$$P_n = R_n + W_{n-1} - W_n$$

整理后得到

$$\sum_{i=1}^{n} P_i = \sum_{i=1}^{n} R_i - W_n \tag{5-4}$$

其中，P_i、R_i——分别为第 i 个企业的产品产出量和原材料输入量；

W_n——第 n 个企业的废物排放量。

假定形成该生态产业链的所有企业没有废物交换，各自单独运行，且产品输出总量和原材料转化率保持不变，则该 n 个企业的物质代谢通量模型为

$$\sum_{i=1}^{n} P_i = \sum_{i=1}^{n} R_i' - \sum_{i=1}^{n} W_i \tag{5-5}$$

其中，R_i'——各企业独立运行时第 i 个企业输入的原材料。

对比式（5-4）和式（5-5）发现，该 n 个企业单独运行时，原材料输入量和废物排放量比由该 n 个企业形成的生态产业链增加了 $\sum_{i=1}^{n} W_i - W_n = \sum_{i=1}^{n-1} W_i$，这恰恰是该生态产业链的废物循环量，表明生态产业链的形成有助于减少原材料输入量和废物排放量，在不降低产品产出量的情况下既节约了资源，又减少了废物排放量。

（2）废物自循环过程模拟

当循环过程为废物自循环时，考察的产业链的物质代谢过程如图 5-5 所示。

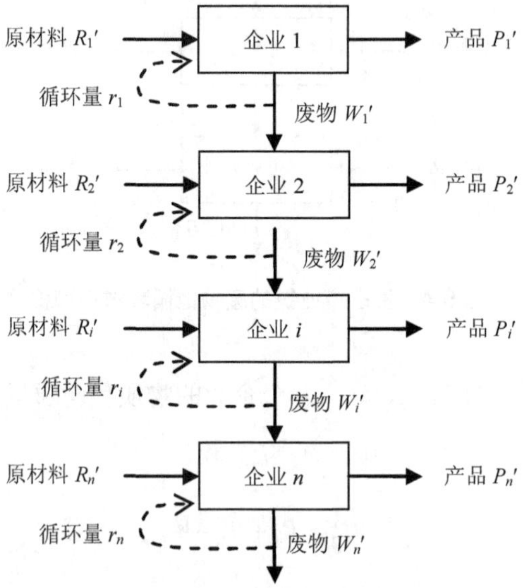

图 5-5 生态产业链的废物自循环过程模拟

由图 5-5 可见，当部分废物作为再生原料回用时，生态产业链上每个企业输入的原材料包括两部分，一部分是新投入的原材料 R_i'，另一部分是再生原材料 r_i，根据质量守恒定理可得

$$P_1' = R_1' - W_1'$$

$$P_2' = R_2' + W_1' - W_2'$$

……

$$P_n' = R_n' + W_{n-1}' - W_n'$$

整理后得到

$$\sum_{i=1}^{n} P_i' = \sum_{i=1}^{n} R_i' - W_n' \quad (5\text{-}6)$$

其中，P_i'、R_i'——分别为第 i 个企业的产品产出量和原料输入量；

W_n'——第 n 个企业的废物排放量。

（3）比较分析

对比式（5-6）和式（5-4），假定产品输出总量和原料转化率保持不变，则形成如下关系式：

$$\sum_{i=1}^{n} R_i - \sum_{i=1}^{n} R_i' = W_n - W_n' = r_n \quad (5\text{-}7)$$

这表明，当生态产业链存在废物自循环过程时，比废物他循环过程的原材料输入量和废物排放量等量减少了 r_n。与 n 个企业单独运行时相比，原材料输入量和废物排放量等量减少了 $r_n + \sum_{i=1}^{n-1} W_i$，这恰恰是该生态产业链的废物循环量和第 n 个企业的废物自循环量。由此得出结论，构建生态产业链并增加生态产业链上各企业的废物自循环量，对节约资源和减少废物排放量的作用更加有效和明显。

5.2.3　产业系统单元

区域工业系统是一个类似于自然生态系统的复合系统，由工业群落及其基础设施、保障体系与自然环境共同组成，企业是基本组成单元。

根据企业在系统中的功能不同，将工业群落中的企业进一步分为生产者、消费者和分解者，从而形成了类似自然生态系统中的闭环食物链，即生态产业链，并通过物质输入与输出与周边自然环境发生联系，彼此之间相互依存、相互作用。除工业群落外，公共基础设施、保障体系为工业群落提供必要的管理和技术服务（图 5-6）。

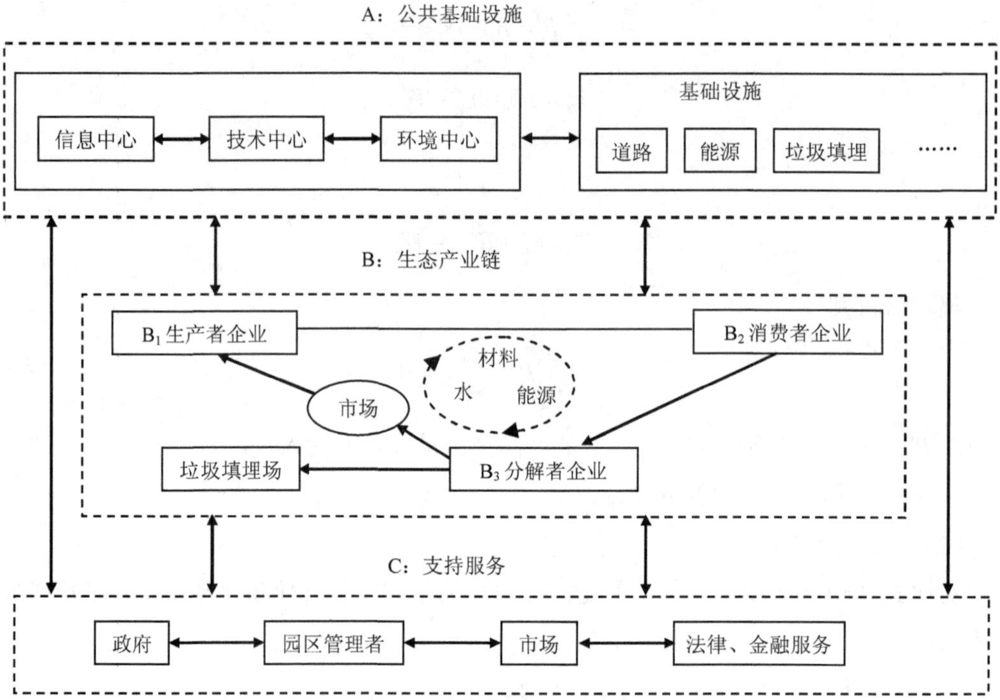

图 5-6 区域工业系统结构示意（袁增伟，2010）

在工业系统中，各类企业所需物质、输出的产品和废物，其类别、数量均不相同。尽管工业生态系统内部组成多样，结构复杂，既有独立运行企业，也有由多个企业形成的生态产业链，但是，如果不考虑输入和输出物质之间的理化性质差异，则工业生态系统物质代谢过程类似于单个企业，代谢通量模型如下：

$$\sum_{i=1}^{n} R_i = \sum_{i=1}^{n} P_i + \sum_{i=1}^{n} W_i + \sum_{i=1}^{n} \Delta_i \tag{5-8}$$

当不考虑输入物质在转化过程中的耗损量，且所有转化过程产生的废物全部循环，则有 $\sum_{i=1}^{n} R_i = \sum_{i=1}^{n} P_i$。可见，工业系统废物排放量完全取决于废物循环量大小。

如同自然生态系统一样，工业生态系统也处于不断的演替过程中，并最终达到高度成熟阶段，即所谓的三级生态系统（苏伦，1999）。一个理想的工业生态系统包括四类主要行为者：资源开采者、处理者（制造商）、消费者和废料处理者。由于集约再循环，各系统内不同行为者之间的物质流远远大于出入生态系统的物质流。在这样的一个工业生态系统中，太阳能是能量的唯一来源，输入的原材料全部转化为可用的产品，并处于持续循环利用状态。

5.3　主要类型物质代谢分析

5.3.1　物质流总图

能源化工基地物质流分析的范围，既包括整个基地内的生产活动——煤炭采掘、火力发电、煤化工以及建筑材料行业，还包括基地内的废水处理及供水行业。

按照欧盟物质流分析框架，将能源化工基地物质流过程分为输入、消费、输出和循环利用四个部分，如图 5-7 所示。

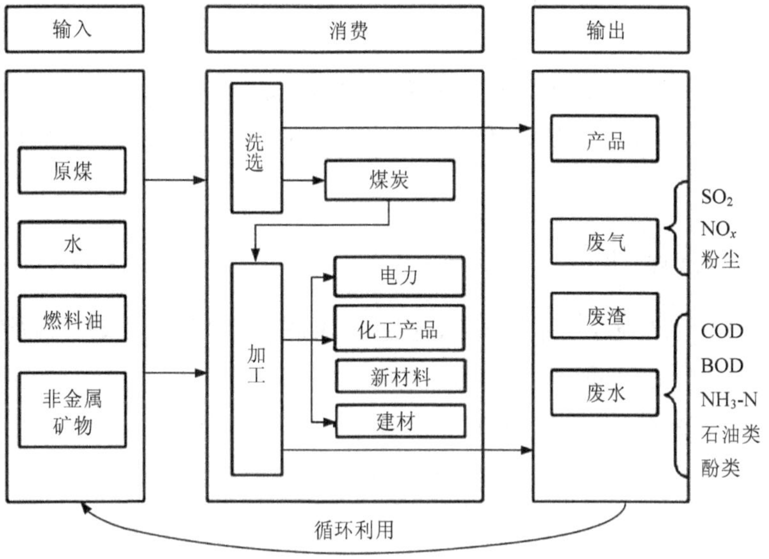

图 5-7　能源化工基地物质流分析框架

用“物质输入量”描述输入过程，指投入生产的新资源总和，包括本地采掘和进口两部分。用“物质消费量”描述消费过程，指生产过程中直接使用的资源量，数量上可以用“物质输入量”减去“出口量”表示。用“出口量”和“污染物排放量”描述输出过程，用“循环利用量”描述循环利用过程。“物质需求总量”是投入生产的所有资源总和，数量上等于“物质输入量”与“循环利用量”之和。

输入物质主要包括能源、水资源及原材料。其中，能源包括煤炭和燃料油，原材料包括煤炭及工业、建筑用非金属矿物，如白云石、石灰石和石膏等。输出物质包括各类煤基产品和废弃物，如煤炭、电力、煤化工产品以及废气、废水和废渣。

物质消费过程即生产过程，在此过程中，能源被消费用以加工原材料。作为能源的煤炭、燃料油以及部分水资源转化成非物质性的电力和热力，作为原材料的煤炭和其他矿物经过加工成为煤制品、煤化工产品、新材料以及建筑材料等。输出物质包括产品和废弃物。其中，产品包括煤炭、煤制品、化工产品、新材料以及建材等产品，废弃物包括废气、废水和固体废物，其中废气以 SO_2、NO_x 和粉尘为主，废水中的污染物主要包括 COD、BOD、氨氮、石油类和酚类污染物，固体废物以煤矸石为主。在数量上废弃物排放量等于废水排放量、主要大气污染物排放量和固体废物排放量三者之和。

煤炭采选过程产生大量煤矸石、中煤、煤泥等，这些副产物既可直接用于建材产品的生产，也可作为电厂的燃料。电力生产过程产生大量粉煤灰、炉渣，以及脱硫设施产生的脱硫石膏，这些副产物可用于生产水泥、砖、陶粒等建材产品。煤化工产业的副产物也可用作建材产品的生产。

从物质分类可以看出，过程损耗和废弃物排放是造成资源环境问题的根本原因。如何提高资源利用效率、降低损耗、减少污染物排放，是能源化工基地可持续发展的关键。

5.3.2 矿井水代谢分析

一般含煤地层都在地下含水层之下，因此，在采煤过程中，矿床开采破坏了地下水原始赋存状态而产生导水裂隙，使各含水层之间的水力联系密切，有助于大气降水和地表水的渗透补给，使各种水沿着原有的和新的裂隙渗入井下采掘空间。为确保煤矿井下安全生产，在采煤过程中必须将大量的矿井涌水排出。排出矿井的这部分水称为煤矿矿井水。

（1）矿井水分类

目前，对矿井水还没有严格的分类方法，我国煤炭行业习惯上按照对环境的影响以及作为生活饮用水水源的可行性，将矿井水按所含污染物成分的特性分为洁净矿井水、高悬浮物矿井水、高矿化度矿井水、酸性矿井水、碱性矿井水、含氟矿井水和含重金属矿井水及含天然放射性元素矿井水等（表 5-1）。

表 5-1 矿井水分类

类别	定义
洁净矿井水	一般是指奥陶纪灰岩水、砂岩裂隙水、第四纪冲击层水及老空积水等。主要分布在我国华北和东北等地
高悬浮物矿井水	指除悬浮物、细菌及感官性状指标外，其他理化指标均不超过《生活饮用水卫生标准》（GB 5749—2006）的矿井水
高矿化度矿井水	指溶解性总固体含量高于 1 000 mg/L 的矿井水，且含有较高悬浮物和细菌，感官性状指标一般不能达到《生活饮用水卫生标准》（GB 5749—2006）

类别	定义
酸性矿井水	指 pH 小于 5.5 的矿井水，一般在 3～3.5，个别小于 3，还含有较高的铁、悬浮物和细菌等
碱性矿井水	指 pH 大于 9.0 的矿井水
含氟矿井水	指含有一定量的氟，但含量一般不超过我国工业废水所允许最高排放浓度的矿井水
含重金属矿井水	指矿井水中的铜、锌、铅等元素的一种或多种浓度符合《污水综合排放标准》（GB 8978—1996）但超过《生活饮用水卫生标准》（GB 5749—2006）的矿井水，不宜直接饮用
含天然放射性元素矿井水	指铀（U）、镭（Ra）等天然放射性元素及其衰变产物氡（Rn）的含量超过《生活饮用水卫生标准》（GB 5749—2006）的矿井水

（2）矿井水水质

矿井水的水质较复杂，主要与地质、气候、地理条件及开采方法等因素有关。矿井水在未受污染前和一般地下水一样，其本身的水质受矿区所在地的地质年代、地质构造、各种煤系伴生矿物成分及矿区的环境因素等的影响。所以，不同矿区的矿井水水质差异很大。表 5-2 为我国不同矿区矿井水的水质情况。矿井水在流经采矿工作面时会带入大量的煤粉、岩石粉粒等悬浮物杂质，因而矿井水颜色多呈灰黑色。同时，工作面的煤层及其围岩中的成分也会影响其水质特征。如开采高硫煤层时，煤层及围岩中的硫铁矿在氧化作用下生成硫酸和亚硫酸，使矿井水呈酸性，并含有大量的铁和重金属离子等污染物；有些矿井水矿化度很高，还有些矿井水含有氟和放射性元素等特殊污染物。此外，矿井水的水质还会受到井下生产人员饮食和排泄的影响，而含有一定量的微生物和少量的可溶性有机物。

表 5-2　我国不同矿区矿井水的水质情况

煤矿名称	pH	总硬度/（mg/L）	SO_2/（mg/L）	含盐量/（mg/L）	总铁/（mg/L）
阳泉、黄石、义马	7～8	1 069.9～1 694	400～1 300	＞1 000	—
石嘴山矿务局一矿	5.5～5.8	1 790	2 315	—	100
浙江东风卡煤矿	1.2～2.6	—	2 800～2 900	＞1 000	800～1 300
吴兴县千山煤矿	3.0～3.2	—	—	—	72～275
江苏川埠煤矿	4.0	—	2 000	—	174

多年来的大量矿井水水质分析资料表明，汞、铜、六价铬、砷、铅等有毒重金属含量，一般为“未检出”（低于分析方法的检出限）或检出含量低于《生活饮用水卫生标准》

（GB 5749—2006），更远低于《污水综合排放标准》（GB 8978—1996）中的有关规定，这就为矿井水在生产生活上的广泛应用提供了有利条件。

矿井水中的主要污染物是悬浮物（SS）。表 5-3 是全国煤矿 128 个矿井水中 SS 含量的实测统计资料。从表 5-3 中的数据可以看出，矿井水 SS 质量浓度低于 200 mg/L 的矿井占矿井总数的 64.85%，SS 低于 300 mg/L 的矿井占矿井总数的 79.69%，SS 含量低于 400 mg/L 的矿井占矿井总数多达 85.15%，说明我国煤矿目前约有 80%的矿井，其矿井水 SS 浓度可以达到《污水综合排放标准》（GB 8978—1996）中规定的 1997 年前建成企业二级排放标准的要求。

表 5-3 全国煤矿 128 个矿井水中 SS 质量浓度统计

质量浓度范围/（mg/L）	≤100	101～200	201～300	301～400	401～500	＞500
该质量浓度范围内矿井数/个	44	39	19	7	4	15
所占比例/%	34.38	30.47	14.84	5.46	3.13	11.72

矿井水水质的一个特点是，矿井水中 SS 主要由煤粉、岩粉组成，多呈灰黑色，景观性和感官性都较差。同时矿井水中 SS 的含量又是不稳定的，不仅同一矿区各矿矿井水浓度差异很大，而且同一矿井不同时期排水浓度差异也很大。如义马矿务局耿村矿矿井水 SS 平均质量浓度为 272.3 mg/L，最大时达到 2 295 mg/L，为平均质量浓度的 8.4 倍；该局跃进矿矿井水平均质量浓度在 100 mg/L 以下，最大时达到 4 182 mg/L，为平均质量浓度的 41.8 倍以上；天府矿务局杨柳坝矿矿井水，SS 最小质量浓度为 11.5 mg/L，最大时达到 594 mg/L，为最小质量浓度的 51.6 倍。

矿井水排到地面以前，一般要在井下水仓中停留 4～8 h。井下水仓相当于一个大型平流式沉淀池，较大颗粒一般停留后能够沉淀下来。在正常情况下，经井下水仓沉淀的矿井水，其 SS 质量浓度多数可以达到排放要求。但当井下水仓使用了一段时间后，煤泥沉积物增厚，造成有效贮水容积减小，停留时间缩短，沉淀效果降低，加之排水后期水泵吸水时的扰动，使已经被沉淀下来的煤泥又被水泵吸水时带到地面，导致矿井水中 SS 质量浓度升高。可见矿井水中 SS 质量浓度的高低，不仅取决于煤质条件、开采方式、涌水量大小，而且还与井下水仓清理周期和排水泵的吸水方式有关。

矿井水中 COD 含量偏高。矿井水中 SS 的主要成分是煤粉，在常温下其化学性质是比较稳定的，BOD_5 值很低、可生化性较低，但能在强酸性条件下被重铬酸钾等强氧化剂所氧化。所以矿井水中 COD 偏高，主要是 SS 中的煤粉所致，并不是有机污染物含量偏高。有试验结果表明，矿井水通过沉淀处理时，在降低 SS 的同时，可达到降低 COD 的目的。因此，设计矿井水处理工艺时可以只按处理 SS 来确定处理流程，不必另外考虑为处理 COD 增设曝气装置。但由于矿井水在井下水仓自然沉淀了一段时间，较粗的煤、岩颗粒物已被沉淀下来，因而在正常情况下，抽排到地面后，矿井水中的悬浮物粒度都是比较细的。

表 5-4 是部分矿井水中悬浮物粒度分布资料。从表 5-4 中可以看出，排到地面的矿井水总悬浮物中约 89.8%的粒径在 50 μm 以下，对于这样细小的颗粒物用自然沉淀的方式处理是比较困难的。由于矿井水中 SS 以煤粉为主，颗粒物的平均密度为 1.2～1.3 g/cm^3，低于生活污水中以泥沙为主的悬浮物密度，这给自然沉淀带来了一定的困难。因此，一般情况下，在地面处理矿井水时应向原水中投加混凝剂，破坏水中胶体微粒的稳定性，使这些微粒聚集成较大的絮团，加快沉降速度，提高净化处理效果。

表 5-4　部分矿井水中悬浮物粒度分布资料　　单位：%

矿井名称	悬浮物颗粒直径					
	≤75 μm	≤50 μm	≤25 μm	≤15 μm	≤10 μm	≤5 μm
巩县上庄煤矿（1）	96.5	86.4	71.3	66.6	55.8	44.4
巩县上庄煤矿（2）	93.7	84.7	76.5	72.2	65.0	59.6
巩县大峪沟煤矿	90.1	86.6	76.0	72.6	70.5	69.3
刘桥一矿（1）	97.0	90.6	76.6	68.4	51.4	38.1
刘桥一矿（2）	97.4	95.5	84.3	80.7	66.4	54.7
永城葛煤矿（1）	97.2	95.3	83.5	77.2	67.0	59.4
永城葛煤矿（2）	97.6	94.2	81.8	75.2	62.9	55.0
义马新安矿井	96.8	89.9	78.9	67.2	64.4	62.8
义马耿村矿井	—	89.2	58.4	70.3	33.5	24.1
新安县五一矿	—	90.0	83.3	—	66.6	62.6
巩县栗子沟矿	97.4	86.0	66.7	—	44.4	33.9
均值	96.0	89.8	76.1	72.2	64.8	51.3

（3）分类循环利用技术

矿井水的资源化利用，就是采取各种方法使矿井水达到各种需求的目标水质标准。目前，受经济水平和民众意识的限制，矿井水回用率还很低。国有大中型煤矿的矿井水回用率约为 25%，地方国有煤矿的矿井水回用率约为 10%，乡镇煤矿的矿井水回用率几乎为 0。所以，提高矿井水处理达标率和回用率是解决煤矿区水污染和水资源供需矛盾的良好途径。

矿井水利用途径广泛，大体上可以归纳为 3 类。第一类是井下防火灌浆用水和锅炉水力冲渣用水，这类用水对水质要求不高，只要矿井水中悬浮物含量不是很高，一般可以直接利用；第二类是一般性生产用水，如选煤厂生产补充水、井下消防洒水、煤层注水、地面防尘及绿化用水、农业用水等，这类用水对水质有一定要求，一般矿井水经沉淀处理后就可达到使用要求；第三类是生活用水和有较高要求的生产用水，如居民生活饮用水、浴室和洗衣房用水、锅炉用水、机械循环冷却用水等，这类用水对水质要求较高，矿井水经深度处理后方可达到使用要求。对不同水质类型的矿井水应采取不同的处理方法和处理深度。

① 洁净矿井水的直接利用

洁净矿井水本身就是一种地下水资源，其水质良好，主要污染物是SS，pH多为6～8，接近中性，矿化度和总硬度都不高，浊度较低，不含有毒有害离子或者其含量低于《生活饮用水卫生标准》（GB 5749—2006），有的还含有多种有益微量元素，基本符合生活饮用水标准。这类水质成分较简单的矿井水，只需进行一些较简单的常规处理就可直接用于煤矿区的生活和生产。这类矿井水的直接利用途径有两个：一是清水利用，二是工业利用。

首先，应对矿井水实行清污分流。比较清澈的洁净矿井水，通过井下单独布置的排水管道将其引至地面，直接作为一般工业用水，也可以经过简单的消毒处理后直接作为生活用水。其次，对比较浑浊的洁净矿井水，引至地面后，再经沉淀或者简单的过滤消毒处理，就可用于选煤厂的生产补充用水或其他厂内生产工业用水、井下防尘洒水、锅炉及洗澡用水、消防用水等。

但是，在对某一矿井水直接利用前，必须充分摸清水质水量情况，并预测其发展趋势。就采取清污分流方法获取洁净矿井水来讲，并不是表观清澈的矿井水就一定是合格水源，必须经过全面的理化分析。如某矿为解决局直属机关及附近职工生活用水问题，将地下220 m大巷裂隙溶洞水引至地面，经消毒处理后直接使用，结果出现锅炉严重结垢、饮后出现腹泻等现象。后经测试，发现该水的硬度、硫酸盐等指标远超过《生活饮用水卫生标准》（GB 5749—2006）。而后再对地下300 m中央水仓排出的浑浊矿井水测试发现，除悬浮物、细菌及感观指标外，其余指标均符合标准，只要将矿井水经过混凝、沉淀、过滤、消毒处理即可饮用，处理成本约为0.16元/t，而地下220 m清水要达到饮用水标准必须经脱盐处理，按电渗析淡化处理估算成本约为0.34元/t。

同时还必须注意，在一些矿区，甚至同一矿井中不同水平间的矿井水水质也存在很大差别。如开滦唐山矿12水平、13水平的矿井水水质较好，只需经一般性的混凝、沉淀、过滤处理后就可直接利用，其处理成本仅为0.12～0.20元/t。但最初时，该矿各水平矿井水混合排放，混合水的总盐量、硬度、SO_4^{2-}等指标都超过《生活饮用水卫生标准》（GB 5749—2006），必须通过脱盐处理，方可达到水质要求，致使处理成本高达0.6元/t。而且所得水量不大，因为电渗析法淡化水的回收率一般仅为60%左右。因此，应在水量许可的条件下，根据水质情况选择易处理的矿井水，或根据目标水质对各水平矿井水合理调配作为处理水源，尽可能经济合理地实现矿井水的资源化。

对于可直接利用的矿井水，应根据水质特点和用户要求选用合理的处理方式。在保证用水水质的前提下，应力求处理流程简单，操作管理方便。其基本处理工艺流程如图 5-8 所示。

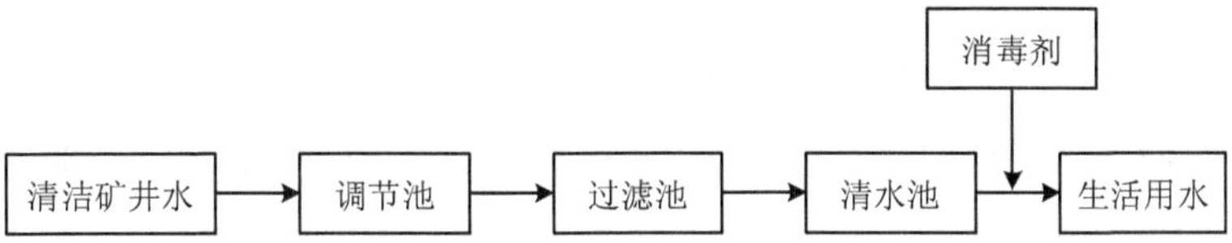

图 5-8　清洁矿井水的处理工艺流程

清洁矿井水在处理工艺中，为保持水处理系统连续运行稳定和对矿井水的充分利用，在处理系统前端应设置调节池。根据《煤炭工业设计规范》的规定，矿井主排水泵必须能在 20 h 内排出矿井 24 h 的正常涌水量，即井下排水泵能力一般大于矿井正常涌水量的 20%。在正常情况下，井下每天至少有 4 h 不向地面排水，当矿井实际涌水量小于设计排水量时，井下不向地面排水的时间就会更长。因此，调节水池不仅要保证井下停泵时，地面处理系统连续稳定运行所需的贮水量，还应容纳井下开泵时水泵能力大于涌水量部分的贮水量。调节水池的合理容量，同矿井实际涌水量与设计排水量的差值有关。当矿井实际涌水量与设计排水量相符或接近时，可按 1.0～1.5 h 的矿井设计排水量确定；当矿井实际涌水量与设计涌水量相差较大时，应按 2.0～2.5 h 的矿井设计排水量确定。

处理工艺中常用的反应池有隔板式、旋流式、涡流式、折板式、孔室旋流式及组合式等，常用的沉淀池有平流池、斜管（板）池等。实践证明，采用孔室旋流与斜管沉淀相结合的穿孔旋流反应斜管沉淀池比较适合矿井水的预处理，在原水悬浮物质量浓度不超过 500 mg/L 时，出水质量浓度稳定在 10～15 mg/L，可以达到煤矿一般生产用水要求和排放要求。常用的过滤池有普通快滤池、双阀滤池、虹吸滤池、重力式无阀滤池等，其中，重力式无阀滤池具有管理简单的特点。为保证出水浊度不超过 3 度，建议采用双层滤料。

② 高悬浮物矿井水的净化处理及利用

高悬浮物矿井水的主要污染物来自矿井水流经采掘工作面时带入的煤粒、煤粉、岩粒、岩粉等悬浮物。这种矿井水多呈灰黑色，并有一定的异味。pH 多呈中性，含盐量小于 1 000 mg/L，含微量金属离子，不含有毒物质离子。在正常情况下，矿井水一般要在井下水仓停留 4～8 h，较大颗粒的煤粒、岩粒等通过自然沉淀得到去除。地面蓄水池矿井水中 SS 的含量一般为 100～400 mg/L，且粒径极为细小，85%的颗粒物粒径在 50 μm 以下，难以自然沉淀，必须采用混凝、沉淀的处理方法将悬浮物去除。

此外，由于受到井下工人的生活、生产活动影响，高悬浮物矿井水中细菌含量往往也较多，可通过消毒去除。我国北方一些矿区（如平顶山、焦作、开深、峰峰、郑州）及华东、东北的大部分矿井的外排矿井水均属于这类矿井水，其水量约占我国北方部分重点国有煤矿矿井涌水量的60%。目前，上述这些矿区生活、生产用水均比较紧张，许多煤矿将这类矿井水当作饮用水水源加以处理。正常情况下，含悬浮物的矿井水性质与我国南方较常见的含泥沙量较高的地面水水源相似，经混凝、沉淀、过滤、消毒等工序处理后，出水水质能达到《生活饮用水卫生标准》(GB 5749—2006)。因此，在必要时，高悬浮物矿井水可以作为生活饮用水水源加以处理利用，如图 5-9 所示。

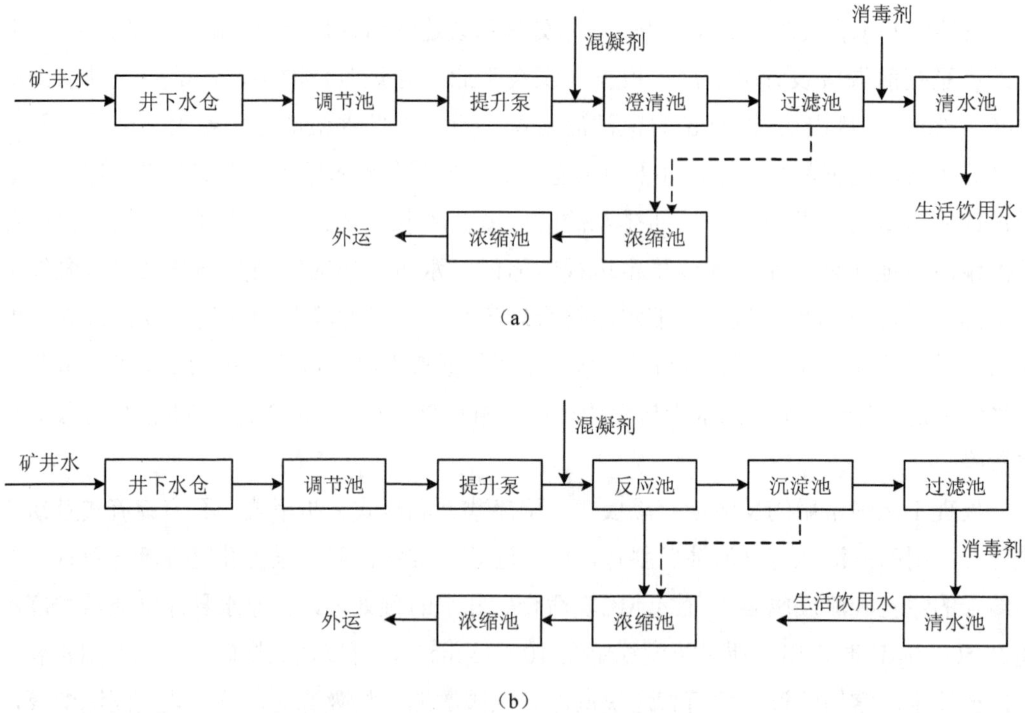

图 5-9 高悬浮物矿井水净化处理工艺流程

在处理工艺图 5-9（a）中，矿井水与混凝剂混合后直接进入澄清池进行澄清处理，上清液进入过滤池过滤；而在处理工艺图 5-9（b）中，矿井水与混凝剂混合后，先在反应池中进行充分混合反应，再经沉淀池沉淀处理后，上清液才进入过滤池过滤处理。所以，处理工艺图 5-9（a）的流程相对简单，节省基建投资费用；而处理工艺图 5-9（b）混凝反应充分，效果好，处理能耗小，处理水量适应性强，可大可小，但处理设施占地面积较大。因此，应根据当地具体情况确定工艺流程。

另外，同一常规净化处理工艺在不同工程中的处理设施也可以不同。目前采用的混凝反应池有旋流式、穿孔旋流式、机械搅拌式等；沉淀池有平流式、斜管（斜板）式；澄清池有机械加速式、水力循环式。各种处理设施各有其优缺点，应根据实际情况选定。当高悬浮物矿井水处理量较小时，也可采用组合式净水器或一体化净水器，这些净水器将混凝、沉淀、过滤等工艺集为一体，可节省投资、缩小占地面积，而且操作也方便。市场上有多种形式的一体化净水器，大多数是按地表水水质设计的，许多煤矿采用此类净水器后出水水质和处理水量达不到设计要求。因此，如果设计时考虑采用一体化净水器，宜选用按煤矿矿井水水质特点设计的水力循环型净水器。

③ 高矿化度矿井水的净化处理及利用

高矿化度矿井水是指含盐量大于 1 000 mg/L 的矿井水。据不完全统计，我国煤矿高矿化度矿井水的含盐量一般为 1 000～3 000 mg/L，少量达 4 000 mg/L 以上。如甘肃靖远矿务局大部分矿井的矿井水含盐量在 4 000 mg/L 以上。煤矿高矿化度矿井水中盐类成分主要来源于 Ca^{2+}、Mg^{2+}、Na^{+}、K^{+}、SO_4^{2-}、HCO_3^{-}、Cl^{-}等离子，其硬度往往较高，有些矿井水硬度以 CaO 计可达 1 000 mg/L。受采煤等作业的影响，这类矿井水还含有较高的煤粉、岩粉等悬浮物，浊度很高。据调查，这类矿井水水量约占我国北方国有重点煤矿矿井涌水量的 30%，主要分布于甘肃、宁夏、内蒙古的西部、新疆的大部分矿区及陕西的中部和东部、河南的西部等矿区，在江苏徐州矿区、山西大同矿区、河北峰峰矿区也存在。

对于高矿化度矿井水，根据水质特点，传统的处理工艺除混凝、沉淀外，关键是脱除可溶性矿物盐类。目前，煤矿高矿化度矿井水的处理多采用膜法分离，如电渗析技术，也可用反渗透技术。处理后出水含盐量符合《生活饮用水卫生标准》（GB 5749—2006）的要求。其处理工艺流程如图 5-10 所示。

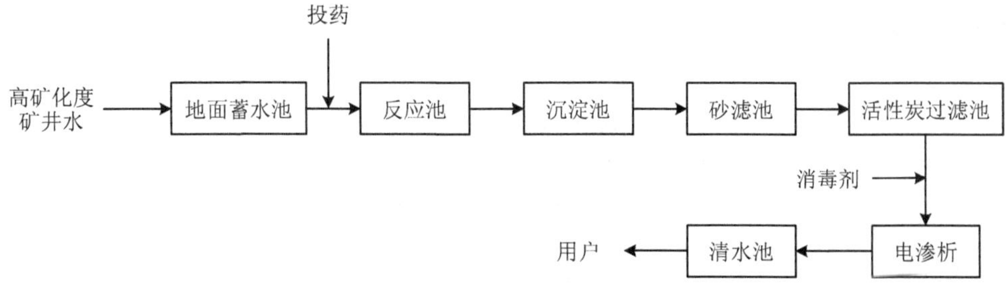

图 5-10　高矿化度矿井水处理工艺流程

④ 酸性矿井水的净化处理及利用

酸性矿井水主要来自高硫煤的开采，高硫煤煤层具有良好的还原环境，高价硫离子经过化学的、生物的还原作用，在煤层中形成了硫化铁矿物。煤层的开采破坏了原有的还原环境，并提供了氧化过程所需的氧，因而，地下水的渗出并与残留煤、顶、底板的接触，使暴露在空气中的煤层里的硫化铁矿物氧化成硫酸而使矿井水呈酸性。其主要过程如下：a. FeS_2 的氧化作用。在氧和水存在的条件下，煤层或者顶、底板岩层中硫铁矿被氧化生成硫酸和亚铁离子。在酸性条件下，亚铁离子被进一步氧化成铁离子。Fe^{2+}在 pH 大于 3.5 时，水解生成 $Fe(OH)_3$，增加了矿井水的酸度。研究发现，FeS_2 的氧化产物 Fe^{3+}对 FeS_2 具有催化氧化作用，从而加快了 FeS_2 的氧化速度，增加了矿井水的酸度。b. 细菌的催化作用。研究发现，硫化细菌在酸性矿井水形成过程中起催化作用。这些细菌广泛分布在土壤、淡水、海水中，在煤矿开采过程中，这些细菌在矿井水良好的通风条件和适宜的温度下大量繁殖，从而加速了酸性矿井水的形成。

煤矿酸性矿井水的酸度主要来源于 3 个部分：煤层和顶、底板中的含硫化合物在氧气、水存在的条件下，氧化形成游离 H_2SO_4；H_2CO_3；铁、锰等金属的硫酸盐水解。其中，游离 H_2SO_4 在随矿井水流向井下水仓的过程中，大部分与周围的岩石（如石灰岩）反应被消耗掉，CO_2 作为一种反应产物以饱和或超饱和的形式，存在于水中形成的酸度也不能忽视。但是当水源水流出后，随着水的流动，CO_2 将不断溢出，CO_2 的酸度也随之不断下降，总酸度也随之降低，酸度的降低和 pH 的升高，导致 Fe^{3+}、Al^{3+}等金属离子的硫酸盐发生水解，这些金属硫酸盐水解形成的酸度相当高，在酸性矿井水酸度升高中起重要作用。

煤矿酸性水在井下从水源点流向井下水仓的过程中，所含的 H_2SO_4 与周围的岩石如石灰岩等发生反应，大部分会被消耗掉。同时，酸性矿井水在井下水仓受到来自其他涌水点的矿井水（其中 pH 一般为 6～8）的混合和稀释作用，其酸度会降低。pH 提高，引起 Fe^{3+}水解形成 $Fe(OH)_3$ 沉淀。地面蓄水池的取样分析表明，酸性水的 pH 一般为 3.0～4.5，当煤层硫含量高于 5%时，酸性水 pH 有时最低达到 2.0。表 5-5 为我国部分煤矿酸性矿井水的水质特征。

表 5-5 我国部分煤矿酸性矿井水的水质特征 单位：mg/L（除 pH 外）

项目	矿号							
	1	2	3	4	5	6	7	8
pH	3.7	4.9	4.4	3.2	2.7	4.0	2.5	2.4
浊度	30.5	65.0	45.3	80.0	55.0	100	300	480
酸度	75.1	3.71	44.7	14.8	41.2	—	—	78
COD_{Cr}	35.0	43.0	38.7	54.0	60.8	91.0	87.0	92.7
SS	153.0	168.9	118.3	127.9	124.5	131.9	142.5	139.5
DO	2.1	1.8	1.7	3.1	2.3	1.9	2.0	3.1
Cl^-	98.3	73.0	26.7	27.2	88.0	19.0	60.0	0

项目	矿号							
	1	2	3	4	5	6	7	8
SO_4^{2-}	8 800	3 700	780	3 706	3 467	2 000	570	2 600
Mn^{2+}	16.9	12.4	18.4	9.9	18.8	—	—	2.9
ΣFe	10	10	508	416	100	174	2.9	2 199
Ca^{2+}	158	150	37	123	46	20.5	380	582
Mg^{2+}	200	13	77	78	103	60.8	158	64
Pb^{2+}	0.5	0.8	1.1	0.05	0.1	0.3	0.1	1.1
Al^{3+}	5.3	1.8	3.1	4.5	1.0	—	1.8	1.5
K^+	4.6	7.8	9.2	3.7	10.5	13.4	10.2	13.2

因此，从煤矿酸性矿井水形成机理和水质特征可以看出，煤矿酸性矿井水处理应包括 3 个方面：中和游离 H_2SO_4；驱赶溶解于矿井水中的 CO_2；去除 Fe、Al 和金属硫酸盐，包括金属离子和硫酸根。

我国煤矿酸性水主要分布在南方，北方只有少数的矿井水呈酸性。我国南方矿区雨量大，矿区生活生产用水水源较丰富，而且酸性水水质一般较复杂，将其处理成生活用水的成本较高，处理后达标［《煤炭工业污染物排放标准》(GB 20426—2006)］排放，或回用于一些对水质要求较低的工业用水。

目前，国内处理煤矿酸性矿井水的方法主要是中和法。中和剂一般采用石灰石或石灰等碱性物料。以石灰石为中和剂的主要方法有石灰石中和滚筒过滤法和升流膨胀过滤中和法；以石灰为中和剂的主要有石灰乳井下注入中和法和石灰乳中和处理法；还有一种石灰石—石灰联合中和法。另外，近年来还兴起采用湿地生态工程处理法和生物化学处理法处理酸性矿井水。国外还采用了反渗透处理法。

A. 石灰石中和法

石灰石中和滚筒过滤法的工艺流程如图 5-11 所示。将石灰石置于滚筒内，滚筒转速为 10～12 r/min，筒体中心线的水平倾角为 1°。酸性矿井水首先经耐酸泵提升至地面调节池，再经耐酸泵连续送入滚筒中与石灰石反应。滚筒的旋转使石灰石相互撞击、摩擦破坏其表面生成难溶的 $CaSO_4$ 膜，扩大了酸性水与石灰石的接触面使中和反应继续进行下去。为了氧化 Fe^{2+}和吹脱去除 CO_2，将滚筒出水送入曝气池进行曝气，通过曝气，促使生成的 CO_2 从水中逸出，Fe^{2+}被氧化成 Fe^{3+}水解后生成沉淀。然后曝气池出水进入沉淀池，$Fe(OH)_3$ 沉淀得到去除。在进入沉淀池前需加入混凝剂以除去悬浮物。

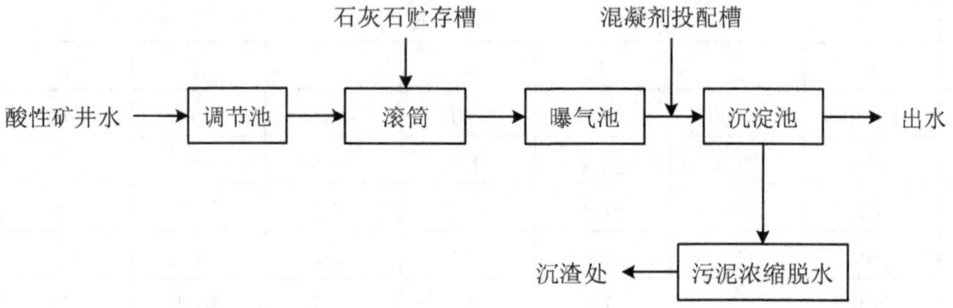

图 5-11 石灰石中和滚筒过滤法的处理酸性矿井水流程

石灰石升流膨胀过滤中和法是以细小石灰石颗粒（d<3.0 mm）做滤料，酸性水自过滤池底部进入过滤池，在酸性水作用下，石灰石滤料膨胀，颗粒与颗粒之间相互摩擦，酸性水与石灰石的反应能够连续进行。目前该方法在煤矿应用较广。其工艺流程如图 5-12 所示。酸性矿井水由提升泵送到地面蓄水池，再经耐酸泵送至石灰石滤池底部，酸性水自滤池底部上升过程中与石灰石反应，出水经平流式沉淀池沉淀后进入曝气池，在压缩空气的作用下，反应产物 H_2CO_3 分解为 H_2O 和 CO_2，使酸性水的 pH 提高，最后曝气池出水经斜管沉淀池沉淀处理后排放。

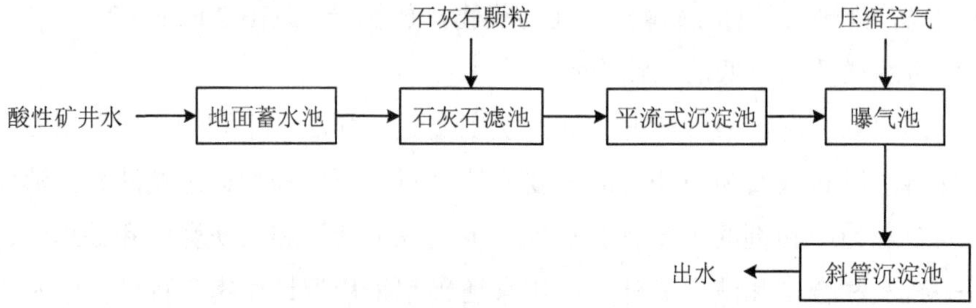

图 5-12 石灰石升流膨胀过滤中和法工艺流程

B. 石灰中和法

石灰中和酸性水的工艺流程如图 5-13 所示。先将氧化钙含量为 67%～81%的石灰制成含活性氧化钙 5%～10%的石灰乳，然后加入中和氧化池中，同时采用机械搅拌的方式进行充分搅拌，经中和反应后的矿井水再经沉淀、过滤后，达到国家规定的排放标准（pH=6.0～9.0）[《煤炭工业污染物排放标准》（GB 20426—2006）]，外排或者回用于煤矿工业用水。

石灰乳井下注入中和法是把石灰消化后调配成石灰乳，再将其注入井下水仓中中和酸性水。此法最大优点是在井下消耗掉硫酸，避免了酸性水对排水设备和管线的腐蚀。但因井下空间狭窄，调节操作极为困难，在煤炭系统中没有得到推广应用。

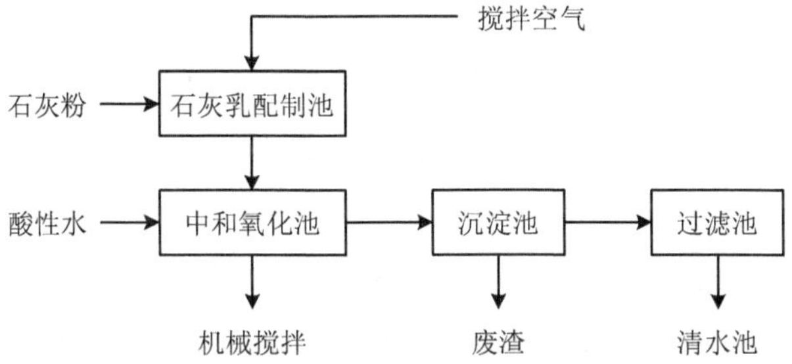

图 5-13 石灰中和酸性水的工艺流程

酸性水经石灰石中和处理后，SO_4^{2-}去除率较低。利用石灰为中和剂处理酸性水，是煤矿目前普遍采用的方法。其主要优点是工艺简单，操作方便，出水 pH 能达到排放标准，除铁效率比石灰石中和法高。但为了除 Fe^{2+}需要将酸性水的 pH 中和至碱性（pH=8.5～9），使 Fe^{2+}短时间内氧化沉淀。而且石灰价格比石灰石高，投加量大，所以石灰中和法运转费用昂贵。

C. 石灰石—石灰联合中和法

石灰石中和法和石灰中和法的优缺点恰好互补，因此，石灰石—石灰联合中和法是酸性水处理工艺的优化。图 5-14 为石灰石—石灰联合中和法工艺流程。酸性矿井水先经石灰石滚筒过滤法中和，可消耗掉酸性水中绝大部分游离 H_2SO_4，处理后出水 pH 可达 5.5 以上；然后再进入反应池用石灰或石灰乳中和，进一步提高 pH，一般控制在 8.0 左右。在这过程中 Fe^{2+}水解并产生沉淀，形成絮状物有利于悬浮物去除。该工艺适用于各种水质的酸性水，污泥沉降速度快，沉淀体积小；对 Fe^{2+}去除效果优于石灰中和法和石灰石中和法；操作费用比石灰中和法降低 30%以上。但其工程投资要高于石灰中和法和石灰石中和法，是一种有前景的酸性水处理工艺。

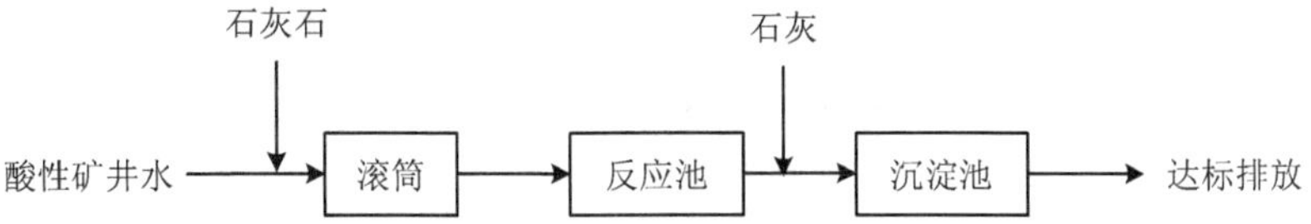

图 5-14 石灰石—石灰联合中和法工艺流程

D. 湿地生态工程处理法

人工湿地分表面水流型和地下水流型 2 种，表面水流型是废水以浅水和慢流的形式缓慢流过介质表面和介质上种植的水生植物；地下水流型指废水以渗滤形式在介质表层之下缓慢流动，穿过介质和植物的根系。有研究表明，湿地生态工程处理酸性矿井水可分为好氧和厌氧两个过程。好氧过程是指湿地通过吸附（主要是离子交换）、消耗（植物摄取)、简易过滤等作用来实现去除酸性水中的金属离子。不同种类的植物去除金属离子的机理和效率不一样。香蒲对酸性水的处理效率比其他植物更高，因为香蒲能有效富集重金属。藻类和细菌对去除酸性水中的金属离子同样起到了积极的作用。在湿地沼泽，大量有机质的富集，将使沼泽下层出现厌氧环境。在厌氧条件下，酸性矿井水的 SO_4^{2-} 在脱硫弧菌作用下被还原为 H_2S，随后又与溶解、吸附的金属作用形成不溶性的金属硫化物。死亡的植物沉下去为新的植物所替代，不溶性的金属硫化物则埋在湿地底部，不会对土壤和地下水造成污染。

煤矿区由于地下煤炭资源的大量开采破坏了石体的原有平衡，会在采空区上方地表造成大面积的塌陷。随着时间推移，塌陷区在高潜水位逐步形成自然湿地生态系统。受酸性水危害的煤矿，可对这样的湿地进行人工改造和设计，即对现有湿地充填或浅挖以及有选择性地种植一些对酸性水处理效果好的植物（如香蒲等）。设计进水流量，要求湿地接纳最大进水量时不造成淹没湿地现象。依照国外实际运行的经验，进水流量控制在 20～40 L/min，湿地水位控制在 50～100 mm 为好。

人工湿地对酸性矿井水的处理效率见表 5-6。人工湿地系统对煤矿酸性矿井水的处理可以取得较好的效果，出水水质可接近或等于矿区附近未受矿井水影响的河水水质。

表 5-6 人工湿地对酸性矿井水的处理效率

单位：mg/L

指标	进水			出水			处理效率/%	
	平均值	中值	范围	平均值	中值	范围	平均值	中值
pH	4.9	5.8	3.1～6.3	6.0	6.5	3.5～7.7	92	80
酸度	170	50	未检出～600	40	16	未检出～140	76	68
总 Fe	33	9.6	0.4～220	1.2	0.5	0.05～7.3	96	95
总 Mn	26	20	8.7～54	15	15	0.3～52	42	25
SO_4^{2-}	950	1 000	270～1 600	740	500	160～1 500	22	50
总 SS	94	94	85～103	4.7	4.7	2.8～6.5	95	95

E. 生物化学处理法

生物化学处理法（以下简称生化处理法）处理含铁酸性矿井水，是目前国内外研究中比较活跃的处理方法，在美国、日本等国家已进行了实际应用。该方法的原理是利用氧化亚铁硫杆菌，在酸性条件下将水中 Fe^{2+} 氧化成 Fe^{3+}，然后用石灰石再进行中和，以达到酸性矿井水的中和及除铁的目的。

生化处理法在常温条件下对 Fe^{2+} 有很高的吸附率。这种生化处理后的出水，再用石灰石中和处理，上清液已不含 Fe^{2+}，可以回用。生化处理法中 Fe^{2+} 氧化细菌无须添加任何营养液，只以亚铁作为其生命的能源。处理后的沉淀物可以综合利用，用于制取铁红、聚合硫酸铁（PTS）。这不仅可解决常规石灰乳中和处理法由于反应不完全而产生大量淤泥造成二次污染的问题，也可为煤矿企业的多种经营开辟一条新的路子。

一般生化处理法是利用生物转盘工艺来实现的。生化处理法作为酸性矿井水的一种处理方法，虽然有许多优点，但由于其处理速度比物理化学方法慢得多，反应器体积大，投资额大，且煤矿酸性矿井水成分复杂，常含有一些对微生物具有抑制作用的重金属（如铅、锌等），故生化处理法目前在国内没有得到推广应用。

F. 反渗透处理法

美国在西弗吉尼亚州诺顿市安装了一台日处理能力为30 m^3的反渗透装置来处理煤矿酸性水。研究人员选用了 3 组膜组件进行了对比试验，运转结果表明，用这种方法处理煤矿酸性水是可行的。经反渗透处理后，透过膜的淡水中金属离子均达到了排放标准，经反渗透浓缩后的浓水再经混凝沉淀使浓缩的金属离子沉入污泥中，将这部分污泥排入废矿井中。

反渗透法用于酸性水处理，具有操作方便、设备占地面积小、处理后出水可以循环使用等优点。但该方法一次性投资额大，尤其是膜容易被污染而损坏，因此运行费用高，目前在我国煤矿还难以推广应用。

煤矿酸性矿井水处理方法除上述方法外，还有干投石灰法、苛性钠中和法、氧化铝—石灰—苏打法、离子交换—反渗透法等。煤矿酸性水的形成与性质因地制宜，其处理方法又多种多样，因此各地应根据实际条件，选择切实可行的处理方法，如煤矿附近有小型造纸厂，可用造纸厂碱性水与煤矿酸性水直接中和方法等。处理后矿井排水的 pH 也应因地制宜地根据土壤的酸碱度和农作物生长的要求来确定。

酸性水无论经处理还是未经处理，排入水体后都会产生污染。尤其是处理过程中产生的污泥，其处置费用通常是酸性水处理费用的 3 倍以上。我国煤矿大多对污泥不加处理而用泵将其打到附近的岩石山上，在雨季又流到附近的水体中，形成二次污染。酸性水对地表水的另一影响是酸性水具有很强的混凝作用，可使接受它的水体变得清澈见底。因此，如果酸性水中 Zn^{2+}、Mn^{2+}的含量不是很高，可考虑将接受酸性水的水体作为饮用水的水源。

⑤ 含氟矿井水的净化处理及利用

我国绝大部分煤矿矿井水中均含有一定量的氟，但含量一般比较低，很少有超过我国工业废水所允许最高排放质量浓度（10 mg/L）的矿井水。产生含氟矿井水的条件比较复杂，主要受地理环境、地质构造等因素的影响。如当地下水流经富氟岩矿磷灰石［$Ca_3(PO_4)_2CaF_2$］、水晶石［Na_3AlF_6］、萤石时，经过长时间的物理、化学作用，氟可由固态转变为活动态而迁移入矿井水，使矿井水含氟量超标。目前，对含氟矿井水一般是处理到符合《污水综合排放标准》（GB 8978—1996）的一级标准（10 mg/L）即可，很少将含氟矿井水用作生活水源。含氟矿井水的处理方法很多，但各有其适用特点。

A. 铝盐沉淀法

铝盐沉淀法是利用铝盐在一定 pH 条件下产生水解，其产物对水中胶体状态的氟化物具有很强的吸附力来除氟，常用的试剂为明矾。这种方法的优点是在除氟过程中，矿井水中的 SS 也得到去除。如阜新艾友矿矿井水 SS 为 239 mg/L、含氟为 10 mg/L，当 pH 调整到 7.0 时，加入 60 mg/L 的聚合氯化铝（PAC），结果出水 SS 达标，氟含量降为 8.1 mg/L，符合排放标准。铝盐量与原水水质、混合条件、pH 等有很大关系，但因铝盐水解产物多核铝聚合离子对游离态半径很小的氟离子吸附力很小，即投加大量的铝盐才能去除少量的氟，所以处理费用比较高。要使地下水含氟量从 3.61 mg/L 降为 1.5 mg/L，就需要明矾 250 g/L。而处理效果受水的 pH 影响又很大，一般要求水的 pH 接近中性，处理效果才会达到最佳。因此，目前在煤矿含氟矿井水处理中很少采用该法。

B. 石灰乳沉淀法

石灰乳沉淀法是利用石灰乳中的 Ca^{2+}与矿井水中 F^-结合生成 CaF_2 沉淀，再通过固液分离以完成除氟。由于 CaF_2 在常温下溶解度较高，所以利用此法处理后的出水中仍有一定量的氟。

C. 离子交换吸附法

离子交换吸附法利用活性氧化铝离子交换树脂、活性炭、过磷酸钙、骨炭等多种离子交换剂或吸附剂，以接触床形式除氟。此法运行费用高，而且，这些吸附剂或交换剂的吸附容量很有限，一般仅用于矿井水除氟作为生活饮用水水源的处理。

D. 电渗析法

电渗析法处理效率高，但运行费用较高。一般用于高矿化度含氟的矿井水处理。另外，电渗析法也可用于矿井水的除氟处理。因为电渗析法要求进水 pH 不超过 6.5，所以该法在煤矿一般很少使用。

⑥ 含放射性元素矿井水的处理及利用

目前，在我国四川省南桐矿务局砚台煤矿和南桐煤矿矿井水中均发现 α、β 放射性物质，淮北某矿矿井水中总 α 活度、山东某矿矿井水中 β 活度均超过《生活饮用水卫生标准》（GB 5749—2006）。所以，开展含放射性污染物矿井水普查和处理技术的研究非常必要。含低放射性物质矿井水的基本处理方法主要有化学沉淀法、离子交换法、蒸发法等 3 种（表 5-7）。煤矿企业可根据水质条件安排单项处理或组合连用。

（4）矿井水循环利用技术清单

依据矿井水和洗煤废水理化特性，结合相关资料调研和查询，筛选出了煤炭行业矿井水和洗煤废水循环利用技术清单，见表 5-8。

表 5-7　含低放射性物质矿井水的基本处理方法

技术特征	化学沉淀法	离子交换法	蒸发法
依据原理	凝聚絮凝沉淀分离原理	放射性核素在液相和固相中骨架（含离子化极性基团）间的交换	水分以蒸气相形式被分离，不挥发盐分和绝大多数放射性核聚残留在蒸残液中
废水的限制条件	可处理高含盐量溶液，当含有油质洗涤剂、络合剂时可能有不利影响	适宜于处理悬浮物固体含量低、含盐量低、无非离子型放射性物质的废水	适宜预处理洗涤剂含量低的废水
净化系数	10～100（β、γ），103（α）；特殊情况可 103（α）	10～104	103～105
浓缩倍数	10～100（湿污泥）；20～104（干固体）	104～500	取决于溶液中的含量
经常连用的其他方法	蒸发、超滤	蒸发	冷凝、离子交换
缺点	絮凝物体积较大，污泥需处理	热辐射稳定性较差	易结垢、起泡、盐分沉积、不耐腐蚀
维修要求	避免管道堵塞，防止发生腐蚀	避免交换床堵塞	避免结垢、起泡、盐分沉积、不耐腐蚀
费用	较低	较高（主要是合成离子交换树脂价高）	—

注：净化系数=原水放射性浓度/净化后放射性浓度，浓缩倍数=原水体积/处理后体积。

表 5-8　煤炭行业矿井水和洗煤废水循环利用技术清单

分类及特点		工艺技术	工艺流程及用途	技术评估			备注
				成熟度	先进性	应用性	
洁净矿井水	本身就是一种地下水资源，其水质良好，主要污染物是 SS，pH 多在 6～8，接近中性，矿化度和总硬度都不高，浊度较低，不含有毒有害离子或者其含量低于生活饮用水标准值，有的还含有多种有益微量元素，基本符合《生活饮用水卫生标准》（GB 5749—2006）	直接利用	工艺流程：实行清污分流，比较清澈的洁净矿井水，通过井下单独布置的排水管道将其引至地面。 用途：直接作为一般工业用水，也可以经过简单的消毒处理后直接作为生活用水	成熟	一般	好	一般是指奥陶纪灰岩水、砂岩裂隙水、第四纪冲击层水及老空积水等。主要分布在我国华北和东北等地
		简单自然沉淀	工艺流程：对比较浑浊的洁净矿井水，引至地面后，再经沉淀或者简单的过滤消毒处理。 用途：可用作生活饮用水水源、洗煤厂的生产补充用水或其他厂内生产工业用水、井下防尘洒水、锅炉及洗澡用水、消防用水等	成熟	一般	好	

分类及特点		工艺技术	工艺流程及用途	技术评估			备注
				成熟度	先进性	应用性	
高悬浮物矿井水	指除悬浮物、细菌及感官性状指标外，其他理化指标均不超过我国《生活饮用水卫生标准》（GB 5749—2006）的矿井水	传统混凝沉淀	原理：主要去除煤粒、煤粉、岩粒、岩粉等悬浮物。这种矿井水多呈灰黑色，并有一定的异味。pH 多呈中性，含微量金属离子，不含有毒物质离子。 工艺流程：调节池→澄清池→过滤池→消毒→用户。 用途：可用作选煤厂的生产补充用水或其他厂内生产工业用水，必要时可以作为生活饮用水水源加以利用	成熟	一般	好	我国北方一些矿区（如平顶山、焦作、开深、峰峰、郑州）及华东、东北的大部分矿井的外排矿井水均属于这类矿井水，其水量约占我国北方部分重点国有煤矿矿井涌水量的 60%
高矿化度矿井水	指溶解性总固体高于 1 000 mg/L 的矿井水，且含有较高悬浮物和细菌，感官性状指标一般不能达到饮用水标准	传统混凝沉淀	原理：主要去除 Ca^{2+}、Mg^{2+}、Na^{+}、K^{+}、SO_4^{2-}、HCO_3^{-}、Cl^{-}等离子，以及含量较高的煤、岩粉等悬浮物。 工艺流程：调节池→澄清池→过滤池→消毒→用户。 用途：可用作选煤厂的生产补充用水或其他厂内生产工业用水，必要时可以作为生活饮用水水源加以利用	成熟	一般	一般	含盐量主要来源于 Ca^{2+}、Mg^{2+}、Na^{+}、K^{+}、SO_4^{2-}、HCO_3^{-}、Cl^{-}等离子，其硬度往往较高，有些矿井水硬度以 CaO 计可达 1 000 mg/L。受采煤等作业的影响，这类矿井水还含有较高的煤、岩粉等悬浮物，浊度很高。这类矿井水水量约占我国北方国有重点煤矿矿井涌水量的 30%，主要分布于甘肃、宁夏、内蒙古的西部、新疆的大部分矿区及陕西的中部和东部、河南的西部等矿区
		电渗析	原理：在直流电场作用下，利用荷电离子膜的反离子迁移原理从水溶液和其他不带电组分中分离带电离子的物理化学过程，是一个以电位差为推动力的膜分离过程。 工艺流程：调节池→沉淀池→砂滤池→消毒→电渗析→用户。 用途：可以作为生活饮用水水源加以利用	成熟	先进	好	
		反渗透	原理：在一定压力下驱使溶液中溶剂（通常是水分子）通过反渗透膜从而达到物料分离的过程。 工艺流程：调节池→多介质过滤池→活性炭吸附→反渗透→紫外线杀毒→用户。 用途：可以作为生活饮用水水源加以利用	成熟	先进	好	

分类及特点		工艺技术	工艺流程及用途	技术评估			备注
				成熟度	先进性	应用性	
酸性矿井水	一般是指 pH 小于 5.5 的矿井水，一般在 3～3.5，个别会小于 3，还含有较高的铁、悬浮物和细菌等	石灰石中和法	原理：采用石灰石做中和剂与酸性矿井水中的 H_2SO_4 进行中和反应，产生微溶的 $CaSO_4$ 和易分解的 H_2CO_3。 工艺流程：调节池→石灰石滤池→曝气池→沉淀池→用户。 用途：洗煤用水、煤层注水、地面防尘和绿化用水等	成熟	一般	好	优点是操作简单，管理方便，工作环境较好，处理费用低。缺点是在中和反应后的出水中存在着大量的 H_2CO_3，使出水的 pH 难以达到排放标准，一般只能维持在 4～4.5；Fe^{2+} 的去除效果差
		石灰中和法	原理：利用石灰（CaO）与酸性矿井水中的 H_2SO_4 产生反应，生成 $CaSO_4$ 沉淀，同时使酸性矿井水得到中和。 工艺流程：石灰乳调配池→中和氧化池→沉淀池→过滤池→用户。 用途：洗煤用水、煤层注水、地面防尘和绿化用水等	成熟	一般	好	优点是操作方便，价格合理。缺点是目前反应池一般采用隔板式，由于矿井水中 SS 浓度高，这些颗粒将同石灰乳包裹在一起，形成较大颗粒而沉淀于池底，降低石灰的利用率
		石灰石—石灰联合中和法	原理：利用铁、铝、锰的氢氧化物在不同 pH 条件下的沉淀规律，分步去除矿物质，并中和酸性矿井水的目的。 工艺流程：滚筒→反应池→沉淀池→用户。 用途：洗煤用水、煤层注水、地面防尘和绿化用水等	成熟	一般	好	适用于各种水质的酸性水，污泥沉降速度快，沉淀体积小；对 Fe^{2+}去除效果优于石灰中和法和石灰石中和法：操作费用比石灰中和法降低 30%以上。但其工程投资要高于石灰中和法和石灰石中和法
		湿地生态工程处理法	原理：湿地生态工程处理酸性矿井水可分为好氧和厌氧两个过程。好氧过程是指湿地通过吸附（主要是离子交换）、消耗（植物摄取）、简易过滤等作用来实现去除酸性水中的金属离子。在厌氧条件下，酸性矿井水的 SO_4^{2-} 在脱硫弧菌作用下被还原为 H_2S，随后又与溶解、吸附的金属作用形成不溶性的金属硫化物。 用途：洗煤用水、煤层注水、地面防尘和绿化用水等	一般	先进	好	优点是成本低、易操作。缺点是周期长，见效慢

分类及特点		工艺技术	工艺流程及用途	技术评估			备注
				成熟度	先进性	应用性	
酸性矿井水	一般是指 pH 小于 5.5 的矿井水，一般在 3～3.5，个别会小于 3，还含有较高的铁、悬浮物和细菌等	生物化学处理法	原理：利用氧化亚铁硫杆菌，在酸性条件下将水中的 Fe^{2+}氧化成 Fe^{3+}，然后用石灰石再进行中和，以达到酸性矿井水的中和及除铁的目的。 工艺流程：调配池→沉淀池→过滤池→生物转盘→用户。 用途：洗煤用水、煤层注水、地面防尘和绿化用水等	一般	先进	差	优点是氧化细菌无须添加任何营养液，只以 Fe^{2+} 作为其生命的能源。处理后的沉淀物可以综合利用，用于制取铁红、聚合硫酸铁(PTS)。缺点是处理速度比物理化学方法慢得多，反应器体积大，投资额高，且煤矿酸性矿井水成分复杂，常含有一些对微生物具有抑制作用的重金属
		反渗透处理法	原理：在一定压力下驱使溶液中溶剂（通常是水分子）通过反渗透膜从而达到物料分离的过程。 工艺流程：调节池→多介质过滤池→活性炭吸附→反渗透→紫外线杀毒→用户。 用途：可以作为生活饮用水水源加以利用	成熟	先进	好	优点是出水水质好。缺点是一次性投资大，尤其是膜容易被污染而损坏，因此运行费用高
含氟矿井水	指含有一定量的氟，但含量一般不超过我国工业废水所允许最高排放浓度的矿井水	铝盐沉淀法	原理：利用铝盐在一定的 pH 条件下产生水解，其产物对水中胶体状态的氟化物具有很强的吸附力来除氟。 工艺流程：调配池→铝盐沉淀池→过滤池→排放。 用途：达标废水排放	一般	一般	差	处理费用比较高，处理效果受水的 pH 影响很大，一般要求水的 pH 接近中性，处理效果才会达到最佳
		石灰乳沉淀法	原理：利用石灰乳中的 Ca^{2+}与矿井水中的 F^-结合生成 CaF_2沉淀，再通过固液分离可完成除氟。 工艺流程：调配池→石灰乳沉淀池→过滤池→排放。 用途：洗煤用水、煤层注水、地面防尘和绿化用水等	成熟	一般	一般	由于 CaF_2 在常温下溶解度比较大，所以利用此法处理后的出水中仍有一定量的氟

分类及特点		工艺技术	工艺流程及用途	技术评估			备注
				成熟度	先进性	应用性	
含氟矿井水	指含有一定量的氟，但含量一般不超过我国工业废水所允许最高排放浓度的矿井水	离子交换吸附法	原理：包括活性氧化铝离子交换树脂、活性炭、过磷酸钙、骨碳等多种离子交换剂或吸附剂。 工艺流程：调配池→沉淀池→过滤池→接触床→用户。 用途：仅用于作为生活饮用水的矿井水的除氟处理	成熟	一般	一般	运行费用高，而且吸附剂或交换剂的吸附容量很有限
		电渗析法	原理：利用电场的作用，强行将离子向电极处吸引，致使电极中间部位的离子浓度大大下降，从而制得淡水。 工艺流程：调配池→沉淀池→过滤池→电渗析→用户。 用途：洗煤用水、煤层注水、地面防尘和绿化用水等	一般	先进	差	处理效率高，但运行费用高
含重金属矿井水	指矿井水中的铜、锌、铅等元素的一种或多种浓度符合《污水综合排放标准》（GB 8978—1996）但超过《生活饮用水卫生标准》（GB 5749—2006）的矿井水，不宜直接饮用	化学沉淀法	原理：氧化还原、离子交换、活性炭吸附。 工艺流程：调配池→化学沉淀池→过滤池→用户。 用途：洗煤用水、煤层注水、地面防尘和绿化用水等	成熟	一般	好	便宜，技术成熟，缺点是污泥量大
		物化浓缩分离	原理：反渗透、电渗析、蒸发浓缩。 工艺流程：调配池→沉淀池→过滤池→物化浓缩分离→用户。 用途：洗煤用水、煤层注水、地面防尘和绿化用水等	成熟	先进	好	效果好，缺点是成本高，限制技术的推广和使用
		电磁净化	原理：预先采用紫外线、X 射线活化离子，再通过磁场作用去除。 工艺流程：调配池→光线活化→电磁净化→用户。 用途：洗煤用水、煤层注水、地面防尘和绿化用水等	一般	先进	好	优点是前处理少，一次性投入成本低。缺点是需要预先活化，处理周期长
含天然放射性元素矿井水	指铀（U）、镭（Ra）等天然放射性元素及其衰变产物氡（Rn）的含量超过生活饮用水标准的矿井水	化学沉淀法	原理：絮凝沉淀分离。 工艺流程：调配池→化学沉淀池→过滤池→用户。 用途：洗煤用水、煤层注水、地面防尘和绿化用水等	成熟	一般	好	优点是费用低，缺点是絮凝物体积大，污泥多

分类及特点		工艺技术	工艺流程及用途	技术评估			备注
				成熟度	先进性	应用性	
含天然放射性元素矿井水	指铀(U)、镭(Ra)等天然放射性元素及其衰变产物氡（Rn）的含量超过生活饮用水标准的矿井水	离子交换法	原理：放射性核素在液相和固相中骨架间交换。 工艺流程：调配池→沉淀池→过滤池→离子交换→用户。 用途：洗煤用水、煤层注水、地面防尘和绿化用水等	成熟	一般	好	优点是效率高，缺点是热辐射稳定性差
		蒸发法	原理：水分以蒸气形式被分离，不挥发盐分和放射性核素残留在残液中。 工艺流程：调配池→蒸发池→用户。 用途：洗煤用水、煤层注水、地面防尘和绿化用水等	成熟	一般	一般	易结垢、起泡、不耐腐蚀
洗煤废水	选煤厂排出的煤泥水中，煤泥含量及其性质与很多因素有关，如煤和煤石干石的硬度、泥化特性，还有所含矿物杂质的性质等；同时井下开采和运输方法、选煤厂加工工艺流程、洗水用量和选煤效果等，也对煤泥水的性质有很大的影响。所以各选煤厂排出的煤洒水浓度、粒度组成、煤泥质量都有很大的差异	脱水机处理工艺	原理：沉降、离心、浓缩。 工艺流程：水池→洗煤机→脱水机→浓缩机→脱水机→沉淀池→用户。 用途：煤层注水、达标废水排放	成熟	一般	一般	用脱水机作为洗水终处理设备，投资较小，但脱水处理效率不高，处理深度不够，对高灰分细煤泥的处理效果更差
		压滤机处理工艺	原理：洗煤水注入高密度滤布中，在压力作用下，煤泥被阻留在滤布内，水分渗透排出，得到高质量清水。 工艺流程：水池→洗煤机→脱水机→浓缩机→压滤机→沉淀池→用户。 用途：煤层注水、达标废水排放	成熟	一般	较好	一次性投资要高一些，但其所具有的处理能力大，处理效果稳定，出水水质好，煤泥回收率高，运行稳定可靠

5.3.3 火电行业废水循环利用

（1）循环利用技术

在火电生产过程中降低新鲜水的消耗量、减少废水的排放量，不但是提高企业效益的需要，也是缓解我国水资源日益紧张的状况、保持国民经济持续发展的需要。火电厂节水主要是通过优化水系统设计、开发节水型技术和设备，以及采取科学的水务管理等途径进行的。

1）火电行业节水设备与技术

① 空冷装置

空冷装置是以空气为冷却介质使汽轮机排汽凝结成水的装置，这种装置又被称为空气凝汽器、空冷塔、干塔或干式冷却凝汽装置。

最早的一台空冷装置是于 1939 年由德国成功地制造并使用的。以空气凝汽器为冷却装置的汽轮机排汽凝结系统有两种形式：一种是直接干式冷却系统（图 5-15）；另一种是间接干式冷却系统，又称为间接干塔冷却系统或海勒式系统。在直接干式冷却系统中，采用的空冷装置的冷却元件由许多并联的带鳍片状散热片的铜管组成，通过鼓风冷却钢管内流动的排汽。另一种为间接干冷系统，又分为带射流凝汽器的（图 5-16）和带管式凝汽器的，前者系统中的主要设备——混合式凝汽器用喷射出来的冷却水（除盐水）和排汽混合，凝结生成的水的一部分（相当于汽轮机排汽量的水）送回锅炉给水系统，剩下的部分经过空气冷却塔降温后返回混合式凝汽器，再次喷射出去和排汽混合；后者采用通常的表面式凝汽器，循环冷却水要求用除盐水，冷却元件用镀锌钢管钢翘片制成，升温后的冷却水送到自然通风冷却塔降温后继续循环使用。

直接空气冷却凝汽器系统完全不用水；间接空气冷却凝汽器系统虽然有水参与循环，但由于不存在蒸发，所以水量损失小，因而可节约大量冷却水的补充水。国内外统计资料表明，干冷系统同水冷系统比较，消耗的补充水量可减少 75%以上。这种系统特别适用于缺水或少水地区，如我国煤炭资源丰富但水资源匮乏的北方地区的火电厂。山西大同某电厂 2×200 MW 机组采用从匈牙利引进的间接干冷系统的运行结果显示，耗水量仅为水冷系统的 1%稍多一些。

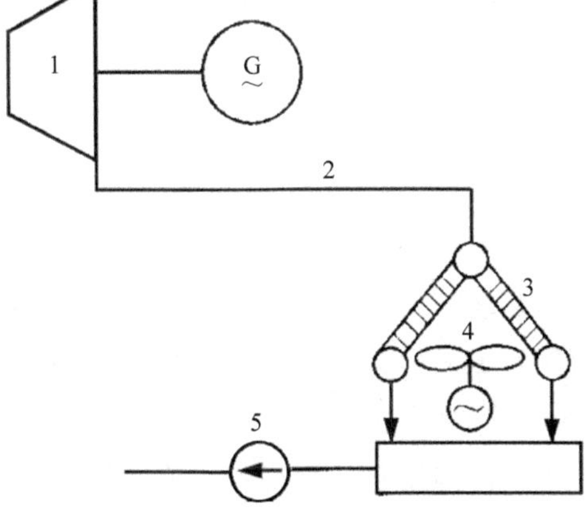

1—汽轮机；2—排气管；3—空气凝汽器；4—风机；5—凝结水泵

图 5-15 直接干式冷却系统原理

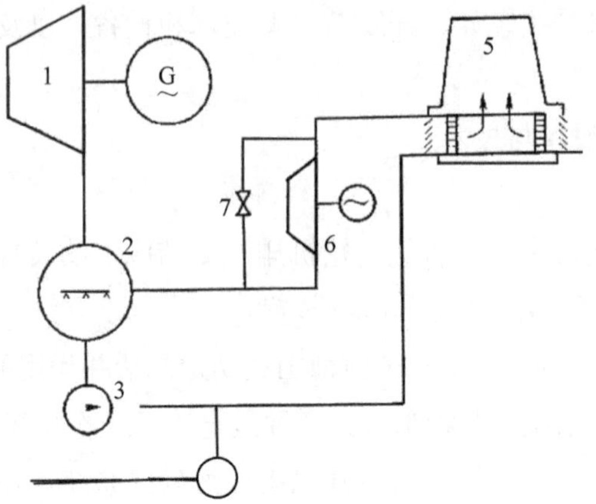

1—汽轮机；2—混合式空气凝汽器；3—循环水泵；4—凝结水泵；5—空气冷却器；6—水轮机；7—节流阀

图 5-16 采用混合式凝汽器的间接干式冷却系统原理

干冷系统存在的主要问题是高温季节机组不能满负荷运行，这是因为在高温季节，用作冷却介质的空气温度太高而影响了冷却效率。除此之外造价高（是常规水冷系统造价的 2～4 倍）也是干冷系统的另一个需要解决的问题。但是随着水资源的日益紧张，以及空冷技术的不断完善和造价的降低，干冷系统会得到越来越更多的应用。

② 收水器

当循环水流经冷却设备和空气进行热交换时，空气将带走一部分水分，因此产生的水量损失称为风吹损失。

为减少这类损失，电厂采取安装收水器（又称为除水器）的措施，这种安装在冷却塔淋水添料底部的高位收水装置，可以回收因风吹带走的部分水量。与未安装收水器的冷却塔相比，安装了收水器的冷却塔，其风吹损失由占冷却水量的 0.3%～0.5%降至 0.1%以下，国外有的电厂达到了 0.05%。自然通风冷却塔和机械通风冷却塔均可安装此类收水装置。收水器不但减少了循环水的损失，还具有节约电耗、减小噪声和改善飘滴对周围环境影响的功能。

A. 链刮板除渣机和干排渣技术

链刮板除渣机是近年发展起来的一种具有节水功能的除渣设备。长期以来火力发电厂常规的除渣方式是用水力直接输送和脱水仓脱水，其用水量较大，如国外某电厂采用常规除渣系统的间歇用水量高达 177 L/s，其连续用水量为 23.2 L/s，而采用了浸没式链刮板除渣机的用水量只相当于其连续用水量。

干排渣技术在我国火电厂的应用已经取得了显著的节水效果，是一项值得进一步推广的节水技术。

B. 高浓度灰渣输送技术

水力除灰渣按照输送浓度可分为高浓度输送系统和低浓度输送系统。浓度的高低以灰渣浆中灰渣的重量含量的40%为分界线。水力除灰按输送方式又有灰渣分除和灰渣混除两种系统。

低浓度输送系统的灰水比的设计值为1∶15～1∶10，而运行中有的电厂甚至达1∶20。按我国的燃煤电厂每10 MW的机组产生的粉煤灰为每年1万t的平均值计算，则一个装机容量为1 000 MW燃煤电厂每年水力除灰的用水量就高达1 000万～1 500万t，数量相当可观，而且运行中控制不严还会更高。采用高浓度输送系统，灰水比一般在1∶2.5左右，苏联和东欧一些国家水力输灰系统灰水比降到了1∶2～1∶1，最高达到了2.5∶1。显然用高浓度输送系统可以明显节约灰渣输送用水。

高浓度灰渣混除输灰系统流程是从锅炉炉屉排出的炉渣，经冷却、粒化和碎渣机破碎再经磨渣机将渣磨细至粒径在1 mm及以下，并与细灰浆汇合，将浓度提高至40%左右，再由排灰浆设备（容积式泥浆泵如油隔离泥浆泵、柱塞式泥浆泵、水隔离泥浆泵等）经管道送至灰场。

高浓度灰渣混除系统能满足距离长、高差大的灰渣输送要求。高浓度灰渣输送除可以大量节约用水外，还有防止或减轻灰管结垢的作用。

C. 气力除灰和干储灰技术

气力除灰是一种完全不用水的输灰方式。气力除灰以空气作为输送介质和动力，将锅炉尾部受热面、烟道和除尘器等集灰斗的细灰通过管道或其他密封装置输送到储存地点。

气力除灰系统分负压和正压两类。负压气力除灰系统的整个输送过程均在低于大气压下进行，主要设备是负压风机或水环式真空泵，这种系统能防止飞灰泄漏，构造简单，出力可达到30～40 t/h，输送距离为100～200 m，输送浓度可达20～25 kg（灰）/kg（气）。正压气力除灰系统的整个输送过程均在高于大气压下（分为微正压200 kPa和正压300～700 kPa）进行，主要设备有仓泵、压力风机和锁气装置，正压气力除灰系统输送距离长，输送浓度可达到30 kg（灰）/kg（气）以上，但对密封要求严格，要严防泄漏。另外微正压系统比较复杂，对设备和控制系统有较高的技术要求。在工程中有时还会根据实际需要采用负压和正压联合系统。

干储灰是和气力除灰的输送系统相配套的储灰方式。这种方式是将送到灰场的干灰经湿式搅拌机调入20%～30%的水分再由碾压机压实——所以又称为干灰调湿碾压灰场技术，这种输送和储存方式仅耗去占灰量20%～25%的湿润水。

冲灰系统由水力除灰改为气力除灰加干灰调湿碾压灰场储灰后，灰水比由1∶15～1∶10降为1∶0.2，水损失降低50倍之多。

另外，广泛推广的粉煤灰综合利用技术也对除灰和储灰的节水起到了积极作用，越来越多的电厂把部分干灰直接提供给道路铺设、水工建筑和建材制造业，进一步减少了干灰调湿所需的水量。

D. 提高冷却水浓缩倍率的综合处理技术

尽管冷却水的供水方式由直流改为循环可以大大减少新鲜水的用量，但循环冷却水系统作为火力发电厂中用水量最大的一个水系统，其补充水量仍然相当可观（采用循环供水系统的电厂耗水量一般为 0.6～1 m^3/s，其中 70%用于冷却水）。

减少补充水量可以通过提高浓缩倍率来实现。如果浓缩倍率由 N=2.5 提高到 N=3，则每百万千瓦装机容量可以减少耗水 290 m^3/h；如果再提高到 N=5，则可以进一步减少耗水 455 m^3/h。研究表明，单靠对冷却水进行内部处理很难获得高浓缩倍率，要想使浓缩倍率有较大的提高，必须进行外部处理和综合处理——外部处理和内部处理联合处理、几种阻垢剂复合处理的方法。当水质较差、水源短缺或用水量大时，循环冷却水外部处理法和锅炉补充水预处理在条件合适时可结合进行。处理方法的合理优化可显著降低补充水的碳酸盐硬度和提高循环冷却水的浓缩倍率，达到节约用水的目的。比如让 60%～80%的补充水通过弱酸离子交换器，然后与未经离子交换器的补充水混合，并同时投加低剂量的阻垢剂，这样可使浓缩率达到 5 倍左右，冷却系统的排污率可小于 1%。

在水资源日趋紧张的情况下，过去加大用水量而省略水处理的做法越来越行不通，随着水处理技术和工艺的发展完善及价格的降低，为适应缺水地区节约用水的需求，冷却水的利用正向着使用较低质量的水源和提高浓缩倍率的趋势演变，尽量少排污甚至零排污。在处理技术上已从单纯防垢处理发展到防垢同时防腐、防生物污染的处理方式。

这里需要指出的是，浓缩倍率的提高受制于极限碳酸盐硬度，而且当浓缩倍率提高到一定程度时，进一步提高导致补充水率降低的作用逐渐趋缓。在进行水处理工艺设计时要多方面进行经济技术比较，优化水处理工艺流程，尽量用较少的投资获取较大的收益。

E. 海水冷却和海水淡化技术

目前海水利用主要是用海水作为电厂的循环冷却水。大多数海滨电厂采用了海水直流冷却系统，解决了电厂的主要耗水，使全厂耗水减少约 4/5。海水淡化是进一步解决处于海滨的电厂、除冷却水外的其他工业用淡水的补充。天津大港电厂安装了我国第一套多级闪蒸海水淡化装置，国内也有一些电厂已经或正在考虑采用反渗透等技术进行海水淡化，解决电厂淡水资源紧缺的问题。与利用海水冷却相关的技术还有导热金属材料的研制和合理选用，防止海生物在冷却器或输水管道内生长、繁殖污堵物与清除技术（包含电解海水制氯）等。

2）火电行业水循环策略

在水系统的设计中尽量采用循环系统、循序系统以及处理后再用系统，其目的是使一次取水反复使用、一次取水多处使用和使废水资源化。

水的循环使用是指水在自己原来的系统内反复使用；水的循序使用又称为分级使用或串级使用，是指将高质用水系统的排水作为低质用水系统的原水；水的处理后再用是指将用水系统原本外排的废水处理后重新加以利用，考虑技术和经济两方面的因素，确定处理的深度，为不同水质要求的水系统提供原水。

在实际工程应用中，这三种系统有时很难完全分开，尤其是水的处理后再用经常和循环使用及循序使用互相交叉在一起。其总目的是提高工业水的重复利用率，努力达到“凡是还能使用的水，都做到多次使用，凡是最终排放的水，都是不能再用、也不产生污染的水”的要求。坚决杜绝把可用的水随意排放，如像冲灰这样对水质要求不高却大量使用新鲜水的现象。

A. 水的循环使用

火力发电厂通过对汽轮机冷却水、除灰（渣）水和工业冷却水的循环使用，大大减少了对新鲜水的取用量。

a. 冷却水的循环使用

直流系统中全部冷却水都取自新鲜水，所以采用直流冷却水系统的火电厂只能在丰水地区实施。在缺水地区，一般均采用循环冷却系统。火电厂循环冷却系统中的水简称为循环水。循环水在使用过程中产生的水量耗损，由引入的一定量的新鲜水来弥补，以满足系统内水量的平衡。

循环冷却水系统的特点。与冷却水直流系统相比，循环系统中都必须增加冷却设施——冷却塔或冷却池、喷射泵等。这些冷却设施的作用是把循环水和蒸汽进行热交换而使升高的温度再降下来，从而保证冷却效率和机组的正常运行。

冷却设施通过空气的流动把水中的热量发散到大气中去，同时造成了水量损失。水量损失包括蒸发损失、风吹损失、泄漏损失和排污损失，其中蒸发损失、风吹损失是自然原因造成的；泄漏损失是实际生产过程中难以避免的，这些损失的存在将导致冷却水的浓缩和硬度的增加，不利于冷却系统的正常运行；而排污和新鲜水的补充是为了控制循环水硬度增加而进行的人工干预。新鲜水的补充量就等于上述各项水量损失之和。

循环冷却水的耗水量与浓缩倍率。浓缩倍数 K 是循环冷却水运行工况的一个重要指标，其值等于循环水盐度与补充水盐度之比，$K=1$ 表示循环水盐度与补充水盐度相等，这种情况只有当冷却水全部来自新鲜水——直流系统时才能出现；$K>1$ 表示循环水的盐度高于补充水的盐度，这意味着冷却水中重复使用的水占的比例大，而新鲜水占的比例小。

总之 K 值大，意味着补充水率小。因此提高浓缩倍数是降低新鲜水的取水量的有效途径。

表 5-9 是根据物质守恒定律计算出的用自然通风冷却塔冷却循环水时浓缩倍数和补充水之间的关系，R 表示系统内的循环水量，M 表示系统所需的补充水量。

表 5-9 相对补充水率随浓缩倍数的变化

K	1	1.5	2	3	4	5	6	10	33
补充水量占循环水量的百分比（M/R）/%	100	4.8	3.2	2.4	2.14	2	1.92	1.78	1.65

从表 5-9 中可以看出，当浓缩倍数 $K=1$ 时，补充的新鲜水量和系统中的循环水量相等，这实际上是直流水系统。当浓缩倍数 $K=1.5$ 时，补充的新鲜水量就只占循环水量的 4.8%。当浓缩倍数 $K=5$ 时，补充的新鲜水量可降为循环水量的 2%。这就是说，与直流冷却相比，循环系统即使仅具有较低的浓缩倍数，取水量也会显著降低。

从表 5-9 中还可以看出，浓缩倍数增加到一定数值后，取水量和耗水量减少的幅度开始变小。因此，无限度地单纯追求高浓缩倍数也不是明智之举，因为所付出的代价抵不上由节水所获得的收益。

b. 除灰（渣）水的循环使用

传统的直输直排式水力除灰系统耗水量很大，水量损失可占到电厂水损失的45%左右，甚至更多。除灰水的大量排放既浪费水资源，又由于灰水 pH 高和含有重金属等，对环境水体造成污染。因此，减少除灰（渣）系统取用新鲜水量一直是节水研究的重要课题。建立闭式循环水力冲灰系统，是解决这个问题的有效措施。

采用闭式循环水力冲灰的做法是将灰（渣）水经澄清后继续作冲灰（渣）用。澄清池可单独设立，也可由灰场兼作。下面简要介绍灰（渣）水的闭路循环系统。灰（渣）水的闭路循环系统又分为灰、渣分排循环系统和灰、渣混排循环系统。图 5-17 是灰、渣混排循环系统流程。锅炉炉膛排出的炉渣和除尘器排出的粉煤灰沿冲灰沟进入灰渣池，由灰渣泵经灰管输送到灰场，灰水在灰场澄清后靠位差流入设在附近的回水池，然后用回水泵经回水管打至清水池，再经水泵提取继续作冲灰和排渣用。系统中损失的水量可用工业水或厂内其他合适的废排水补充。这里的灰场兼作澄清池，还可以单独建立澄清池，一般是把澄清池（又叫浓缩池）建在电厂，让灰水先在池中澄清分离后，澄清水作冲灰（渣）使用，浓灰浆由灰浆泵送至灰场。这种系统较为简单，但要求厂内有足够的空间。

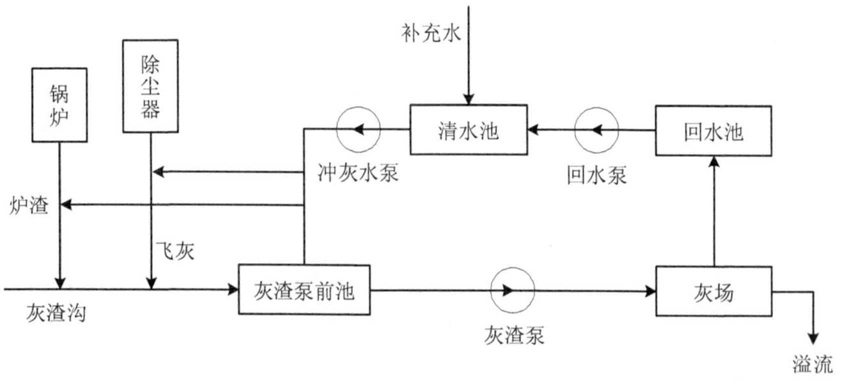

图 5-17 灰、渣混排循环系统流程

以上两种系统均属于灰、渣混合排放的情况，但有的电厂考虑到灰和渣对水的污染不同，采用了灰、渣分开排放的设计，让两种排水分两个系统循环。在灰、渣分排的水力循环系统中，冲灰水循环系统和上述灰、渣混排的基本相同，而由于排渣水与冲灰水相比，具有悬浮物便于分离澄清的特点，所以，排渣水循环系统相对简单了许多。其基本循环方式是炉渣从炉膛排出后经碎渣机破碎，用水冲至渣池，渣池中的炉渣由抓斗机或刮板捞渣机取出运走，渣池中的水经澄清在厂内重复使用，继续用作冲渣水。因炉渣吸水和蒸发损失的水由工业水补充。在这一系统中，让渣和水在其中分离的渣池也可以用脱水斗代替。分离出来的水一般都要进行适当的防垢处理再进入下一个循环。

水力除灰（渣）闭路循环系统耗水量的降低。采用除灰（渣）水闭式循环系统后，由于一部分除灰（渣）水可以回收，所以降低了系统的耗水量。灰水的回收率主要取决于灰水的蒸发损失、渗漏损失及系统的排放量，系统中除去灰水蒸发和渗漏损失外全部回收的称为闭路循环，部分排放部分回收的称为半闭路循环。

为保证灰场水循环系统通畅，防止系统内结垢，目前我国普遍采用的方法是在回水泵前加阻垢剂和分散剂，如有机磷酸盐等，添加剂量为 1.0 mg/L 左右。也有采用加酸、加 CO_2 气体等方法的。美国有些电厂用加石灰和苏打方法去除冲灰水溶解的钙、煤离子。其处理流程为灰水→“石灰+苏打”软化单元→再碳酸化池→出水再用。

为保证澄清效率和使更多的灰场水回收，还可以在灰水中加入凝聚剂，有时还用重力浓稠化和真空过滤法进一步将固体废料和水分离，分离出的水可再送回除灰系统。有时也可考虑将浆状固体废料提供给脱硫装置使用，这时便可省去浓缩和真空过滤的工序。采用这些方法后灰水回收率一般可达 50%以上。

c. 工业冷却水循环使用

为了减少冷却水的取水量，除对凝汽器冷却水循环使用外，工业冷却水的循环使用也是不容忽视的一面。工业冷却水的闭式循环系统要有专用的冷却塔（或用凝汽器冷却水作为冷却水源的水—水换热器）来冷却。由于闭式系统比开式系统复杂，投资和运行费用都高，因此过去只在原水水质差的情况下才采用，但随着水资源的紧缺问题日益严重和水体环境保护的日益严格，闭式和开闭结合式系统也越来越多地被采用。开闭结合式系统是一种混合设置的系统，即根据冷却器和机械轴承对水量、水质和水温的不同要求，分别采用开式和闭式系统。如对汽轮机润滑油冷却器和发电机空气冷却器这些对水质要求较低、水温要求较严的大流量冷却器采用开式冷却水系统，而对于取样冷却器和空压机冷却器等这些冷却水量较小、对温度要求不严格的冷却器，采用闭式冷却水系统。

与直流系统相比，循环式的水系统除了需增加冷却设施外，还要增加水处理设施（主要是处理油污染）。水量的消耗与设备的结构、性能有关。

B. 水的循序使用（梯级利用）

水的循序使用是将高级用水系统的排水作为低级用水系统的原水。水的循序使用除可以减少新鲜水的用量外，还可以通过合理搭配起到去除或减少污染物和杂质的作用，如将火电厂的排水中酸性废水用于碱性水系统，以防止结垢；或将碱性废水用于酸性水系统，以防止腐蚀；可以省去部分水处理的费用，一举两得，是从整体上达到节水目的的一种水系统设计思路。

a. 循环冷却排污水的循序使用

循环冷却系统排污水可再用于除灰排渣、湿法烟气脱硫、防煤尘与灰尘飞扬等方面。

用作除灰排渣的原水。很多电厂的除灰排渣用水都是厂内的第二大用水系统，将循环水的排污水用于冲灰排渣，再结合除灰渣系统采取闭路循环，可大大节约新鲜水的用量。

使用循环系统排污水冲灰时，由于排污水中含有一定量的水质稳定剂，可起到减轻灰管结垢的作用。表 5-10 给出了当循环水排污水用于冲灰时，不同浓缩倍数下循环水的排污率以及与之相匹配的灰水比。

表 5-10　不同浓缩倍数下循环水排污率及其对应的灰水比

浓缩倍数		1.4	1.5	1.6	1.8	2.0	2.5	3.0	3.5	4.0
排污率/%		2.8	2.2	1.8	1.3	1.0	0.6	0.4	0.23	0.2
排污量/（t/h）	200 MW	700	500	450	325	250	150	100	58	50
	300 MW	857	673	551	398	306	184	122	70	61
对应的灰水比		1∶23.2	1∶18	1∶15	1∶10.8	1∶8.3	1∶5	1∶3.3	1∶2.3	1∶1.7

用作湿式烟气脱硫的原水。将循环水的排污水用于湿式烟气脱硫系统时，可根据煤的含硫量、脱硫需水量不同对循环水浓缩倍率提出要求，使之相匹配。

用作煤处理系统的原水。循环水的排污水也可用于煤处理系统，抑制煤处理系统的灰尘，如卸车时喷水、不同传送点的喷水、冲洗设备和地板的灰尘等。

用作其他低质用水的原水。各厂根据自己的具体情况安排将循环水的排污水用于其他用水水质较低的系统。

b. 化学处理酸碱废水循序的使用

火力发电厂的化学处理酸碱废水是各种水处理系统运行中的再生废水，如锅炉补给水处理系统、凝结水处理系统的再生废水。这些废水除有悬浮物外，主要是含酸或碱。对于这种废水的循序使用可以分以下两种途径。

——含酸废水用作冲灰水或排渣水的原水。化学处理酸碱废水中的一些酸性废水可排入水力除灰系统用作冲灰水或排渣水，以中和其中的碱性物质。

——含碱废水用作湿式除尘或脱硫系统的原水。化学处理酸碱废水中的一些碱性废水可当作湿式文丘里除尘器捕滴器冲洗用水或脱硫系统用水，以中和其中的酸性物质。另外，试验室废水、锅炉酸洗后的冲洗废水、澄清池的回流澄清水（无机废水系统回流水）、冷却塔的冲洗废水，也可以参照上述原则安排再利用。

c. 冲灰渣水的循序使用

湿式除尘器排水和冲灰渣水在灰场澄清后除循环使用外，还可用作脱硫系统补充水。因为冲灰水一般呈碱性，可以吸收一部分酸性物质。

d. 煤场排水的循序使用

从含硫量高的煤场排出的水呈酸性（pH 为 1～3），溶解固形物和硫酸盐含量高，重金属浓度也相当高，可将这种酸性排水注入水力除灰系统的碱性灰浆池中，作为除灰系统的补充水，通过酸碱中和减缓水力除灰系统结垢，同时又使煤场排水中的重金属在灰浆池中沉淀而不致造成外排水超标。

e. 锅炉排污水的循序使用

锅炉排污水因水质较好可直接作为循环冷却水的补充水。水的循序使用还有其他一些形式可以采用，如生水先用于轴瓦冷却，其排水作为循环冷却水，循环冷却排水再用作冲灰水，通过三次使用，提高重复利用率，达到节水目的。

设计水的循序使用流程时应该注意的是，由于循序使用涉及两个或两个以上的用水系统，所以进行串级使用规划时除了以这些废水的水质分析为基础外，还应考虑水量的因素，全面照顾水量的平衡关系及水处理深度的协调等问题。同时还应防止最终外排时污染超标的情况发生。

（2）火电行业节水与水循环利用技术清单

依据火电厂工业废水理化特性，结合相关资料调研和查询，筛选出了火电行业节水与水循环利用技术清单，见表 5-11。

表 5-11 火电行业节水与水循环利用技术清单

工艺技术	工艺流程及用途	技术评估			备注
		成熟度	先进性	应用性	
空冷技术	原理：以空气为冷却介质使汽轮机排汽凝结成水。 工艺技术：① 汽轮机→排气管→空气凝汽器→风机→凝结水泵； ② 汽轮机→混合空气凝汽器→循环水泵→凝结水泵→空气冷却器→水轮机→节流阀。 用途：替代冷却水	成熟	一般	好	优点是直接空气冷却凝汽器系统完全不用水；间接空气冷却凝汽器系统使用少量水。缺点是高温季节机组不能满负荷运行，造价高
收水器	原理：通过降温凝结收集。 用途：收集循环水与空气热交换时的风吹损失，风吹塔和通风冷却塔可以安装此类装置	成熟	一般	好	优点是收水效果好，风吹损失率由 0.3%下降到 0.1%。缺点是抗老化差，耗损大
干排渣技术	原理：采用钢带输渣机运输炉底渣，并利用炉膛负压吸入空气冷却。 工艺技术：热渣→渣斗→LYMAC 超级带→清扫链→碎渣机→输送或存贮。 用途：排渣、冷渣	一般	先进	一般	优点是整个过程无须水参与，节水节能。缺点是投资高，收益周期长
高浓度灰渣输送技术	原理：以渣浆中灰渣重量含量的 40%为分界线，提高灰渣含量，达到节水目的。 工艺技术：炉渣→冷却→细化→碎渣→调浆→排灰。 用途：炉渣输送	成熟	一般	好	能满足距离长、高差大的灰渣输送要求。高浓度灰渣输送除可以大量节约用水外，还有防止或减轻灰管结垢的作用
干除灰技术	原理：以空气作为输送介质和动力，将锅炉尾部受热面、烟道和除尘器等集灰斗的细灰通过管道或其他密封装置输送到储存地点。 主要设备：负压力除灰风机、正压力除灰风机、正负压力联合除灰风机。 用途：运输灰渣	成熟	先进	好	优点是完全不用水，设备简单。缺点是运距短，投资大，技术要求高，维护工作量大
干储灰技术	原理：将送到灰场的干灰经湿式搅拌机调入 20%～30%的水分再由碾压机压实。 工艺技术：干灰输送→调湿→压实→储存。 用途：灰渣储存	成熟	一般	一般	冲灰系统由水力除灰改为气力除灰加干灰调湿碾压灰场储灰后，灰水比由1∶15～1∶10 降为1∶0.2，水损失降低 98.0%
湿法烟气脱硫系统	原理：① 单纯是被吸收气体溶解于液体的过程，称为物理吸收，如用水吸收 SO_2； ② 若被吸收的气体组分与吸收液的组分发生化学反应，则称为化学吸收，如炉内喷钙（CaO）烟气脱硫。 工艺技术特点：脱硫系统位于烟道的末端、除尘器之后，脱硫过程的反应温度低于露点，所以脱硫后的烟气需要再加热才能排出。 用途：脱硫、节水	成熟	一般	一般	由于是气液反应，其脱硫反应速度快、效率高，适合大型燃煤电站的烟气脱硫。但是，湿法烟气脱硫存在废水处理问题，初期投资大，运行费用也较高

工艺技术	工艺流程及用途	技术评估			备注
		成熟度	先进性	应用性	
全膜法技术	原理：用高分子薄膜做介质，在附加推动力作用下，对双组分进行过滤分离的物理方法。 主要工艺技术：电渗析、反渗透、纳滤、超滤、微滤。 用途：集分离、浓缩、提纯、净化技术于一体	成熟	先进	好	优点是出水水质稳定，适用广。缺点是能耗较高，初次投资成本高
海水循环技术	原理：采用海水直流冷却。 工艺技术设备：海水直流冷却系统。 用途：节约冷却水	成熟	一般	差	优点是能使全厂淡水消耗减少 4/5。缺点是使用地点受到局限，一般只在海滨电厂使用
海水脱硫技术	原理：天然海水呈碱性，具有天然的酸碱缓冲能力和吸收 SO_2 能力。 工艺技术：海水→喷淋洗涤塔→曝气池→生化处理→返回大海。 用途：洗涤和吸收烟气中的 SO_2	一般	先进	差	优点是系统简单，不需要添加试剂，脱硫率达到90%以上，投资及运行费用低，便于维护。缺点是使用地点受到局限，一般只在海滨电厂使用
海水淡化技术	原理：① 蒸馏法［多级闪蒸（MSF）、低温多效（MED）、压汽蒸馏（TVC）］； ② 反渗透法。 用途：脱除海水中大部分盐分，使处理后的海水符合用水（生活、工业）标准	成熟	先进	好	优点是预处理要求低，出水水质稳定，适用广。缺点是能耗较高，初次投资成本高，使用地点受到局限，一般只在海滨电厂使用
综合利用技术	工艺技术：① 选用适当水质稳定剂组合； ② 对适量的补充水软化/脱盐； ③ 防腐防垢处理配合适当排污。 用途：提高冷却水浓缩倍率，减少补充水水量	成熟	一般	一般	优点是节约大量冷却补充水，效果明显。缺点是不易推广，各个电厂需要量身制订方案

5.3.4 煤化工行业水循环利用

（1）循环利用技术

1）锅炉用软化水、除盐水制造与锅炉水处理技术

① 绿色锅炉水处理技术

锅炉是在低压、中压、高压及亚临界、超临界压力下运行的设备。锅炉既是耗水大户，也是污染大户。因此，锅炉水处理技术的发展方向是安全、节能、节水、环保和经济。

锅炉水处理与锅炉安全直接相关，锅炉水处理不当，会造成锅炉结垢、腐蚀及汽水共沸，甚至引起安全事故。多年来，锅炉水处理技术取得长足进步。例如，低压锅炉普遍采用软化水，以防止锅炉结垢，采用机械除氧器/化学除氧剂处理，以防止锅炉结垢；中压、高压锅炉普遍采用除盐水或去离子水，以防止锅炉腐蚀。这些技术措施大大提高

了锅炉安全性及经济性。

目前，国内外普遍采用的锅炉节水节能技术措施主要是防止结垢以提高锅炉热效率，减少锅炉排污量以充分利用水资源，回收排污热以减少热损失，回收利用凝结水以节水和提高热利用率等，这些均与有效的水处理密切相关。

在 21 世纪，必须尽快发展绿色锅炉水处理技术，这是环保、节能、节水、安全的水处理技术，具体包括下列新技术。

A. 零排污热水锅炉水处理技术

尽量不用或少用离子交换器，以减少再生废液排放；尽量突破锅炉运行与停用分开处理的模式，实现锅炉零排污；采用高效缓蚀剂，以防止锅炉运行和停用期间产生腐蚀：采用高效阻垢剂，以防止锅炉系统结垢。

我国的锅炉以燃煤为主，约占锅炉总容量的 95%，因此在我国还要特别进行有效的消烟除尘水处理。在我国，离子交换法普及率达到 90%以上，因此要大力推广应用热水锅炉零排污技术。

B. 零排污蒸汽锅炉水处理技术

尽量不用或少用离子交换器，使用高效的缓蚀剂和阻垢剂，最大限度地回收利用凝结水。

C. 全循环元结垢锅炉水零排灰

采用该技术，能最大限度地回收冲灰水，锅炉设备阻垢率接近 100%。该技术已进入工业化开发阶段。

D. 零排污无堵塞湿法脱硫技术

我国燃煤锅炉煤炭消耗约占我国煤炭总消耗量的 36%，SO_2 排放量占我国 SO_2 总排放量的 36.5%。为控制燃煤锅炉 SO_2 排放，我国工业锅炉广泛采用湿法麻石脱硫和湿法石灰脱硫，前者脱硫率低，后者石灰乳容易沉淀。鉴于此，我国研发成功一项零排污湿法脱硫技术，现已进入工业化开发阶段。

我国锅炉水处理技术的发展经历软化处理、化学处理、膜分离处理及其组合处理技术等发展阶段，日臻成熟。

② 锅炉稳定运行与管理

锅炉稳定运行与运行管理特别是锅炉水质管理密切相关。近些年来新发现的锅炉运行问题及其处理方法如下。

A. 锅炉水换热器管束失效及其处理方法

山东某炼油厂制氢装置锅炉给水预热器为固定管板式换热器，实现管程中变气与壳程脱盐水换热。所用脱盐水经敞口容器脱 CO_2，其中溶解氧和氯离子含量分别为 7 mg/L 和 0.70～1.67 mg/L。溶解氧和氯离子浓度偏高会产生并加重应力腐蚀开裂，从而导致锅炉给水预热器管束失效。因此，须要严格控制脱盐水中溶解氧和氯离子浓度。主要应对技术措施有采用二级脱盐水，避免新鲜水窜入脱盐水，避免温度压力变化引起应力集中现象，选用抗氯离子腐蚀材质，使管束全部处于液相状态。

B. 余热锅炉水“磷酸盐隐藏”及其处理方法

上海某厂延迟焦化联合装置硫化氢酸性气燃烧炉设施中有一台自燃循环火管式余热锅炉，进水为二级除盐水，生产 10 t/h、3.5 MPa、410℃中压蒸汽，运行中炉水 PO_3^{3-}含量控制为 5～15 mg/L。曾一度发现炉内有“磷酸盐隐藏”现象，即在停车处理过程中炉水又出现 PO_3^{3-}，且在炉管外壁和汽包内壁结有白色垢层。据查，“磷酸盐隐藏”主要来自有害杂质（如硫酸钠、磷酸钠）漏入给水系统，产生结垢，导致炉管传热变差，甚至超温烧坏。为此采用 pH—磷酸盐协调处理炉水。

C. 废热锅炉蒸汽带水及其处理方法

巴陵某厂一装置废热锅炉利用合成反应余热加热炉水产生 4 MPa 蒸汽，进水为一级除盐水和凝结水，曾一度发现蒸汽带水造成蒸汽透平转子结垢严重（垢样主要含 Na^+和 PO_3^{3-}）。为此，采用的应对技术措施主要是重新设计汽包，确保汽水分离效果，在一级除盐后增设二级除盐设备，适当调整炉水中 PO_3^{3-}含量。

D. 控制炉水中固溶物与氯离子的质量比

鉴于直接测量炉水固溶物浓度有困难，可通过测量炉水电导率或氯离子（Cl^-）浓度间接计算炉水固溶物浓度，即把炉水中 Cl^-质量浓度控制在不超出最高允许值，则炉水固溶物和碱度都能符合水质标准规定要求，从而实现炉水监测、指导锅炉排污和控制钠离子交换器再生终点。

E. 锅炉停用保护

锅炉停用保护方法主要有满水保护法和干燥保护法。我国高压锅炉停用湿法保护大多使用联氨（N_2H_4）法，但近些年来一些热电厂使用异抗坏血酸钠替代联氨，已取得良好处理效果。此外，石灰吸附剂可用于低中压锅炉和小容量汽包锅炉长期停用保护。

③ 锅炉给水除氧除硅

A. 锅炉化学除氧法

中压、高压锅炉除氧法主要有热力除氧法和化学除氧法。过去，我国热电厂锅炉给水化学除氧大多使用联氨和亚硫酸钠，近些年来新型低毒或无毒除氧剂问世，诸如异抗坏血酸钠、复合乙醛肟、二甲基酮肟及羟氨类除氧剂等，因此我国热电厂锅炉开始逐步使用这些低毒或无毒除氧剂，取得良好除氧效果。

B. 钢屑除氧和热力除氧法

小型锅炉给水采用钢屑除氧工艺处理后，水中溶解氧达到 0.1 mg/L，也可采用热力除氧/钢屑除氧组合工艺处理小型工业锅炉给水。

C. 双重催化除氧法

我国开发成功的双重催化除氧法工艺流程为软化水→一次催化反应（添加还原剂）→混合反应→二次催化反应→除氧水。所用高效催化剂是电解的钴离子，在除氧设备出口装有多孔稀土类吸附块，可有效吸附钴离子。该法使溶解氧降至 0.05 mg/L。当原水溶解氧为 8 mg/L 时，每吨水直接除氧费仅为 0.24 元。

D. 锅炉给水除硅

锅炉给水除硅方法之一是采用石灰/镁剂除硅工艺，采用该法可降低硅酸盐硬度和含硅化合物含量；也可在澄清设备中同时对水软化、混凝和除硅，但该法设备复杂庞大。

E. 中小锅炉给水同步软化除氧处理

我国开发成功了一项离子交换/化学催化接触除氧组合技术，可在常温或低温下同步实现软化与除氧过程。该技术一次投资少，处理效果好，操作方便，占地面积小，出水水质能满足中小锅炉用水水质要求，即硬度＜0.03 mmol/L 和溶解氧＜0.05 mmol/L。

2）水软化技术

① 锅炉用水软化法

锅炉用水软化方法主要有沉淀软化法、离子交换软化法和纳滤软化法等。

A. 沉淀软化法

典型的沉淀软化法主要有石灰软化法及其组合工艺，如石灰/苏打软化法、石灰/苏打/磷酸软化法等。该法处理水通常用作低压锅炉给水。沉淀软化法可与混凝、沉淀、离子交换软化法等组合应用。

B. 离子交换软化法

过去，我国锅炉水软化大多采用离子交换法，但需对该法进行减排、节水、减耗，如齐鲁公司某厂采用新型高效树脂实现了节酸、节碱和节水。

C. 纳滤软化法

该法除硬率在 85%以下，水利用率约为 70%。一级纳滤和二级纳滤处理水可分别用作热水锅炉补给水和蒸汽锅炉补给水。

水软化技术除用于锅炉补给水软化处理，还用于循环水旁流软化及机泵正洗水软化等诸多领域。

② 循环冷却水软化处理

A. 循环水旁流软化净化处理

a. 石灰/纯碱软化法

该法在我国台湾地区和乌鲁木齐市某厂循环水高炉煤气洗涤水等旁流处理中取得了良好效果，但难以在中小型循环冷却系统中应用。

b. 离子交换法

该法广泛应用于循环水旁流软化处理。例如，西柏坡某电厂采用弱酸树脂软化/反渗透组合技术进行旁流处理循环水，实现了循环水系统零排污，但对进水预处理要求严格。

c. 膜分离法

反渗透法广泛应用于循环水系统“零排污”软化/除盐处理，其中包括石灰/反渗透法旁流处理。

B. 循环水旁流处理组合工艺

主要有弱酸离子交换/反渗透组合工艺、电凝聚软化/电渗透组合工艺、离子交换/石灰/反渗透组合工艺、化学混凝/弱酸离子交换/反渗透组合工艺等。

C. 电厂循环水系统软化水比例的优化

天津某热电厂原循环水系统补充水全部采用软化水，未设旁滤设备，未投加缓蚀阻垢剂，但设备铜管腐蚀严重，通过增设旁滤设备、加药处理及优化软化水/新鲜水比例等技术措施，年均补水量由 237 t/h 降低到 215 t/h，半年节约软化水 19 万 t，系统腐蚀速率下降近 80%，浓缩倍数由 4～5 提高到 6～7，凝结合格率达 99.2%。

3）水除盐技术

水除盐技术主要有物理法、化学法、膜法、电去离子法、电吸附法及其组合技术。

① 减压膜蒸馏法

该法应用于海水淡化、苦咸水淡化、制造除盐水和纯水以及溶液浓缩等。例如，我国科研人员用聚丙烯中空纤维膜对经过絮凝、过滤等预处理的罗布泊苦咸水进行减压膜蒸馏淡化处理，在水温 55℃及冷侧真空度 0.085 MPa 条件下，蒸馏出水电导率由 102 500 μS/cm 降低到小于 10 μS/cm，盐分截留率高达 99.9%。

② 离子交换法

A. 双层混床改为三层混床

为了解决混床树脂体内再生时中排附近阴阳树脂交叉污染问题，不少厂家将原双层混床改进为三层混床，其周期制水量大，出水质量好。近些年来投产的大中型电厂都采用三层混床。例如，某热电厂将双层混床改为三层混床后，周期制水量约为原来的 2 倍，出水质量好，电导率和 SiO_2 分别降低 64.29%和 80.61%。

B. 复床技术改造措施

河南煤矿某厂脱盐水装置由复床（一级除盐）和混床（二级除盐）所组成。随着运行时间延长，复床再生频繁，自用水率增加，酸碱消耗大。为此对复床进行下列技术改造：为提高复床进水能力（设计能力为 140 t/h），首先是降低进水离子含量，即把尿素工艺废液处理合格水用作复床进水，其水质优于软化水和凝结水，从而提高复床周期制水量。其次是降低树脂交联度，即从 7.7%降低到 5.5%，由此提高树脂工作交换容量，进而提高复床制水能力。最后是提高再生效果，同时进行树脂复苏处理，有效恢复树脂性能。采用这些技改措施后，复床周期制水量显著增加（达到 130 t/h），月再生次数由 71 次降到 32 次，原水消耗由 450 kg/t 降到 225 kg/t，出水电导率由 1.01 μS/cm 降低到 0.45 μS/cm。

C. 浮床技术

目前，大型脱盐水生产装置中阳床大多采用双室双层阳浮床，其流速高、周期制水量大和制水比耗低。大庆某热电厂将其所有单室床改为双室浮床，并以硫酸为再生剂，优选一步法再生工艺最佳参数，从而使再生剂比耗降到 1.1，每次再生节酸 16.67%，节约中和用碱 120 t/a。

天津某炼油厂除盐水站将原来固定床复床改造为双室双层浮床交换器（逆流再生），并将二级除盐工艺改为强弱型树脂组合的一级除盐工艺。技术改造后，酸比耗和碱比耗分别由 2.70 降到 1.07 和由 2.13 降到 1.10，节水 10 万 t/a，节省运行费 123 万元。

D. 高流速双室床技术

该技术具有流速高（可达 40 m/h）、出力大、酸碱耗低、经济性好、自用水耗低、投资少等优点，目前已在我国多家电厂得到实际应用。例如，陕北某热电厂原有 2 套一级串联复床除盐系统，2005 年投运 1 套高流速双室床离子交换装置，出力为 100～120 t/h，流速为 33～40 m/h，处理效果良好：a. 出水水质好且稳定，如出水电导率和 SiO_2 分别为 1～2 μS/cm 和 60～80 mg/L。b. 阳、阴树脂平均工作交换容量分别为 1 884 $mmol/m^3$ 和 486 $mmol/m^3$。c. 酸耗和碱耗均低于一般双室床有关标准值，分别降低 35%和 44%。

E. 离子交换树脂再生复苏

a. 混床电再生

电再生法是一种绿色再生技术，通常采用体外电化学再生方式，分为混床动态和混床静态电再生过程。发电厂凝结水精处理系统离子交换树脂通常采用混床静态电再生过程。

b. 阳树脂铁中毒及其复苏处理

用常规的低浓度食盐水很难将树脂基上 Fe^{3+} 置换下来，但用亚硫酸钠还原再生法却取得良好处理效果。其中，轻度铁中毒，可在交换罐中复苏；深度铁中毒，需在罐外复苏，其效果虽好，但操作麻烦。铁中毒树脂复苏工艺最佳参数为：复苏前 Fe^{3+} 浓度为 1.870 mol/L，还原剂溶液中 Na_2SO_3 质量分数为 5%～6%，食盐再生液比耗为 1.4，再生液流速为 6 m/h，复苏率高达 90%以上，复苏费为 400 元/t。用酸碱盐法时复苏费为 1 000 元/t。

F. 离子交换系统技术改造经验

a. 阳离子交换器出力不足及其处理

河南平顶山某动力厂化学水装置设计制水量为 250 m^3/h，阳床为双室浮动床，阴床为单室浮动床，混床为固定床。阳床曾一度出现出力不足，主要原因是阳床上室树脂受到有机物污染和大量树脂破碎。应对措施是高浓度烧碱处理、体外擦洗、改造盐酸储罐出口及定期倍量再生，采用这些措施后，阳床恢复了制水能力，酸耗降到正常值。

b. 浮床周期制水量减少及其处理

乌鲁木齐某热电厂除盐水车间阳床和阴床均采用双室浮动床，浮床周期制水量曾一度出现下降，主要原因在于原水中 Na^+及 Cl^-含量增加较多、浊度大、有机物及铁污染物超标。为此，对树脂进行复苏处理，倍量再生，并在浮床入口处增设高效过滤器，取得良好技改效果，恢复周期制水量。

c. 离子交换器运行恶化及其处理

新疆某发电厂机组直接冷却排放水经一级脱盐和混床处理后用作循环水补充水或锅炉补给水。随着运行时间增加，离子交换器运行日趋恶化，周期制水量下降，酸碱耗量增加，主要原因是原水处理效果差、树脂性能下降、有机物和金属离子污染。为此，采取下列应对技术改造措施：强化预处理运行管理，确保澄清池出水 100%合格；强化高效纤维过滤器定期反洗，必要时进行杀菌处理；对树脂定期体外反洗，及时补充新树脂，防止树脂乱层，及时将树脂进行复苏处理。采取这些技术措施后，离子交换器运行正常，稳定性和安全性显著提高。

d. 浅脱盐处理工艺

山西某公司水处理站软化水处理系统采用氢铀离子串联、工级钠离子处理工艺，但曾一度使锅炉水质变差、排污量大，蒸汽品质较差。为此采用浅脱盐工艺，其流程为前置氢离子交换器→氢离子交换器→特种弱碱阴离子交换器→脱碳器→中间水箱→除盐水箱。技术改造后，出水水质好，其硬度＜5 μmol/L，电导率＜15 μS/cm，锅炉排污量由 4%降到 2%。该技术适用于工业锅炉给水处理。

G. 化学水和蒸汽生产系统排污水回收利用

a. 软化水和除盐水生产系统正洗水回收利用

离子交换树脂再生时要排放大量污水，其中正洗水是含有少量再生剂的不合格水，通常将其排放，但增设回收系统可将这些正洗水加以回收并用作再生水，既节省再生剂又节省配制再生液所需的咸水。同时可将再生过程使用不完的回收水送到回收系统进行重新制水。此外，也可将正洗水用作循环水补充水。例如，乌鲁木齐某热电厂化学水车间除盐水装置离子交换器正洗水排放量为 20～30 t/h，其水质优于新水，低于除盐水，硬度接近零，呈酸性，已用作循环水补充水，不仅提高了浓缩倍数，而且减少了排污。

b. 热电厂废酸碱再生水和工艺水回收利用

天津某热电厂于 2002 年 12 月开始投用废酸碱再生水及工艺水回收项目，将离子交换器排放的正洗水用作再生配水：经集中取样回收取样水；将再生废水与厂内其他废水汇集后用作除渣、除尘、除灰及燃料煤场喷淋等低标准用水，从而实现热电厂排污水资源化利用，且使离子交换器自用水率从 10%降到 5%以下，节水 40 万～50 万 m^3/a。

该厂还将乙烯、化纤系统蒸汽凝结水加以回收利用，主要用作脱盐水原水、除氧器补水或采暖伴热补水，实现节能节水。

c. 中高压锅炉排污水回收利用

乌鲁木齐某炼油厂中高压锅炉排污水含盐往往低于150 mg/L，经冷却后可直接用作循环水补充水。为此，增设换热器，并用循环水作为中高压锅炉排污水（高压，200～350℃）冷却水，在冷却后利用其余压送往循环系统作为补充水，不仅节约新鲜水，而且避免定期排污扩容器产生的低压蒸汽污染环境。该厂炉取样器冷却用水等排污水要用进入除氧器前的低温除盐水进行冷却，不仅节约冷却水，而且回收排污水热量。

d. 电厂锅炉取样冷却水系统技术改造与节能节水

河南鹤壁某公司电厂锅炉取样冷却水系统用除盐水取代工业冷却水进行冷却，热交换后除盐水回收到除盐水池，从除盐水管道上接一根直径50 mm的钢管作为扩炉的冷却水取样管。这样，不仅杜绝取样冷却管结垢，提高冷却效果，而且热交换后除盐水返回除盐水池起到快速散热作用（除盐水也得到预热），节约热能。技术改造后，节水105 120 t/a，节约热能折合成原煤约190.5 t/a。

e. 热电厂节水

陕西某热电厂采用热电联产装置，总装机容量为30 MW，总耗水量为1.6×10^6 m^3/a，其中循环水补充水占45.2%，锅炉补给水占47.1%，其他用水占7.7%。该厂排污水中化学水系统排污水约为2.5×10^5 m^3/a。为实现节水减排，在原二级除盐系统前增设反渗透装置，如此改造后排污水主要是反渗透浓水，经适当处理后用于循环水补充水，而且锅炉补给水系统酸碱排放减少，水利用率提高。此外，增设一套换热系统，将供热蒸汽在换热站与自来水换热，得到凝结水量为5×10^5 m^3/a，电导率为50～60 μS/cm，可回用于锅炉补给水。

f. 化学水系统排污水综合利用

一般地，化学水生产用新鲜水要控制在产水量的1.1倍。天津某公司化学水生产约需2.5万m^3/a新鲜水，所排污水量为0.2万～0.3万t/a。该厂将离子交换再生废水与厂内其他废水汇集后用于除渣、除尘、除灰及煤场喷淋用水。利用活性炭吸附/精密过滤组合工艺回收处理乙烯装置凝结水，利用除铁工艺回收处理化纤装置凝结水，这些凝结水主要用作生产除盐水和软化水。这样，乙烯装置脱盐水系统周期制水量由1 800 m^3提高到4 500 m^3，水耗和酸碱比耗都减少一半，每年节约新鲜水达70万m^3。

g. 废热蒸汽系统

扬子石油化工有限公司某芳烃厂废热蒸汽系统是利用工艺锅炉余热生产蒸汽，共有5台高压汽包、5台中压汽包以及脱盐水、凝结水和锅炉给水系统等。其中，锅炉给水来自高速混床回收的凝结水和阴阳床处理的脱盐水。工艺凝结水汽轮机凝结水经除氧处理后用作锅炉补给水。中低压废热锅炉蒸汽系统经过技术改造后，蒸汽品质大大提高，而且消除了蒸汽放空。

4）膜分离法生产化学水

微滤、超滤、反渗透、纳滤和电渗析等膜分离技术在制造除盐水、软化水、纯水等化学水领域得到广泛应用。

① 反渗透法

在反渗透生产中，中空膜、管式膜、板式膜的市场在逐渐缩小，而卷式膜产品发展较快，其对预处理要求较低，处理水质范围较宽，应用较广。反渗透法在化学水处理中应用广泛。

② 反渗透/离子交换组合技术生产除盐水

在该组合系统中，反渗透作为预处理技术能去除原水中约 95%的盐分和绝大部分其他杂质。系统组合形式取决于进水水质、反渗透产水水质及所要求的系统出水水质。例如，在锅炉补给水中常用的系统组合形式有预处理→反渗透→脱碳器→混合离子交换器；预处理→反渗透→脱碳器→阳离子交换器→阴离子交换器；预处理→反渗透→脱碳器→阳离子交换器→阴离子交换器→混合离子交换器；预处理→反渗透→脱碳器→两级混床；预处理（包括超滤）→反渗透→阴床→阳床。反渗透/离子交换组合技术的应用实例如下。

——华能巢湖某电厂超临界燃煤机组锅炉补给水处理系统

该电厂 2×600 MW 机组锅炉补给水处理系统净水能力为 2×80 m^3/h，经综合对比确定最佳水处理技术方案为“超滤+反渗透+阴床+混床”组合工艺，其出水水质好，设备投资低，酸碱耗小，废液排放少。

——河北衡水某热电厂锅炉补给水处理系统

该厂锅炉补给水量为 100 m^3/h，经综合对比优选最佳水处理技术方案为反渗透/混床组合工艺，出水水质好，自用水率低，除盐率高，运行费低。该组合工艺既是以含盐量高的新鲜水用作锅炉补给水源的最佳水处理技术，也是以循环水系统排污水为水源的最佳水处理技术。

——沧州某公司热电厂锅炉补给水处理技术

该厂将电渗析/一级化学脱盐组合系统改造为“反渗透+阳床+阴床”组合工艺，以生产中压锅炉补给水，所建两套反渗透装置产水能力为 150 m^3/h，脱盐率＞97%，水回收率为 75%，适应原水范围广，能耗较低，操作方便。

A. 反渗透及其组合工艺在污水处理回用中的应用

a. 反渗透法处理回用彩管生产废水

采用活性炭/反渗透组合工艺处理彩色显像管生产废水，处理水回用于彩管制造工艺纯水系统。预处理系统包括活性炭过滤器、多介质过滤器和保安过滤器等。该组合系统脱盐率高达 97.3%，产水量为 2×65 m^3/h，制水耗电为 0.85 kW·h/m^3（产水）。

b. 反渗透法处理回用电镀镍漂洗水

我国台州某铜业公司电镀漂洗水处理回用装置处理量为 24 m^3/d，采用聚酰胺抗污染反渗透膜处理，水回收率为 100%，脱盐率＞99%，产水电导率＜150 μS/cm，可直接回用于电镀漂洗水，实现镀镍零排污。

c. 反渗透法处理回用矿井水

自 2000 年以来，山西省已有 10 多个煤矿将矿井水回用于生活饮用水，所用组合处理工艺为活性炭过滤/微滤或超滤/反渗透/臭氧或紫外线消毒技术，其中反渗透膜组件使用寿命为 3～5 年，脱盐率为 96%～99%，水回收率为 72%～78%。利用该组合技术处理矿井水回用于生活饮用水的制水成本为 1.5～3.5 元/m^3（水）。

B. 反渗透浓水回收利用

a. 中铝山东某公司反渗透浓水回收利用

该公司有 1 套 2×100 m^3/h 反渗透预处理装置，其浓水和多介质过滤器排污水量达 65 m^3/h，含盐量高。为节水减排，将反渗透浓水等用氧化铝生产工艺含碱废水加以处理，不仅回收利用 65 m^3/h 污水，而且减少新水消耗 60 m^3/h。

b. 唐山某化工厂反渗透浓水回收利用

该公司除盐水车间有 7 套反渗透装置，产水总量为 180 m^3/h，浓水排放量为 60 m^3/h。为节水减排，该公司将反渗透浓水用作其预处理系统中多介质过滤器反冲洗水（要求浊度＜3NTU），不仅减少排污水量 60 m^3/h，而且节约普通快滤池产品水（原用作多介质过滤器反冲洗水），还能充分利用反渗透系统浓水排放压力及其中的阻垢剂作用。

c. 青岛某公司反渗透浓水回收利用

该公司热电厂有反渗透/混床组合系统生产除盐水，设计脱盐率＞98%，水回收率为 75%，出水电导率＜0.2 μS/cm，溶解 SiO_2＜20 μg/L。两套反渗透装置同时运行，共排出浓水为 70 m^3/h，加上预处理系统排污水，则该除盐水生产系统产水 1 m^3 消耗 1.48 m^3 自来水。为节水减排，该厂对反渗透浓水加以充分利用，主要是这些浓水与自来水混合用作反渗透进水、过滤器反洗水以及氯化聚氯乙烯生产用水，从而节水 28 万 m^3/a，降低水耗 20%，而且预处理出水污染指数（SDI）由 3.5 降到 3.0。

d. 厦门某石化公司反渗透浓水回收利用

该公司生产精对苯二甲酸（PTA），采用微滤/反渗透组合工艺处理二级排放污水，处理系统出水用作循环水补充水，用混凝/吸附组合工艺处理反渗透浓水，总 COD 去除率为 56.9%，COD 为 91 mg/L，为节水可进一步深度处理回用。

e. 大连某合成厂反渗透浓水回收利用

该厂有 2 套（每套处理能力为 10 t/h）去离子水生产装置，产水量/工艺浓水排放量为 1∶1。为节水减排，便将反渗透浓水与新鲜水混合（最佳混合比为 1∶4）而回用于循环水补充水，从而减少排污为 3.5 万 t/a，节约新鲜水 3.5 万 m^3/a，循环水浓缩倍数达到 5±0.5。

③ 微滤法、超滤法及纳滤法

A. 微滤法

该法可用于纯水生产预处理系统。例如，新疆某化工厂纯水装置处理能力为 2 m^3/h（主要用于聚醚车间等），采用微滤/超滤/H 型阳离子+OH 型阴离子组合工艺，系统运行稳定，生产能力比原化学生产装置提高 5～10 m^3/周期，减少酸碱排放，降低制水成本，而不合格纯水用作循环水补充水。

B. 超滤法

超滤技术应用广泛，其中包括生产除盐水，其实例如下。

a. 超滤/反渗透/混床组合技术制造除盐水

金陵某化工厂采用该组合工艺生产除盐水，系统设计水回收率为 75%。为将除盐水产水量从 40 m^3/h 提高到 52 m^3/h，采取下列技术改造措施：砂滤器补加锰砂滤料、采用新型超滤膜、用背压法均衡反渗透系统水通量分布及混床采用恒流速运行。技术改造后，产水量达到 54 m^3/h，运行成本由 3.73 元/t 降到 3.64 元/m^3，产水水质改善，节约酸碱用量。

b. 超滤/反渗透/阳床/阴床组合技术制造除盐水

我国某电厂装机容量为 2×12 MW，采用上述组合工艺生产除盐水，预处理系统由一体化净水器、精密过滤器和超滤等装置组成。其中，有 2 套超滤装置，出水为 40 m^3/h，其出水浊度＜0.3NTU，SDI＜3.0，胶体硅和胶体铁去除率在 90%以上。单根反渗透膜除盐率高达 98%，水回收率为 75%，将原电渗析除盐系统改造为上述组合系统后，综合运行成本节约 15 万元/a 以上。

c. 超滤/反渗透/阴床/阳床+混床组合技术制造除盐水

湖北某公司热电厂为热电联产，以产汽为主，正常生产时一级和二级除盐水供应量为 450 t/h 和 150 t/h。其中，超滤用于预处理反渗透进水。系统运行稳定，产水质量达标。

d. 超滤/二级反渗透/混床组合技术制造除盐水

我国某电厂采用上述组合工艺处理循环水系统排污水制造除盐水，一级和二级除盐水设计生产能力分别为 250 m^3/h 和 220 m^3/h，产水电导率＜0.3 μS/cm，SiO_2＜0.02 mg/L。处理效果良好，实现减污增效。

C. 纳滤法

该法可用于水脱盐和水软化，其主要实例如下。

a. 克拉玛依某公司纳滤组合技术处理回用污水

该公司循环水补充水消耗新鲜水为 140 万～160 万 m^3/a，约占公司新鲜水耗量的 1/3。为此，该公司建成投产 1 套污水深度处理回用工程（设计能力为 170 m^3/h），工艺流程为二级生化出水→均质池→溶气气浮→一级多介质过滤器→二级臭氧接触氧化→生物活性炭→二级多介质过滤器→纳滤→消毒→循环水补充水。采用回用水后，循环水系统腐蚀率＜0.1 mm/a，黏附速率＜20 mcm。

b. 我国某电厂微絮凝过滤/纳滤组合技术处理循环水补充水

该法工艺流程为原水→强化微絮凝→强化过滤→精密过滤→纳滤→出水。所使用的两套纳滤膜组件为复合聚酰胺类卷式膜组件，最高的进水温度和水压分别为45℃及3 MPa，pH为2～10，组合系统淡水回收率为80%，循环水补充水处理成本为3～6元/m^3，降低了0.94元/m^3，而且有效减少了循环水系统补充水量和排污量。

④ 正渗透法

该法是指水通过选择性渗透膜从高水化学势区域向低水化学势区域的传递过程。目前，商品化正渗透膜是由美国Osmoteck公司生产的膜产品，如CTA正渗透膜，其材质为三醋酸纤维，膜厚＜50 μm，无多孔支撑层。正渗透膜可应用于多种分离系统，在优化条件下渗透通量高达250 L/（m^2·h）。

美国耶鲁大学采用CTA膜和由NH_3-CO_2组成的汲取液用于海水淡化，试验结果表明，盐截留率高于95%，水通量达25 L/（m^2·h），现正进行海水淡化中试。采用正渗透膜处理时，该膜允许水通过，阻挡水中离子和有机物等溶质，而在膜的另一侧，则需引入具有低水化学势的汲取液，以实现水的化学势差，推动纯水从海水侧不断渗透过来，进而借助化学沉降、冷却沉降、热挥发等标准方法从汲取液中获取产品纯水，并使汲取液得以浓缩。

⑤ 电渗析法

电渗析法是一种涉及化学变化的膜分离过程，能有效地将生产过程与产品分离过程融合起来的膜技术，主要应用于海水和苦咸水淡化、水的脱盐及杀菌处理等领域。主要应用实例如下。

A. 等电流操作电渗析技术制造脱盐淡水

抚顺某水厂采用等电流操作多级多层电渗析法处理苦咸水，使水的总硬度、溶解性固体和氯化物去除率分别达到35%、60.4%和18.7%，出水可达到《生活饮用水卫生标准》（GB 5749—2006）。用盐酸预处理井水，可消除碱度对电渗析的影响，在电流密度为2.4 mA/cm^2条件下，单台电渗析器产水量为10 m^3/h时的产水率及脱盐率均大于70%，所得淡水水质达到或超过《生活饮用水卫生标准》（GB 5749—2006）。

B. 内蒙古灵泉某电厂电渗析/离子交换组合技术生产除盐水

该厂水源水属于“三高”水质，即硬度、碱度和含盐量分别高达12 mmol/L、24 mmol/L和2 400 mg/L。为有效处理此类水质以生产除盐水，采用下列组合处理技术：生水+盐酸（冬季）+氯（夏季）→双层机械过滤器→高效气囊纤维过滤器→精密过滤器→电渗析器→一级钠离子交换器→二级钠离子交换器→加氨→锅炉补给水。电渗析产水量为 40 t/h，脱盐率为 88%，生水利用率为 70%，锅炉补给水合格率为 98%以上，锅炉排污率由 8%降低到 3.82%，节约软化水为 22 万 t/a，减少热损失为 2.2×10^{10} kJ/a。

C. 中原油田某石化厂电渗析/离子交换组合技术生产软化水

该厂化学水生产装置实际生产能力为 75 t/h，所产化学水主要用于锅炉和生产装置工艺用水。化学水生产工艺流程为新鲜水→机械过滤器→精密过滤→电渗析→钠离子交换器→软化水。该厂将新鲜水用作电渗析极水，其出水用于循环水补充水，可节约新鲜水，减少浓水排放，提高脱盐率，电渗析制水率由 50%提高到 63%。

D. 徐州某公司电渗析/反渗透/泪床组合技术生产纯水

该组合系统产水 2 m^3/h 返回原水中，电渗析脱盐率＞93%，产水电导率为 35～40 μS/cm，反渗透水产率为 4 m^3/h，经由床进一步脱盐处理，产水电导率为 0.5 μS/cm。该纯水主要用作调整阴极电泳漆和补充电泳漆装工件的淋洗水。

E. 宁夏某化工公司三法净化/JR-EDR 法组合技术生产除盐水

JR-EDR 设备是对传统电渗析器的改进型设备，主要是采用新型半导体复合材料作为电极，寿命长；采用大孔径中性半透膜，抗污染性强；采用频繁倒极运行方式，解决了电渗析设备浓差极化问题。该技术脱盐效果稳定，水回收率高（达 75%以上）。采用三法净化/JR-EDR 组合技术处理循环冷却水排污水，其出水可用作循环冷却水补充水，系统出水 pH 为 6.9～7.2，氯离子浓度为 12 mg/L，总硬度为 90～150 mg/L，浊度＜1 NTU，电导率＜80 μS/cm。

⑥ 电去离子法

电去离子（EDI）法是一种将离子交换与电渗析膜技术有机结合且用电去除水中离子的脱盐净化方法，我国称该技术为填充床电渗析。美国 Ionpure 公司的 EDI 装置能连续产水，该装置到 1995 年年底在世界上建成投产 100 多套，其中 3 个核电厂和 3 个半导体晶片清洗厂使用 EDI 装置能连续稳定生产出高纯水，电导率接近或达到纯水电导率理论值（0.054 7 μS/cm），且不需大量酸碱化学再生药剂。加拿大 E-Cell 公司推出一种 E-Cell™净水装置，为框架组装式装置，膜堆容量为 2.84 m^3/h。将该装置用于原水处理和反渗透之后，系统出水电导率能达到 0.062 5～0.055 6 μS/cm，水回收率为 90%～95%。

A. EDI 法软化水生产技术

EDI 法软化水生产试验采用下列流程：自来水→超滤→活性炭吸附→EDI 装置→软化水，系统脱盐率为 65%（按电导率计），Ca^{2+}去除率为 89.7%，Mg^{2+}去除率为 99.97%，软化水电导率由 627 μS/cm 降到 220 μS/cm，浓缩水电导率为 1 090 μS/cm。

EDI 软化技术主要应用于低压和常压工业锅炉软化水制备及其他软化处理水（如超纯水）生产。EDI 软化法组合技术主要有“UF+NF+EDI”组合法和 UF/EDI 组合法，前者主要用于处理硬度较高的原水（如苦咸水）和硬度较低的原水（如自来水），而后者特别适用于低硬度原水深度除硬处理，而且水利用率高，设备成本低，能耗低。

B. EDI 法制造纯水和超纯水

迄今，国际上有 3 000 多套 EDI 装置在运行，总装机容量超过 3 万 m^3/h。预计在 21 世纪，EDI/RO 组合技术将成为制备纯水的主流脱盐技术。从经济合理和实际需要出发，一些行业 EDI 装置出水电阻率通常为 5 MΩ/cm，在 EDI 装置所处理的总水量中，电子行业用水约占 20%，发电行业锅炉补给水用水占 60%以上，其他行业用水约占 20%，可见 80%用水单位仅需电阻率在 5 MΩ/cm 以上的 EDI 出水。我国有关部门提出，使用新型结构的 EDI 装置出水电阻率以稳定在 10 MΩ/cm 为宜，稳定在 10 MΩ/cm 的为优级品，稳定在 5 MΩ/cm 的为合格品，如此定位就可满足 80%的用户需求。

5）凝结水回收利用技术

① 回收凝结水与节汽节水节能

据不完全统计，我国工业热力蒸汽锅炉有 60 多万台，蒸发量达到 200 万 t/h，其耗煤量约占全国煤产量的 1/3，有关辅助设备的耗电量约占全国电产量的 1/10。我国化工、石化等企业多以燃料气为主要燃料而生产蒸汽，因此节煤、节电、节水、节约燃料气至关重要，当前首要技术改造课题是优化蒸汽管网、有效使用蒸汽、回收凝结水与余热，实现节能节水降耗。

生产蒸汽用水量占炼油厂取水量的 10%～40%，因此减少蒸汽用水量就可有效节约总用水量。减少蒸汽用量等的技术改造措施如下。

A. 减少蒸汽用量。用间接蒸汽加热代替直接蒸汽加热：用其他物料代替蒸汽汽提（如用空分装置氮气）；选用蒸汽用量少的含硫废水汽提工艺（如用双塔汽提比用单塔汽提多用约一倍蒸汽）。

B. 不用蒸汽取暖。

C. 尽量不用蒸汽保温伴热。如用热水或电进行保温或伴热。

D. 严控工艺蒸汽。如抽空器不用蒸汽而用机械抽空法。

E. 回收凝结水。炼油厂加工吨原油新鲜水用量低的一些炼油厂是将 40%～60%的新鲜水用作制造软化水和除盐水。国外先进炼油厂回收凝结水达到给水量的 53%，而我国石化企业仅为 10%左右，而且对凝结水处理率低，用作中压锅炉补水率也低。为高效回收利用凝结水，应积极采取下列应对技术措施。a. 优化热力循环系统：尽量实现锅炉蒸汽管网—用汽设备—疏水系统—回收管—回收泵站—锅炉的热力循环系统的周密设计，以确保热力系统近于完善的能源梯级程度。b. 采用密闭式凝结水回收系统：该系统由疏水器组件、回收管网、加压泵站所组成。回收凝结水既回收水又回收余热。密闭式回收系统可高效实现节水节能，减少环境污染。c. 综合和高效回收利用凝结水方法：凝结水回收利用方法主要有直接利用法、间接利用法和蒸汽利用法等。

② 凝结水处理方法

根据凝结水水质和回收利用途径不同，对其处理方法也不同。凝结水处理方法主要有除油、除铁、除硅、缓蚀阻垢及脱氧除碳等。有关凝结水处理新方法实例如下。

A. 除油除铁处理

a. 大庆某炼油厂凝结水阻截除油技术

阻截除油技术是利用对水相和非水相（如油）具有很强选择能力的特种材料，使凝结水中的油被阻截，除油过程分为下列五级：动态复合除油、毛细管聚结阻油、复合吸油除油、复合滤除除油和终端禁油保护。该厂建有两套凝结水阻截除油装置，处理能力分别为 50 m^3/h 和 100 m^3/h，可将进水中含油量降低到出水中 0.1～0.4 mg/L，低于凝结水回用于脱盐水的含油量指标（＜0.5 mg/L）；除油率在 93%以上，处理成本为 0.625 元/t，投资回收期为 1.67 年。

b. 兰州某动力厂凝结水类萃取除油技术

该厂采用类萃取除油方法的关键技术是利用橄榄石（Purolite）类亲油树脂（OL-100 树脂）进行除油。该树脂可在高温（120℃）下除油，运行一定周期后，可在树脂填充区形成带有油萃取功能的过滤层，能使凝结水中油类（如乳化油）得到萃取、聚集、分离和回收，从而净化凝结水。在除油试验取得成功后，还增设了除铁处理单元，于 2005 年 12 月投入工业运转，出水含油量在 1 mg/L 以下，出水电导率达到一级除盐水水质指标，从而减少凝结水排放 10 万 t/a 以上，凝结水回收率达到 50%～60%，回收凝结水热量折合蒸汽达 28 947 t/a，还降低了化学水生产除盐费用。

c. 凝结水复合膜过滤除油除铁技术

青岛某公司和某煤集团公司利用复合膜过滤法除油除铁效果良好。北京某公司利用复合膜除油除铁装置的工艺流程为凝结水→静态混合器→换热器→复合膜凝结水精处理系统→活性炭过滤→二级水处理除盐装置。该组合技术处理后凝结水全铁及含油量分别为 13.1～21.9 μg/L 和 0.00～0.20 μg/L，达到了中压锅炉补给水标准，净节能效益 102.74 万元/月。

d. 化学药剂法除铁技术

按照《工业锅炉水值》（GB/T 1576—2018）规定，低压和中压锅炉给水中总铁分别小于 0.3 mg/L 和小于 0.05 mg/L，而在实际的低压和中压锅炉凝结水中总铁一般分别为 2～5 mg/L 和大于 0.3 mg/L，因此凝结水除铁备受关注。通常采用化学药剂法，一般在蒸汽出口或锅炉前投加皮膜胺或挥发性氨，以在回水管线内成膜或增加 pH，阻止腐蚀发生，不过该法往往不能达到预期效果。主要归因于有些罐器供汽时用时停，导致系统水中铁离子经常波动在 0.1～5.0 mg/L。

北京某润滑油公司采用加药/过滤组合技术处理含铁为 10 mg/L 的凝结水，除铁效果良好，可回用于锅炉补给水。武汉烟草某公司也采用加药/过滤法组合技术处理凝结水，除铁效果也很好。

B. 凝结水回收处理系统技术改造

为了节水节汽节能，大多厂家对原有凝结水系统进行了技术改造，下面以实例加以说明。

某公司蒸汽凝结水系统曾存在下列诸多问题：蒸汽凝结水含有 Fe、Si 离子；水温较高，二次闪蒸汽量大；含油；疏水器漏气等。为此采用下列技术改造措施：a. 采用密闭式凝结水回收设施，消除换热站冒汽。b. 增设凝结水除油设施和除铁除盐设施，出水可直接进入除氧器；增设除氧器放空蒸汽回收设施。经过这些技术改造后，共投资 879.88 万元，直接经济效益 723.3 万元，投资回收期为 15 个月。

该厂对化学水系统实施严格控制装置零散凝结水排放的技术改造措施，如控制消防蒸汽各用汽点排放量等，减少工艺装置采暖和伴热线零散蒸汽点排放，并用采暖水采暖及伴热。

③ 凝结水回收处理利用实例

A. 青岛某公司

该公司于 2005 年 11 月 25 日建成投产一套凝结水回收处理系统，到 2006 年 2 月 28 日共回收合格凝结水为 97 158 t，节约锅炉除氧用汽为 7 560 t，而且处理后凝结水除铁效果较好，铁含量为 11.32～29.32 μg/L，电导率为 1.12～1.68 μS/cm，油含量为 0.05～0.19 mg/L，完全达到中压锅炉补给水水质标准。该系统主要特点是采用余压回收系统、加压回水系统和高效除油除铁系统。

B. 南京某公司

该公司在其东区和西区分别建成 50 m^3/h 和 30 m^3/h 的凝结水回收系统，分别用于产生低压蒸汽和为中压废热锅炉提供除氧水。为提高凝结水质量，在东区系统增设 1 套 50 m^3/h 的除铁设备，直接经济效益高达 300 万元/a。同时在西区系统增设各 100 m^3/h 的除油器和除铁器，处理后凝结水可用作除盐水，经济效益高达 300 万元/a。

C. 镇海某公司

该公司加强其电站、炼油新区、老区及加氢装置的凝结水回收利用，包括系统技术改造、扩能以及自处理、有效回收、调配利用凝结水，经济效益显著。例如，炼油老区凝结水量高达 150 m^3/h；对 CO 凝结水站进行扩能改造，使其出水达到一级除盐水水质标准；还将渣油及沥青罐区疏水引入 CO 锅炉凝结水站加以回收；对加氢裂化凝结水罐加以改造，将其全部凝结水作为工艺用水，以减少除盐水补入量。

6）煤化工行业焦化废水回用

多年来，焦化废水处理及排放问题一直是焦化厂生产与发展的一大难题。焦化废水的合理处置已成为焦化行业发展和保护环境的关键。对于焦化废水处理，达标排放是最基本的要求。废水回用，减少外排，实现资源的再利用才是最终目的。处理后焦化废水的回用受到企业性质、焦化生产工艺等客观因素的限制。对于湿法熄焦的焦化厂，可以用作熄焦补充水；对于钢铁联合企业，处理后焦化废水可用作钢铁转炉除尘水系统补充水和高炉冲渣、泡渣水；对于有洗煤的焦化厂，可以用作洗煤循环水补充水等。

① 湿法熄焦补充水

在炼焦生产过程中，由炭化室推出的赤热焦炭大多是采用温式熄焦的方法，即在熄焦塔内用熄焦循环水将其熄灭。湿法熄焦装置由熄焦塔、泵房粉焦沉淀池及粉焦抓斗等组成。熄焦水由水泵直接送至熄焦塔喷洒水管，熄焦用水量一般约为 2 m^3/t 焦。熄焦时间为 90～120 s。熄焦后的水经沉淀池和清水池将粉焦沉淀后，继续使用，熄焦过程中约 20%的水被蒸发。

在用温法熄焦时，由于熄焦过程要损失约 20%的水分，必须进行熄焦补水。处理后的焦化废水经适当处理后回用熄焦，是焦化废水较好的一种处置方法。采用湿法熄焦的焦化企业基本上也是采用该方式进行焦化废水处置的，减少了焦化废水的外排。但焦化废水中的氨氮对熄焦车、泵、管道等的腐蚀问题，一直使焦化废水的熄焦回用受到限制。随着焦化废水脱氮处理技术的发展，这一问题将逐渐被解决，采用湿法熄焦的焦化企业将焦化废水用作熄焦回用水的比例将越来越大，在很大程度上会促进钢铁联合企业的循环经济建设。

干法熄焦技术的开发与应用体现出了干法熄焦比湿法熄焦具有更多的优越性。因此，目前许多焦化企业对熄焦过程进行了改造，采用了干熄焦工艺。

干法熄焦是一种发展趋势，随着环保要求越来越严格，各大型、中型焦化厂逐渐开始采用干法熄焦。这样，将处理后的焦化废水用作熄焦补充水的出路已经行不通，要达到废水的零排放，必须寻求焦化废水新的高效、实用处理技术。

② 钢铁转炉除尘水系统补充水

转炉除尘水是用来对转炉烟气降温和除尘的。转炉除尘，一般采用两级文丘里洗涤器。

绝大部分烟尘通过第一级文丘里洗涤器去除，所余烟气再进入第二级文丘里洗涤器。钢铁转炉除尘水系统具有给水水质要求较低、水质容量大的特点，是焦化废水生化处理后较为合理的回用去向。

钢铁企业转炉除尘给水经过一、二级文丘里洗涤器对烟气降温和除尘，虽经过处理后可进行循环利用，但必然有一部分损失。目前许多企业直接采用新水进行补充，增加了生产新水用量。焦化废水经处理后可达到工业循环冷却回用水指标，采用处理后的焦化废水作为钢铁转炉除尘循环系统补充水，可以节约新水用量，使焦化废水得到合理处置，实现水资源的再利用。

③ 高炉泡渣、冲渣

从出渣口出来的矿渣熔融体密度为 2.3～2.8 g/cm^3 时，比铁水小，可以浮在铁水上面，定期从排渣口排出，经水或空气急冷处理成为粒化高炉矿渣。处理熔融渣的常用方法主要是水淬处理，分为泡渣和冲渣两种。

A. 泡渣

熔融渣用渣罐车运至远离高炉的水渣池，直接倾入池水中。熔融渣经水淬生成水渣。水渣池为混凝土构筑物，池中水深 5～8 m。吊车将水渣捞出，置于池中的堆渣场，脱水后装车运出。水渣池内的水由于水分蒸发和被水渣带走，需经常补充。泡渣法省水省电，但需要较多的渣罐车，安全和环保方面也存在较多问题。

B. 冲渣

在炉前用喷嘴喷射水流冲出熔渣，将高炉渣水淬。这种方法虽然比泡渣使用的水电较多，但可不用渣罐车，高炉生产不受渣调运的影响，减轻了厂内铁路运输荷载，有利于生产。因此，高炉熔渣广泛地采用冲渣法。

由上述可知，在高炉冲、泡渣过程中，高温蒸发及捞渣外运将损失大量的水分。如采用新水进行高炉冲、泡渣，将使企业的新水用量大幅增加，浪费水资源，增加产品的生产成本。焦化废水经深度处理后，水质可满足高炉冲渣、泡渣的要求，将处理后的焦化废水回用于水量损失较大的高炉冲、泡渣循环水系统中，是钢铁联合企业节约新水用量、实现水资源循环利用、减少污水外排、保护环境的重要途径之一。

④ 洗煤循环水补充水

洗煤就是根据煤的原始成分含量洗出不同标号的煤的过程。原煤经过洗选成为精煤，供工业生产利用。一般企业的洗煤主要采用重介（或跳汰）浮选洗煤工艺。洗煤过程中需要大量的水，同时，原煤经过洗选后还将排放出悬浮物极高的大量污水。因此，企业应对洗煤废水进行处理，使其满足使用的要求，循环利用。洗煤工艺流程如图 5-18 所示。

由图 5-18 可知，洗煤废水经过简单处理后再进行循环利用。但目前我国大部分洗煤水损失率较大，循环利用率不高，必须补充大量新水用于洗煤。根据焦化废水处理后的水质情况，可以采用处理后的焦化废水来补充洗煤损失的水。采用焦化废水作为邻近洗煤厂的洗煤循环补充水，可以减少焦化企业废水排放量，节约洗煤厂补充新水用量，从而达到资源最合理有效的利用。

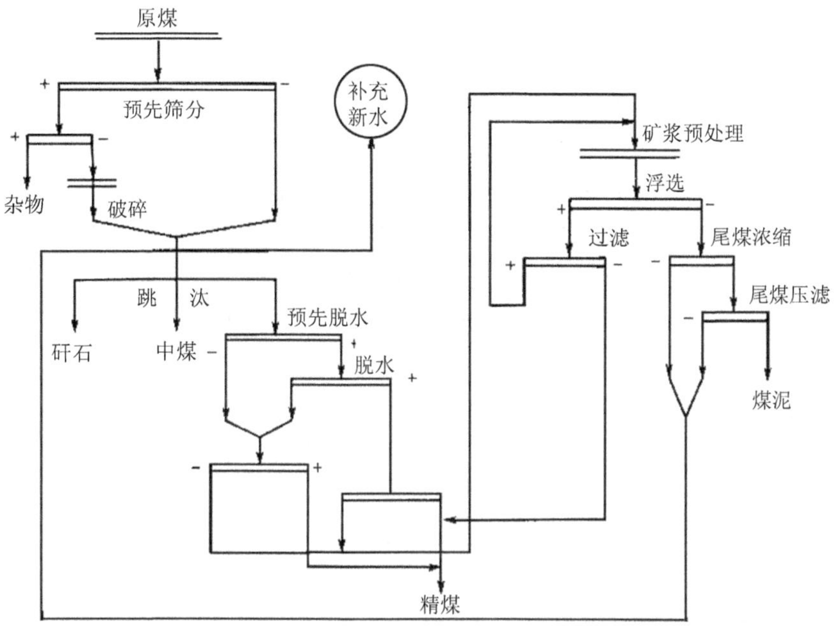

图 5-18 洗煤工艺流程

⑤ 曝气池消泡水

目前，绝大多数焦化企业均采用生物法进行焦化废水的处理。在生化处理过程中，经常遇到曝气池气泡过多的现象，有时气泡会溢出曝气池，造成曝气池中活性污泥的流失和工作条件的恶化。为了避免这种现象的发生，常常需要进行消泡处理。曝气池消泡的方法主要有两种：一是向曝气池中加入一定量的油脂类物质，改变气泡的表面张力，使其破裂，达到消泡的目的；二是向曝气池中喷加细水流，压破气泡来进行消泡。在曝气池中加油脂类物质进行消泡，不但增加了处理成本，而且使污水中的 COD 指标浓度增加，增加了污水的处理难度，因此一般不提倡用该方法进行曝气池消泡。在焦化废水处理过程中，如果利用处理后的焦化废水进行消泡，不但避免了用油脂类物质消泡所带来的问题，还可以增强活性污泥抗冲击负荷的能力，使外排废水中的 COD 得到更彻底的降解，以保证生化出水的水质。因此，可将焦化废水处理后清水池中的水回用于消泡。

⑥ 煤场喷洒

煤进入炼焦系统之前堆放于煤场，在大气环流风的作用下能够造成扬尘，对周边的大气环境产生一定的粉尘污染。水喷洒抑尘是一种有效的处理方法。若采用新水进行抑尘处理，不但浪费了水资源，也不符合国家循环经济的产业政策；若将处理后的焦化废水用于抑尘，则避免了污水向周围水体中的排放，保护了大气环境和水环境。因此，煤场喷洒可以认为是焦化废水的一种较好的综合利用处置方法。

（2）煤化工行业工业废水处理与循环利用技术清单

依据煤化工废水理化特性，结合相关资料调研和查询，筛选出了煤化工行业工业废水处理与循环利用技术清单，见表 5-12。

表 5-12 煤化工行业工业废水处理与循环利用技术清单

技术类别	技术组成及主要方法	技术评估			备注
		成熟度	先进性	应用性	
锅炉用软化水、除盐水制造与锅炉水处理技术	技术组成：绿色锅炉水处理技术（零排污热水锅炉水处理技术、零排污蒸汽锅炉水处理技术、全循环无结垢锅炉水零排灰、零排污无堵塞湿法脱硫技术）—锅炉稳定运行与管理—锅炉给水除氧除硅。 作用：防止锅炉结垢、腐蚀，减少锅炉排污量等	成熟	先进	一般	绿色锅炉水处理技术是环保、节能、节水、安全的水处理技术，是 21 世纪重点发展的新技术
水软化技术	技术组成：锅炉用水软化法（沉淀软化法、离子交换软化法、纳滤软化法）—循环冷却水软化处理（循环水旁流软化净化处理—循环水旁流处理组合工艺—电厂循环水系统软化水比例的优化）。 作用：用于锅炉补给水软化处理及循环水旁流软化及机泵正洗水软化	成熟	一般	好	其中循环水旁流软化净化处理的方法主要有石灰/纯碱软化法、离子交换法、膜分离法。循环水旁流处理组合工艺主要有弱酸离子交换/反渗透组合工艺、电凝聚软化/电渗透组合工艺、离子交换/石灰/反渗透组合工艺、化学混凝/弱酸离子交换/反渗透组合工艺等
水除盐技术	技术组成：主要有减压膜蒸馏法和离子交换法，其中离子交换法的改进技术包括双层混床改为三层混床、复床技术改造、浮床技术、高流速双室床技术、离子交换树脂再生复苏技术。 作用：除去水中的钠盐、镁盐等	成熟	一般	好	离子交换树脂再生复苏包括混床电再生、阳树脂铁中毒及其复苏处理
膜分离法生产化学水技术	技术组成：主要有反渗透法、微滤法、超滤法及纳滤法、正渗透法、电渗析法、电去离子法。 作用：主要用在制造除盐水、软化水、纯水等化学水领域	成熟	一般	好	电去离子法包括 EDI 法软化水生产技术、EDI 法制造纯水和超纯水
凝结水回收利用技术	技术组成：减少蒸汽用量的技术、高效回收利用凝结水、凝结水处理技术方法（除油除铁处理、凝结水回收处理系统技术改造等）。 作用：有效使用蒸汽、回收凝结水与余热，实现节能节水降耗	成熟	一般	好	除油除铁处理主要包括凝结水复合膜过滤除油除铁技术、化学药剂法除铁技术等

5.3.5　工业固体废物代谢分析

能源化工基地产生的工业固体废物主要包括煤炭产业产生的煤矸石，电力产业产生的粉煤灰、炉渣、脱硫石膏，煤化工产业产生的化工废渣等。

（1）煤矸石

煤矸石是在成煤过程中与煤层伴生的一种含碳量低、比较坚硬的黑色岩石，在煤炭生产过程中成为废弃物，大部分结构致密，呈黑灰色，自燃后结构疏松，呈浅红色。随着煤层地质沉积环境、地质年代、成矿情况、地区、开采方法的不同，煤矸石的组成及各组分含量亦各不相同。

煤矸石主要来自以下 3 个途径：

掘进过程中产生的煤矸石，也就是在煤矿新建初期，井筒、井下车场和大巷以及煤矿正常生产阶段等掘进过程中排出的一种岩石，占煤矸石总量的 60%～70%。

采煤过程中产生的煤矸石，也就是在煤矿开采过程中产生的煤矸石，占煤矸石总量的 10%～30%。

洗煤过程中产生的煤矸石，也就是在煤炭洗选期间分类别排出来的残渣，约占煤矸石总量的 5%。

① 煤矸石分类

煤矸石是由多种矿岩组成的混合物，含碳量在 20%～30%。煤矸石的成分复杂，而且岩石种类差别较大，各组分含量变化也较大。如果以矿物组成为基础，结合岩石的构造、结构等特点，可分为以下几类。

A. 含碳质—黏土质岩类煤矸石

含碳质—黏土质岩类煤矸石在煤矸石中占有相当大的比例，尤以泥质页岩、粉砂页岩、碳质页岩等最为常见。其中主要矿物成分为黏土矿物，如高岭石、伊利石、蒙脱石等，其次为石英、云母、长石、碳酸盐、黄铁矿等。

B. 砂岩—粉砂岩类煤矸石

砂岩—粉砂岩类煤矸石主要由碎屑矿物和胶结物两部分组成。碎屑矿物以石英为主，其次为云母、长石等矿物；胶结物一般为含碳酸盐的黏土矿物及其化学沉积物或被碳质浸染的黏土矿物。

C. 钙质岩类煤矸石

钙质岩类煤矸石矿物组成为方解石、菱铁矿、白云石，其中混有较多的黏土矿物、有机物、黄铁矿、碎屑矿物等。

② 煤矸石化学组成

煤矸石是由无机质和少量有机质组成的混合物，无机质主要包括各类矿物的物质组成，构成各类矿物成分的化学元素多达数十种，一般以硅、铝氧化物为主，还有数量不等的Fe_2O_3、CaO、MgO、Na_2O、K_2O、P_2O_5、TiO_2、SO_2等氧化物。其中，SiO_2、Al_2O_3所占比例较大，一般而言，SiO_2的平均含量在40%～60%，Al_2O_3的平均含量在15%～30%。CaO、MgO、K_2O、Fe_2O_3、Na_2O的含量在不同类型岩石中的变化较大。有机质的含量随其中含煤量的增多而增高。

各不同岩石种类煤矸石的具体化学组成如下。

A. 含碳质—黏土质岩类煤矸石

含碳质—黏土质岩类煤矸石主要由SiO_2和Al_2O_3组成，SiO_2含量在24%～56%，Al_2O_3含量在14%～34%，其余组分：Fe_2O_3含量在1%～7%，CaO含量在0.5%～9%，MgO含量在0.5%～6%，K_2O含量在0.3%～3%，Na_2O含量在0.2%～2%，TiO_2含量在0.4%～1%。此类岩石具有中硅、高铝的特点。

B. 砂岩—粉砂岩类煤矸石

砂岩—粉砂岩类煤矸石的SiO_2含量最高，一般在53%～88%，Al_2O_3含量在0～20%，其余组分：Fe_2O_3含量在0.4%～4%，CaO含量在0.3%～1%，MgO含量在0.2%～1.2%，K_2O含量在0.1%～5%，Na_2O含量在0.1%～1%，TiO_2含量在0.1%～6%。此类岩石具有高硅特征。

C. 钙质岩类煤矸石

钙质岩类煤矸石的SiO_2含量在30%～40%，Al_2O_3含量在3%～10%，其余组分：Fe_2O_3含量在10%～15%，CaO含量在10%～45%，MgO含量在1%～4%。此类岩石以中低硅、高钙为其特征。

③ 煤矸石资源化途径

目前我国煤矸石综合利用的方式主要有作为燃料使用，进行发电；生产建筑材料；用作充填材料；制化工产品及生产肥料等。

A. 煤矸石发电

煤矸石发电是指利用煤炭开采及洗选加工过程中外排的固体废物等作为燃料进行发电。发热量在5 000 kJ/kg以上的煤矸石，可以和煤泥配比用于发电。含碳量≥20%的煤矸石可以直接用作流化床锅炉的燃料。近年来，煤矸石发电技术日趋成熟，我国煤矸石发电年利用煤矸石约为1 400万t，占煤矸石综合利用量的30%左右，成为煤矸石资源化利用的一种重要方式。

B. 生产建筑材料

煤矸石作为建筑材料，具有取材方便、价格便宜、材料重量轻、强度高、吸水性好和化学性稳定的特点。目前，利用煤矸石生产的建筑材料主要有煤矸石烧结砖、煤矸石轻骨料和煤矸石水泥等。

a. 以煤矸石代黏土做原材料烧制水泥

因煤矸石的化学成分与黏土相似，故可代替黏土，与石灰石、铁粉及硅质原料一起配料，生产所需标号的水泥。利用煤矸石代替黏土（或矾土）作为硅铝质原料、节约部分优质燃料来生产水泥是一种生产水泥的新工艺技术。它有代土、节煤、无废渣、增产、生产适应性强等特点。

b. 煤矸石无熟料水泥及少熟料水泥

煤矸石无熟料水泥是以煤矸石为主要原料，掺入适量的石灰、石膏，磨细制成的水硬性胶凝材料，有时也掺用少量熟料做激发剂，标号可达 200～300。这种水泥生产方法简单，投资少、收效快、成本低、规模可大可小。

煤矸石少熟料水泥也称煤矸石砌筑水泥，它与无熟料水泥相比具有凝结快、早强性好等优点，标号可达 300～400。这种水泥除用于砌筑、抹面外，还可以作为砖瓦和砌块的原料。用煤矸石生产少熟料水泥，可以大量节省水泥生产的能耗、省去蒸汽养护、简化使用工艺等。

c. 煤矸石混凝土及其制品

以煤矸石为主要原料的新型墙体材料，如煤矸石空心砌块，是以自燃或人工煅烧煤矸石和少量生石灰、石膏混合磨细后的胶结料。在建筑上主要用于一般工业与民用建筑的墙体，可做承重墙、非承重墙及内隔墙。

以人工煅烧煤矸石或自燃煤矸石为主要原材料，加入适量磨细生石灰粉、生石膏粉，经湿碾、振动成型、静停、蒸汽养护可制成一种硅酸盐混凝土，即湿碾煤矸石混凝土。

由煤矸石、硅质材料、钙质材料、水、发气剂和外加剂等按一定比例配合可制成煤矸石加气混凝土制品。它容重轻、保温吸音好，可用于配筋或不配筋的墙体砌块、内外墙板、屋面板、楼板、保温块和保温管等多种制品。

d. 作为水泥及混凝土混合材

由于煤矸石经自燃或人工煅烧后具有一定活性，因此可掺入水泥及混凝土中做活性混合材料。煤矸石掺入量的多少取决于熟料质量与水泥标号、品种。

C. 煤矸石做填充材料

由于煤矸石硬度较大，可用于充填采煤塌陷区和露天矿坑以及用作复垦造地造田的充填材料。

充填矿井采空区应采用煤矸石不出井的采煤技术。用煤矸石复垦造田时，对矸石层的充填应下部密实、上部疏松，以保水保肥。当矸石复垦土地作为建筑用地时，为了使复垦土地有较高的承载能力和较好的稳定性，应采用分层回填、分层振压的方法。

D. 煤矸石制化工产品及生产肥料

煤矸石中含有硅、铝、铁、钙等元素，部分煤矸石亦含有较高品位的钛、镓等稀有金属。这些化学元素可以用于合成作业，生产不同的化工产品，如可以利用煤矸石中的硅元素来合成碳化硅，亦可以生产 Al-Si-Fe 合金。

煤矸石中也含有一定的有机质，一般为 15%～25%，可用于生产煤矸石有机复合肥料以及微生物肥料。通过化学活化法生产有机复合肥，生产成本较低，可以增强土地的固氮能力，提高土壤中的微量元素含量、透气性以及腐植酸含量，使农作物增产。

（2）粉煤灰

粉煤灰是一种类似火山灰的混合粉状物，来源于煤粉的高温燃烧过程，属于产生量较大的工业固体废物之一。将煤磨细（100 μm 以下）成粉状物，利用已经变热的空气，随气流喷入炉膛内进行悬浮燃烧，产生高温烟气，被收尘装置捕集所得到的物质即为粉煤灰（也称飘尘或飞尘）。

① 粉煤灰分类

依据粉煤灰的含水率，可以将其分为 3 类，即干灰、湿灰、陈灰。干灰是最新排放及存放时间在半年以内的灰，并且含水率不超过 3%。湿灰是在排灰的过程中为减少粉尘污染加水排放的灰，另外，在经过干燥后含水率大于 3%的粉煤灰也归为此类。陈灰是指在露天存放的粉煤灰。

根据《用于水泥和混凝土中的粉煤灰》（GB/T 1596—2005）的规定，可依据其化学组分中 CaO 的含量，将粉煤灰划分为 F 类粉煤灰和 C 类粉煤灰。

F 类粉煤灰，也称为低钙粉煤灰，主要是由无烟煤或烟煤煅烧收集的粉煤灰，其中的 CaO 含量一般小于 10%。C 类粉煤灰，也称为高钙粉煤灰，主要是由褐煤或次烟煤煅烧收集的粉煤灰，其中的 CaO 含量一般大于 10%。

② 粉煤灰化学组成

粉煤灰的主要化学组成是 SiO_2、Al_2O_3，二者之和一般高于组成物的 3/5。除此之外，还包括 Fe_2O_3、CaO、MgO、Na_2O、K_2O、SO_3 和未燃尽碳等以及铬、铅、汞等多种重金属（表 5-13）。需要指出的是，一般地，其所含的有害物质量含量均在相关规定的允许值以下。

表 5-13 粉煤灰的化学组成

成分	SiO_2	Al_2O_3	Fe_2O_3	CaO	MgO	Na_2O+K_2O	SO_3	烧失量
含量/%	40～60	20～30	4～10	2.5～7	0.5～2.5	0.5～2.5	0.1～1.5	3～20

③ 粉煤灰矿物组成

粉煤灰的矿物组成相当复杂，主要包括两大类：无定形相和结晶相。前者包括玻璃体和未燃尽碳粒。后者主要包括莫来石矿物（$3Al_2O_3 \cdot 2SiO_2$）、云母、石英（SiO_2）、长石、磁铁矿（Fe_3O_4）、赤铁矿（Fe_2O_3）及少量氧化镁矿物、石膏、方解石（$CaCO_3$）、金红石

（TiO_2）和硫酸盐矿物等。

④ 粉煤灰资源化途径

粉煤灰是火电厂的重要固体废物，可以对其直接利用，同时，也可以利用物理和化学方法从粉煤灰中提取有用物质，加以利用。

粉煤灰的直接资源化技术途径可以概括为建筑材料（水泥、砖、砌块等）、建筑工程（混凝土、砂浆粉、地基处理等）、道路工程（路面、路基等）、农业（改良土壤、化肥等）、环保与化工（污水处理等）、填料（矿山填充）等。此外，也可以从粉煤灰中提取煤、金属化合物等有用物质。

A. 粉煤灰在建筑材料中的应用

用作水泥配料。粉煤灰具有与黏土相类似的化学成分，可以代替黏土组分作为配料生产水泥。目前，已研制出硅酸盐水泥、硅酸三钙水泥、硫酸铝酸钙水泥等。粉煤灰作为混合材料用于生产水泥，经济效益较好，技术比较成熟，在灰质达到《用于水泥和混凝土中的粉煤灰》（GB/T 1596—2005）的标准熟料中掺入 10%～15%混磨生产水泥，质量上有保证。

用于制砖。生产粉煤灰烧结砖工艺简单，建厂速度快，吃灰量大。利用粉煤灰生产烧结砖，按掺量 30%计，生产万块标砖约用灰渣 5 t，可节煤 50%。

用于制作砌块。以粉煤灰为主要原料，水泥为胶凝材料，配以外加剂，经发泡剂发泡制成的粉煤灰砌块，具有重量轻、导热系数小、粉煤灰掺量大、成型方便、工艺简单等特点，可取代黏土砖，广泛用于建筑行业。

用于制作陶粒。粉煤灰中含有 50%～80%的空心玻璃微珠，玻璃微珠颗粒细、空心、质轻，具有隔热、隔音、耐高温、耐磨及电绝缘等特殊功能，已成为一种多功能材料。以粉煤灰为主要原料，加入一定量的胶结料和水，经成球、烧结而成的轻骨料烧结粉煤灰陶粒，具有密度小、耐热度高、抗掺性好、耐冲击力强等优点，是一种良好的人造轻骨料。

B. 粉煤灰在建筑工程中的应用

用作混凝土的掺料。一般而言，使用粉煤灰的混凝土可节约水泥 40%～50%，砂石 8%～10%，粉煤灰 50～100 kg/m^3，降低成本 15 元/m^3，1 t 优质粉煤灰可创效益 150～250 元。目前此项应用技术已趋成熟，不仅能创造经济效益，还可改善混凝土的和易性及可泵性，降低混凝土的温升，增加混凝土的后期强度等。

用于制作砂浆粉。粉煤灰砂浆粉是以粉煤灰为主要原料按一定比例加入水泥、石灰、石膏等制成。一般每吨砂浆粉可配制 2～4 m^3 砂浆，每 1 m^3 砂浆可降低成本 10 元左右。应用时根据标号要求加入适量砂子，即可调配出理想的不同标号的砌筑砂浆或抹灰砂浆，此种利用可节约水泥 30%～40%。

C. 粉煤灰在道路工程中的应用

粉煤灰用于水泥混凝土路面。粉煤灰的主要成分与水泥的主要材料相同，但其成本远低于水泥。在铺筑水泥混凝土路面时，采用粉煤灰替代水泥，不但会降低公路工程造价，而且有利于降低混凝土的初始坍落度，延长混凝土的初凝时间，减少运输过程中的坍落度损失，降低水化和混凝土的温度，有利于减少路面收缩裂缝，提高路面的抗压强度。

粉煤灰用于路面基层。粉煤灰的渗透系数比黏性土的渗透系数大数百倍，可提高路堤的强度和稳定性。

D. 粉煤灰在农业上的应用

利用粉煤灰改良土壤。粉煤灰疏松多孔、比表面积大，能保水，透气好，可以明显改善土壤结构，降低容重，增加孔隙度，提高地温，缩小膨胀率，从而显著改善黏质土壤的物理性质，改善土壤中微生物活性，有利于养分转化，使水、肥、气、热趋向协调，为作物生长创造良好的土壤环境。

粉煤灰培肥。粉煤灰可以改善土壤的 pH 和化学成分。研究表明，利用粉煤灰为载体，加上有效养分，磁化后便于土壤形成易为作物吸收的营养单元，不仅能提高、改良耕性，而且能增强作物光合作用和呼吸功效，提高作物抗旱抗灾性。现已利用粉煤灰开发出粉煤灰磷肥、硅复合肥等。

E. 粉煤灰在环保与化工方面的应用

粉煤灰比表面积大，具有一定吸附性能，因而，粉煤灰可有效去除富营养型湖泊表层水和间隙水中的磷酸酶，对造纸、印染等产生的废水具有一定净化作用。

粉煤灰在酸性条件下，其中的铝、铁离解成为无机混凝剂，因此，当粉煤灰与污水混合时，铝离子和铁离子可将污水中的悬浮物粒子絮凝、捕获而共同沉降下来，从而完成污染物、悬浮物与水的分离，使得水质清澈透明。

F. 从粉煤灰中提取金属及化合物

根据粉煤灰中化合物的化学性质，利用多种化学反应，提取其中的铝、锗、镓、银、镉、铀等多种金属。目前，已开发出酸浸法（使用氢氟酸、盐酸、硫酸、硝酸、有机酸等）、碱性烧结法以及高温氧化法等提取粉煤灰中的铝。粉煤灰中部分具有工业价值的稀有元素通常在细粒飞灰中富集，若达到工业品位，可予以提取利用。

（3）脱硫石膏

脱硫石膏是火力发电厂对排放烟气中所含的 SO_2 进行湿法脱硫后产生的工业副产物，故又称烟气脱硫石膏，主要成分是二水硫酸钙（$CaSO_4 \cdot 2H_2O$），其品位高低与所采用的具体脱硫工艺有关。

脱硫石膏的主要成分和天然石膏是一样的，都是二水硫酸钙（$CaSO_4 \cdot 2H_2O$）。与天然石膏的物理、化学性能具有相同的规律，如在不同的条件下同样具有 5 种形态和 7 种变体，经过焙烧脱水后得到的熟石膏粉和石膏制品在水化动力学、凝结特性等方面的规律基本一致。但作为一种工业副产石膏，脱硫石膏与天然石膏相比又具有自身的特性，主要表现在外观状态、化学成分特别是杂质、颗粒形貌等性能与天然石膏有明显差异，导致脱水特性、易磨性及焙烧后的熟石膏粉的强度、收缩性能、流变性能等使用性能与天然石膏明显不同，致使脱硫石膏代替天然石膏后，一些石膏制品的性能发生明显变化，从而影响应用。

① 物理性质

脱硫石膏含有 10%～15%的附着水，一般呈湿粉状，黏性强。正常的脱硫石膏的外观颜色近乎白色，随杂质含量变化呈黄白色或灰褐色。

脱硫石膏是在溶液中结晶形成的，晶型较为完整、均匀，颗粒直径一般在 20～60 μm。而天然石膏经粉碎后，细度约为 140 μm。

一般情况下，脱硫石膏颗粒比较均齐，晶体呈短柱状，外观规整。而天然石膏的晶型呈板状，晶体粗大，不规则，二者存在明显不同。

② 化学组成

由于脱硫石膏是石灰石与烟气中 SO_2 的反应产物，因此石灰石中的杂质和烟气中的杂质成为影响脱硫石膏纯度与性能的重要因素。

烟气脱硫石膏的杂质主要有害成分为氯化物和可溶于水的镁盐、钾盐、钠盐。氯化物对脱硫石膏的黏结性能影响较明显，在潮湿环境中会加速对钢筋的腐蚀，因此，在用脱硫建筑石膏加工粉刷石膏、纸面石膏板等石膏制品时要注意氯化物的限量要求。可溶于水的镁盐和钠盐不但影响石膏制品的黏结性能，在受到较潮湿环境影响时还会使石膏制品产生“返霜”现象，制品表面粉化、粗糙、返碱，严重影响产品质量，所以必须加以控制。可燃有机物是因煤粉燃烧效率低和除尘效率不正常，使烟气中的飞灰沉淀下来存在石膏浆液中，它富集在石膏制品表面，影响石膏制品的黏结强度和外观颜色。

③ 脱硫石膏资源化途径

脱硫石膏可应用于建筑业、建材行业，如水泥缓凝剂、建筑石膏、石膏砌块、纸面石膏板、粉刷石膏等。在农业方面也有所应用，如土壤改良剂。目前，脱硫石膏的综合利用主要有以下方面。

A. 硅酸盐水泥缓凝剂

脱硫石膏与天然石膏成分相近，且不需要煅烧，只需烘干使表面含水率从 10%左右降到 1%，便可直接做水泥缓凝剂，是脱硫石膏目前主要的利用途径。但限于目前水泥厂的生产工艺，一般需要块状或球状石膏与熟料一起研磨混合均匀，因此，应将一部分脱硫石膏煅烧成建筑石膏，并以此作为黏结剂与大部分脱硫石膏搅拌成直径为 20～40 mm 的球，经陈化后供给水泥厂做缓凝剂。

B. 建筑石膏

脱硫建筑石膏的结晶体为短柱状，其结构紧密、致密的结晶结构网使水化、硬化体有较大的表观密度（比天然石膏硬化体高 10%～20%），因此，脱硫石膏干燥后，经煅烧成半水石膏可生产建筑石膏粉，且脱硫石膏生产的建筑石膏比天然建筑石膏性能更优异，强度比国家标准规定的优等品强度值高 40%～45%。

脱硫建筑石膏是目前国内建筑石膏强度最高的品种，其生产电耗比天然石膏低 40%～60%，生产成本则为天然石膏成本的 70%～80%。

C. 粉刷石膏

脱硫石膏干燥后，经煅烧成半水石膏可生产粉刷石膏。粉刷石膏是以建筑石膏粉为胶凝材料，掺入少量的工业废渣，并辅以少量优质外加剂混合成的气硬性胶凝材料。

作为新型抹灰材料，它既具有建筑石膏快硬、早强、黏结力强、体积稳定性好、吸湿、防火、轻质等优点，又克服了建筑石膏凝结速度过快、黏性大和抹灰操作不便等缺点。

D. 石膏砌块

脱硫石膏砌块的技术经济性好，市场竞争力强，采用石膏基复合胶结材生产石膏砌块，其强度、耐水性明显提高，成本明显降低。

经煅烧后的脱硫建筑石膏，加入适量的外加剂和掺入一定量的水，高速搅拌，入模成型，并经 14 h 的干燥生成空心砌块，其抗压最大荷载达到 3 000 N，导热系数为 0.2 W/（m·K）。

E. 纸面石膏板

纸面石膏板是以煅烧后的脱硫建筑石膏为原料制备的。纸面石膏板是国内外主要建材产品，也是最好的石膏建材产品。

脱硫石膏有纯度高、粒度细、氯离子含量低等优点，利用脱硫石膏板，可以增大料浆动性，使纸面石膏板整体性能和强度增加，避免边缘空心的产生，从而改善石膏板的质量。此外，在天然石膏中添加一定比例的脱硫石膏，会提高纸面石膏板的强度和硬度。

F. 在农业上的应用

脱硫石膏中的钙离子和土壤中游离的碳酸氢钠、碳酸钠作用，生成碳酸氢钠和硫酸钠，可以降低土壤碱性，消除碳酸盐对作物的毒害，同时钙离子可替代土壤胶体上的钠离子，补充活性钙，增强土壤的抗碱能力。

此外，脱硫石膏还可以改良土壤。脱硫石膏的加入可以使代换性钠含量降低，同时土壤强碱状况也随之改变，从而为作物的正常生长提供比较好的土壤环境。

（4）煤化工废渣

① 理化性质

煤化工项目产生的工业固体废物主要包括锅炉废渣、废催化剂、生化污泥等。废催化剂在化工废渣中占有重要地位。据统计（徐惠忠，2004），全世界每年消费的催化剂数量约为 80 万 t（不包括烷基化用的硫酸与氢氟酸催化剂），其中，炼油催化剂约为 41.5 万 t（占 52%），化工催化剂 33.5 万 t（占 42%），环保催化剂约为 4.7 万 t（占 6%）。

废催化剂中的骨料以 SiO_2 和 Al_2O_3 为主，但催化剂中也大量应用了贵金属和稀有金属，包括金、银、铂、铑、钴、钼等。例如，钴含量为 100～720 t/a，铂族元素含量为 0.4～0.5 t/a，银含量为 130～170 t/a，铬含量为 600～2 000 t/a。因此，废催化剂的治理思路是在无害化基础上的资源化。

② 资源化途径

煤气化过程中产生的炉渣可用作水泥厂的原料或制作炉渣砖，代替黏土砖用作建筑材料。

回收利用废催化剂中的贵金属和稀有金属是重要的资源化途径之一。目前，各类废工业催化剂的常用回收方法一般分为 4 种：干法、湿法、干湿结合法和不分离法。

干法是指利用加热炉将废催化剂与还原剂及助熔剂一起加热熔融，使金属组分经还原熔融成金属或合金回收，以作为合金或合金原料，而载体则与助熔剂形成炉渣排出。回收某些稀贵金属含量较少的废催化剂时，往往加进一些铁等贱金属作为捕集剂共同熔炼。干法通常有氧化焙烧法、升华法和氯化物挥发法。此法主要用于 $Co\text{-}Mo/Al_2O_3$、$Ni\text{-}Mo/Al_2O_3$、Cu-Ni、Ni-Cr 等系催化剂的回收利用。

湿法是指用酸、碱或其他溶剂溶解废催化剂的主要成分，滤液除杂纯化后，经分离，可得难溶于水的硫化物或金属氢氧化物，经干燥后，按需要再进一步加工成最终产品。此法主要用于贵金属催化剂，如加氢脱硫催化剂、铜系及镍系催化剂。

干湿结合法主要用于含 2 种以上组分的废催化剂。此法广泛地用于回收物的精制过程，如铂—铼重整废催化剂回收时浸去铼后的含铂残渣，需经干法煅烧后再次浸渍才能将铂浸出。

不分离法是直接利用废催化剂进行回收处理而不再将废催化剂的活性组分或活性组分与载体分离的一种方法。由于此法不分离活性组分及载体，故耗能小、成本低、废弃物排放少，不易造成二次污染，是废催化剂回收利用中经常采用的一种方法。如回收铁铬系中温变换催化剂时，不将浸液中的铁、铬组分各自分离开来，直接回收用其重制新催化剂。

（5）工业固体废物资源化技术

依据我国能源化工基地工业固体废物种类和理化特性，结合相关资料调研和查询，筛选出了四大类工业固体废物的资源化技术清单，见表 5-14。

表 5-14 能源化工基地工业固体废物资源化技术清单

工业固体废物	资源化途径	工艺流程及用途	备注
煤矸石	煤矸石发电	工艺：发热量在 5 000 kJ/kg 以上的煤矸石，可以和煤泥配比用于发电。含碳量≥20%的煤矸石可以直接用作流化床锅炉的燃料。 用途：发电	我国煤矸石发电占煤矸石综合利用量的 30%左右
	煤矸石代黏土做原材料烧制水泥	原理：因煤矸石的化学成分与黏土相似，故可代替黏土。 工艺：与石灰石、铁粉及硅质原料一起配料，生产所需标号的水泥。 用途：制水泥	利用煤矸石代替黏土有代土、节煤、无废渣、增产、生产适应性强等特点
	煤矸石无熟料水泥及少熟料水泥	工艺：煤矸石无熟料水泥是以煤矸石为主要原材料，掺入适量的石灰、石膏，磨细后制成水硬性胶凝材料，有时也掺用少量熟料做激发剂，标号可达 200～300。 用途：制水泥	生产方法简单，投资少、收效快、成本低、规模可大可小
	煤矸石混凝土及其制品	工艺：以煤矸石为主要原料的新型墙体材料，如煤矸石空心砌块，是以自燃或人工煅烧煤矸石和少量生石灰、石膏混合磨细后的胶结料。 用途：在建筑上主要用于一般工业与民用建筑的墙体，可做承重墙、非承重墙及内隔墙	—
		工艺：以人工煅烧煤矸石或自燃煤矸石为主要原料，加入适量磨细生石灰粉、生石膏粉，经湿碾、振动成型、静停、蒸汽养护可制成一种硅酸盐混凝土，即湿碾煤矸石混凝土。 用途：混凝土制品	—
		工艺：由煤矸石、硅质材料、钙质材料、水、发气剂和外加剂等按一定比例配合可制成煤矸石加气混凝土制品。 用途：混凝土制品	容重轻、保温吸音好，可用于配筋或不配筋的墙体砌块、内外墙板、屋面板、楼板、保温块和保温管等多种制品
	煤矸石作为水泥及混凝土混合材	原理：由于煤矸石经自燃或人工煅烧后具有一定活性，可掺入水泥及混凝土中做活性混合材。 工艺：煤矸石掺入量的多少取决于熟料质量与水泥标号、品种。 用途：做活性混合材	—
	煤矸石做填充材料	原理：由于煤矸石硬度较大，可用于充填采煤塌陷区和露天矿坑，用作复垦造地造田的充填材料。 工艺：充填矿井采空区应采用煤矸石不出井的采煤技术。用煤矸石复垦造田时，对矸石层的充填应下部密实、上部疏松，以保水保肥。当矸石复垦土地作为建筑用地时，为了使复垦土地有较高的承载能力和较好的稳定性，应采用分层回填、分层振压的方法。 用途：填充材料	—

工业固体废物	资源化途径	工艺流程及用途	备注
煤矸石	煤矸石制化工产品及生产肥料	原理：煤矸石中含有硅、铝、铁、钙等元素，部分煤矸石亦含有较高品位的钛、镓等稀有金属。这些化学元素可以用于合成作业，生产不同的化工产品。 用途：制化工产品，如可以利用煤矸石中的硅元素来合成碳化硅，亦可以生产 Al-Si-Fe 合金	—
		原理：煤矸石中含有一定的有机质，一般为 15%～25%，可用于生产煤矸石有机复合肥料以及微生物肥料。 工艺：通过化学活化法生产有机复合肥。 用途：生产肥料	生产成本较低，可以增强土地的固氮能力，提高土壤中的微量元素含量、透气性以及腐植酸含量，使农作物增产
粉煤灰	粉煤灰在建筑材料中的应用	原理：粉煤灰具有与黏土类似的化学成分，可以代替黏土组分进行配料生产水泥。 用途：水泥配料。目前，已研制出硅酸盐水泥、硅酸三钙水泥、硫酸铝酸钙水泥等	粉煤灰作为混合材料用于生产水泥，经济效益较好，技术比较成熟，在灰质达到《用于水泥和混凝土中的粉煤灰》的标准熟料中可掺入 10%～15%混磨生产水泥
		用途：制砖	生产粉煤灰烧结砖工艺简单，建厂速度快，吃灰量大。利用粉煤灰生产烧结砖，按掺量 30%计，生产万块标砖约用灰渣 5 t，可节煤 50%
		工艺：以粉煤灰为主要原料，水泥为胶凝材料，配以外加剂，经发泡剂发泡制成粉煤灰砌块。 用途：制作砌块	具有重量轻、导热系数小、粉煤灰掺量大、成型方便、工艺简单等特点，可取代黏土砖，广泛用于建筑行业
		原理：粉煤灰中含有 50%～80%的空心玻璃微珠，玻璃微珠颗粒细、空心、质轻，具有隔热、隔音、耐高温、耐磨及电绝缘等许多特殊功能，已成为一种多功能材料。 工艺：以粉煤灰为主要原料，加入一定量的胶结料和水，经成球、烧结而成的轻骨料烧结粉煤灰陶粒。 用途：制作陶粒	具有密度小、耐热度高、抗渗性好、耐冲击力强等优点，是一种良好的人造轻骨料
	粉煤灰在建筑工程中的应用	用途：用作混凝土的掺料	一般而言，使用粉煤灰的混凝土可节约水泥 40%～50%，砂石 8%～10%，粉煤灰 50～100 kg/m^3，降低成本 15 元/m^3，1 t 优质粉煤灰可创效益 150～250 元。目前此项应用技术已趋成熟，不仅能创造经济效益，还可改善混凝土的和易性及可泵性，降低混凝土的温升，增加混凝土的后期强度等

工业固体废物	资源化途径	工艺流程及用途	备注
粉煤灰	粉煤灰在建筑工程中的应用	工艺：粉煤灰砂浆粉是以粉煤灰为主要原料按一定比例加入水泥、石灰、石膏等制成。应用时根据标号要求加入适量砂子，即可调配出理想的不同标号的砌筑砂浆或抹灰砂浆，此种利用可节约水泥 30%～40%。 用途：制作砂浆粉	一般每吨砂浆粉可配制 2～4 m^3 砂浆，每 1 m^3 砂浆可降低成本 10 元左右
	粉煤灰在道路工程中的应用	原理：粉煤灰的主要成分与水泥的主要材料相同。 用途：水泥混凝土路面	在铺筑水泥混凝土路面时，采用粉煤灰替代水泥，不但降低公路工程造价，而且有利于降低混凝土的初始坍落度，延长混凝土的初凝时间，减少运输过程中的坍落度损失，降低水化和混凝土的温度，有利于减少路面收缩裂缝，提高路面的抗压强度
		原理：粉煤灰的渗透系数比黏性土的渗透系数大数百倍。 用途：路面基层	可提高路堤的强度和稳定性
	粉煤灰在农业上的应用	用途：利用粉煤灰改良土壤。粉煤灰疏松多孔、比表面积大，能保水，透气好，可以明显改善土壤结构，降低容重，增加孔隙度，提高地温，缩小膨胀率，从而显著改善黏质土壤的物理性质，改善土壤中微生物活性，有利于养分转化，使水、肥、气、热趋向协调，为作物生长创造良好的土壤环境	—
		用途：粉煤灰培肥。粉煤灰可以改善土壤的 pH 和化学成分。研究表明，利用粉煤灰为载体，加上有效养分，磁化后便于土壤形成易为作物吸收的营养单元，不仅能提高、改良耕性，而且能增强作物光合作用和呼吸功效，提高作物抗旱抗灾性。现已利用粉煤灰开发出粉煤灰磷肥、硅复合肥等	—
	粉煤灰在环保与化工方面的应用	原理：粉煤灰比表面积大，具有一定吸附性能，可有效去除富营养型湖泊表层水和间隙水中的磷酸酶，对造纸、印染等产生的废水具有一定净化作用	—
		原理：粉煤灰在酸性条件下，其中的铝、铁离解成为无机混凝剂，当粉煤灰与污水混合时，铝离子和铁离子可将污水中的悬浮物粒子絮凝、捕获而共同沉降下来，从而完成污染物、悬浮物与水的分离，使得水质清澈透明	—

工业固体废物	资源化途径	工艺流程及用途	备注
粉煤灰	从粉煤灰中提取金属及化合物	用途：根据粉煤灰中化合物的化学性质，利用多种化学反应，提取其中的铝、锗、镓、银、镉、铀等多种金属。目前，已开发出酸浸法（使用氢氟酸、盐酸、硫酸、硝酸、有机酸等）、碱性烧结法以及高温氧化法等提取粉煤灰中的铝。粉煤灰中部分具有工业价值的稀有元素通常在细粒飞灰中富集，若达到工业品位，可予以提取利用	—
脱硫石膏	硅酸盐水泥缓凝剂	原理：脱硫石膏与天然石膏成分相近，且不需要煅烧，只需烘干使表面含水率从 10%左右降到 1%，便可直接做水泥缓凝剂，是目前主要的利用途径。但限于目前水泥厂的生产工艺，一般需要块状或球状石膏与熟料一起研磨混合均匀，因此，应将一部分脱硫石膏煅烧成建筑石膏，并以此作为黏结剂与大部分脱硫石膏搅拌成直径为 20～40 mm 的球，经陈化后供给水泥厂做缓凝剂	—
	建筑石膏粉	原理：脱硫建筑石膏的结晶体为短柱状，其结构紧密、致密的结晶结构网使水化、硬化体有较大的表观密度（比天然石膏硬化体高 10%～20%），因此，脱硫石膏干燥后，经煅烧成半水石膏可生产建筑石膏粉。 用途：建筑石膏粉	脱硫石膏生产的建筑石膏比天然建筑石膏性能更优异，强度比国家标准规定的优等品强度值高 40%～45%。脱硫建筑石膏是目前国内建筑石膏强度最高的品种，其生产电耗比天然石膏低 40%～60%，生产成本则为天然石膏成本的 70%～80%
	粉刷石膏	工艺：脱硫石膏干燥后，经煅烧成半水石膏可生产粉刷石膏。粉刷石膏是以建筑石膏粉为胶凝材料，掺入少量的工业废渣，并辅以少量优质外加剂混合成的气硬性胶凝材料。 用途：粉刷石膏	作为新型抹灰材料，它既具有建筑石膏快硬早强、黏结力强、体积稳定性好、吸湿、防火、轻质等优点，又克服了建筑石膏凝结速度过快、黏性大和抹灰操作不便等缺点
	石膏砌块	工艺：经煅烧后的脱硫建筑石膏，加入适量的外加剂和掺入一定量的水，高速搅拌，入模成型，并经 14 h 的干燥生成空心砌块。 用途：石膏砌块	脱硫石膏砌块的技术经济性好，市场竞争力强，采用石膏基复合胶结材生产石膏砌块，其强度、耐水性明显提高，成本明显降低

工业固体废物	资源化途径	工艺流程及用途	备注
脱硫石膏	纸面石膏板	工艺：以煅烧后的脱硫建筑石膏为原材料制备。 用途：纸面石膏板	纸面石膏板是国内外主要建材产品，也是最好的石膏建材产品。脱硫石膏有纯度高、粒度细、氯离子含量低等优点，利用脱硫石膏板，可以增大料浆动性，使纸面石膏板整体性能和强度增加，避免边缘空心的产生，从而改善石膏板的质量。此外，在天然石膏中添加一定比例的脱硫石膏，会提高纸面石膏板的强度和硬度
	在农业上的应用	原理：脱硫石膏中的钙离子和土壤中游离的碳酸氢钠、碳酸钠作用，生成碳酸氢钠和硫酸钠，可以降低土壤碱性，消除碳酸盐对作物的毒害，同时钙离子可替代土壤胶体上的钠离子，补充活性钙，增强土壤的抗碱能力	—
		原理：脱硫石膏还可以改良土壤。脱硫石膏的加入可以使交换性钠含量降低，同时土壤强碱状况也随之改变，从而为作物的正常生长提供比较好的土壤环境	—
煤化工废渣	煤气化炉渣制作炉渣砖	用途：煤气化过程中产生的炉渣可用作水泥厂的原材料或制作炉渣砖，代替黏土砖用作建筑材料	—
	废工业催化剂干法回收	工艺：干法是指利用加热炉将废催化剂与还原剂及助熔剂一起加热熔融，使金属组分经还原熔融成金属或合金回收，以作为合金或合金原材料，而载体则与助熔剂形成炉渣排出。回收某些稀贵金属含量较少的废催化剂时，往往加进一些铁等贱金属作为捕集剂共同熔炼	干法通常有氧化焙烧法、升华法和氯化物挥发法。此法主要用于 Co-Mo/Al_2O_3、Ni-Mo/Al_2O_3、Cu-Ni、Ni-Cr等系催化剂的回收利用
	废工业催化剂湿法回收	工艺：湿法是指用酸、碱或其他溶剂溶解废催化剂的主要成分，滤液除杂纯化后，经分离，可得难溶于水的硫化物或金属氢氧化物，再经干燥后，按需要再进一步加工成最终产品	此法主要用于贵金属催化剂，如加氢脱硫催化剂、铜系及镍系催化剂
	废工业催化剂干湿结合法回收	工艺：干湿结合法主要用于含 2 种以上组分的废催化剂	此法广泛地用于回收物的精制过程，如铂—铼重整废催化剂回收时浸去铼后的含铂残渣，需经干法煅烧后再次浸渍才能将铂浸出
	废工业催化剂不分离法回收	工艺：不分离法是直接利用废催化剂进行回收处理而不再将废催化剂的活性组分或活性组分与载体分离的一种方法	由于此法不分离活性组分及载体，故耗能小、成本低、废弃物排放少，不易造成二次污染，是废催化剂回收利用中经常采用的一种方法

5.4 主导产业物质流管理对策

基于循环经济“3R”原则和生态工业、循环经济理论，按照物质、能量、水和信息流动的生态规律，通过减少源头资源和能源的消耗，强化生产过程资源循环利用，加强生产单元之间产品流和废物流连接，扩展能源煤化工行业与其他产业的连接，尽可能地降低废物排放量。

根据能源化工基地生产全过程，从污染预防和循环经济思想出发，从源头预防、过程控制、循环利用、污染治理4个方面提出循环经济发展要求。

能源化工基地三大主导产业（煤矿开采、煤化工、发电）的产品、原材料、能量、废弃物通过循环利用，达到节能、降耗、低碳、绿色的目的。

5.4.1 煤炭

煤炭开采行业是能源化工基地的先导产业，其他产业的引入和运行很大程度上依赖于基地的煤炭产量。循环经济从煤炭资源开采行业来讲，是以最有效利用资源和保护环境为基础的经济形式。就煤炭行业来讲，循环经济的发展主要体现在以下几个方面。

（1）综合开采

开采煤炭资源的同时，将与煤炭共伴生的矿产品、煤层气、矿井水等多种资源及废弃物，统筹规划、综合开采，并进行加工利用。

（2）深度加工

将不同煤种、品质的煤炭进行粗加工、深加工和精加工，把煤炭加工成高附加值产品。

（3）高效利用

将各煤炭开采和洗选过程中产生的废弃物，如煤矸石、矿井水、煤泥、瓦斯和焦化气等进行综合利用，创造出较高的经济效益、环境效益和社会效益。

（4）循环发展

资源低开采、高利用、低排放、高收益，从而提高环境资源的配置效率。

煤炭资源的综合开采、深度加工、高效利用、循环发展是相互依存、相互促进、优化配置的过程，它能从根本上摆脱传统煤炭工业以大量消耗资源、牺牲环境为代价的发展模式，形成煤矿生产经营与矿区人口、资源、环境协调发展的新模式。

煤炭行业发展循环经济应该着重于两个创新，一个是科技创新，另一个是制度创新，使煤炭行业发展循环经济能够有内在的动力。我国目前国有煤矿的回采率是45%左右，而乡镇的小型煤矿只有30%，距离发达国家70%～80%这个水平相去甚远。在这方面发展循环经济有很多文章可做，有很多课题等待科研人员去破解，包括煤炭的勘探、开采、运输使用和使用后的废物处理等。减少瓦斯的排放和加强瓦斯的利用，就是个非常紧迫的问题，科研人员应该增强紧迫感，包括研发相关技术，推广高效瓦斯排放技术，开发低浓度瓦斯的回收、压缩技术，减少瓦斯的直接排放，研发适合我国瓦斯地质条件的钻井、压裂和其他工艺技术以及相关设备，探索大力发展瓦斯发电，使其化害为利，变废为宝。我国应该大力推广应用以煤矸石为主材建筑材料和从煤矸石废料中提取化工产品的工艺，使之产业化。在煤矿建设中应配套建设洗煤厂、煤矸石热电厂、矿井水处理站等。

5.4.2 火力发电

电力企业是我国当前发展循环经济的重中之重。火电厂是资源和能源消耗大户，也是污染物排放大户。2006 年我国耗煤量为 21.7 亿 t，其中火电厂就用煤 12.1 亿 t，占国内总消耗的 55.8%；我国每年 SO_2 的环境容量为 1 200 万 t，2005 年全国 SO_2 排放总量为 2 549 万 t，其中火力发电排放总量达 1 328 万 t，占全国排放总量的 52%，单是火电厂排放的 SO_2 就超过了全国环境容量，在全国各行业中居首位。另外，由于我国火电行业基本上以水力循环冷却为主，其耗水量和排水量也是十分惊人的。1 个百万千瓦的火电厂耗水量相当于 1 个中小城市的生活用水，在一些省市和地区，发电用水已占工业用水的一半。水资源短缺成为制约燃煤发电厂建设的重要因素。我国火电厂的生产模式是粗放型的。2005 年我国供电标准煤耗下降到了 374 g/（kW·h），但与世界先进水平相比，每千瓦·时仍然相差 50～60 g。从供电水耗量而言，2000 年发达国家发电水耗为 2.52 kg/（kW·h），而我国平均发电水耗为 4.13 kg/（kW·h），全年累计多耗水相当于损失一座巨型水库。由此可见我国电力工业发展循环经济，促进节能降耗的空间是很大的。

目前，电力行业的主要问题是结构不合理，煤电发展比重过大；电力工业科技含量有待提高；废弃物排放量大，造成严重环境污染等。这些问题直接或间接导致了我国电力工业能源利用效率低下，环境污染严重，增长模式粗放。此外，电力工业排放的大量粉煤灰，如不综合利用，也会造成扬尘，污染大气；如利用不当，还极易造成二次污染。电力工业能源消耗大、污染高的现状决定了其必须发展循环经济，提高能源利用效率和保护生态环境，同时提高自身经济效益。我国燃煤电厂循环经济实施途径主要有以下几种。

（1）改革生产工艺，更新生产设备

燃煤火电厂的污染主要来自燃烧过程，锅炉的燃烧方式直接影响污染物的排放。通过改进锅炉的设计，采用先进的燃烧设备，控制较好的燃烧状况，可以减少污染物排放，并提高热效率。如采用新型的流化床燃烧方式，不仅能燃用高灰分、高硫分和低热值煤，而且可以有效地控制 SO_2 的排放，降低 NO_x 的生成。我国低氮氧化物燃烧技术也发展很快，通过空气分级燃烧、尾气再循环等燃烧方式，控制燃烧温度，以减少燃烧过程中产生的 NO_x，使 NO_x 排放增长趋势得到了控制。

（2）提高资源、能源利用率

我国火电设备单机容量过小，造成能源效率低下，小机组的煤耗是 300 MW 机组的 6 倍甚至更大，且污染严重。只有发展高参数、大机组，逐步淘汰热效率低下、污染严重的小机组，才能优化火电结构，提高能源利用效率。

（3）延伸产品产业链，构建生态产业链网体系

按照生态链的形式对相关行业进行合理布局，形成产业共生系统。燃煤电厂锅炉燃烧产生的烟气经静电除尘器处理后，对收集的粉煤灰进行分级利用，对于高级的粉煤灰从中提取铁粉和碳粉，中级的粉煤灰则加工为生态水泥或加气混凝土等，低级的粉煤灰用于筑路和填埋。燃烧后产生的炉渣一般外销，作为水泥厂或者砖厂的原材料。

（4）发展环保技术，搞好末端治理

在今后很长一段时间内，末端治理仍将是污染治理的一项不可替代的重要手段之一。燃煤电厂对锅炉烟尘的治理，主要采用各种类型的除尘器：电除尘器、袋式除尘器、湿式除尘器及旋风除尘器等；烟气脱硫方面目前湿法工艺是世界上应用最多、最为成熟的技术，也是我国重点发展的脱硫技术，并有较大幅度降低工程造价的可能性。

（5）加强企业内部管理

燃煤电厂实施清洁生产，应转变重技术轻管理、重经济效益轻环境效益的错误观点。可通过清洁生产审核，寻找一切可能减少排放物和节约能源的机会，用无/低费方案创效益、用中/高费方案治污染；可在清洁生产审核的基础上建立起企业环境管理体系，使企业逐步向 ISO 14000 靠拢，最终达到要求并获得认证，早日获得进入国际市场的绿色通行证；要建立和完善清洁生产宣传、组织和管理制度，确定清洁生产机构的归属，以保证清洁生产的顺利进行。

5.4.3　煤化工

目前随着技术进步、市场发展和企业运行机制的变化，煤化工技术集成与联产在项目规划、设计中得到重视，如煤炭焦化与焦炉煤气发电或制取甲醇联产，煤气化—合成氨、合成甲醇与热电联产等。煤化工联产的特点是以成熟单元技术为基础；以提高能源和资源利用效率、优化产品结构、增强企业经济竞争力、减少污染物排放为目标；产品结构以化工产品或可替代石油的燃料为主、联产发电为辅，生产的电力主要供给工厂自用。

目前和今后较长一段时期，建设大型煤化工工厂会成为发展趋势，如百万吨级的煤液化工厂，300 kt 或以上的合成氨、甲醇工厂，炭化室高度 5 m 以上的大型炼焦炉等。在

大型工厂建设的基础上，规划建成大型煤化工产业基地，如神华煤液化、煤化工产业基地、宁夏宁东能源化工基地、山东兖矿煤化工基地等。在产业基地规划中一般包括有不同煤化工单元工艺，如煤焦化、煤液化、煤基甲醇及下游产品等。

大型煤化工基地建设注重采用当前国内外的新技术和新装备，如先进粉煤气化技术、高效催化合成技术和反应器、新型节能和环保技术等。涉及 CO_2 隔离、大规模燃料电池、高效气体分离、氢能储存等关键单元技术的基础研究和技术开发已在一些国家进行，我国在一些方面也进行了初步研究、探索和现场试验。开发新型高效、洁净煤基能源转化系统是未来能源科技的方向。

通过采用先进技术、不同工艺的集成联产发展大型煤化工，形成产业链的有效延伸和综合利用，提高资源、能源的利用效率，减少污染物排放，规模化集中治理污染，是未来煤化工产业发展的基本趋势。煤化工与建材、材料、发电、废热利用（包括种植、养殖等）等不同产业的工艺技术集成联产，形成资源和能源的循环利用系统，使整体系统具有灵活、高效的调整和运行功能，同时不对区域生态环境造成破坏和污染。

（1）焦化

煤焦化又称煤炭高温干馏。以煤为原材料，在隔绝空气条件下，加热到950℃左右，经高温干馏生产焦炭，同时获得煤气、煤焦油并回收其他化工产品的一种煤转化工艺。

为保证焦炭质量，选择炼焦用煤的最基本要求是挥发分、黏结性和结焦性；绝大部分炼焦用煤必须经过洗选，以保证尽可能低的灰分、硫分和磷含量。选择炼焦用煤时，还必须注意煤在炼焦过程中的膨胀压力。用低挥发分煤炼焦，由于其胶质体黏度大，容易产生实高膨胀压力，会对焦炉砌体造成损害，需要通过配煤炼焦来解决。

产品和用途：煤经焦化后的产品有焦炭、煤焦油、煤气和化学产品 3 类。

① 焦炭

炼焦最重要的产品，大多数国家的焦炭90%以上用于高炉炼铁，其次用于铸造与有色金属冶炼工业，少量用于制取碳化钙、二硫化碳、元素磷等。在钢铁联合企业中，焦粉还用作烧结的燃料。焦炭也可作为制备水煤气的原材料制取合成用的原料气。

② 煤焦油

焦化工业的重要产品，其产量占装炉煤的 3%～4%，其组成极为复杂，多数情况下是由煤焦油工业专门进行分离、提纯后加以利用。

③ 煤气和化学产品

氨的回收率占装炉煤的 0.2%～0.4%，常以硫酸铵、磷酸铵或浓氨水等形式作为最终产品。粗苯回收率约占煤的 1%。其中苯、甲苯、二甲苯都是有机合成工业的原材料。硫及硫氰化合物的回收，不但为了经济效益，也是环境保护的需要。经过净化的煤气属中热值煤气，发热量为 17 500 kJ/m^3（标况下）左右，每吨煤产炼焦煤气 300～400 m^3，其质量占装炉煤的16%～20%，是钢铁联合企业中的重要气体燃料，其主要成分是氢和甲烷，可分离出供化学合成用的氢气和代替天然气的甲烷。

焦炭的主要用途是炼铁，少量用作化工原料制造电石、电极等。煤焦油是黑色黏稠性的油状液体，其中含有苯、酚、萘、蒽、菲等重要化工原料，是医药、农药、炸药、染料等行业的原材料，经适当处理可以一一加以分离。煤焦油中所含环状有机物可以说是煤的“碎片”。此外还可以从煤焦油中分离出吡啶和喹啉，以及马达油和建筑及铺路用的沥青等。从煤焦油里分离鉴定的化合物已有400余种。从炼焦炉出来的气体，温度至少在700℃，其中除了含有可燃气体CO、H_2、CH_4之外，还有乙烯（C_2H_4）、苯（C_6H_6）、氨（NH_3）等。在上述气体冷却的过程中氨气溶于水而成氨水，进而可加工成化肥；苯等芳烃化合物不溶于水而冷凝为煤焦油；乙烯等沸点高的气体，根据煤气的不同用途酌情处理。总之，煤经过焦化加工，使其中各成分都能得到有效利用，而且用煤气做燃料要比直接烧煤干净得多。

中国的炼焦技术已进入世界先进行列，大容积焦炉（炭化室高6 m）已实现国产化，大中型机械化焦炉发展很快，炭化室为4 m以上的焦炉达300多座，干熄焦、地面除尘站等环保技术已进入实用化阶段；化学产品回收加强；淘汰小型焦炉、土焦及改良焦炉的工作进展显著。污染控制是当前焦化工业发展的迫切问题，应严格取消土法炼焦，建设大型焦炉替代工艺落后、污染严重的中小型焦炉，推动大型和新建的焦炉采用先进的污染治理技术，切实做好环境保护。

（2）煤气化制合成氨与甲醇及下游产品

① 煤气化制合成氨

中国的合成氨工业始于20世纪30年代，20世纪50年代初期生产能力不足6 kt/a；20世纪50年代中期以引进技术为主建设了若干中型合成氨厂；20世纪60年代和70年代以国内技术为主大力发展中、小型厂；20世纪70—90年代引进一批大型合成氨装置；20世纪80—90年代末又对已有的大、中、小企业进行了大量技术改造。截至2004年，年产300 kt以上的大型合成氨生产装置有30套，40 kt/a以下的小型装置有700多套，中型装置有55套，总生产能力约为41.60 Mt/a，其中大、中、小型装置的产能分别占21.6%、11.1%和67.3%。

采用煤（焦）为原料的合成氨装置是：大型装置有2套，分别采用加压鲁奇炉和水煤浆德士古气化炉；中型装置有34套；小型装置中约96%的装置以固定床间歇煤气化技术为主。目前，共计约有4 000台煤气化炉，每年消费原料煤（或焦炭）4 000多万t，合成氨产量占总产量的65%左右。中小型合成氨普遍采用的固定床间歇煤气化技术炉型老化、技术落后、能源利用效率低、原料价格高，是亟须进行技术改造的重点，如加快推广富氧连续气化、流化床碎煤气化、粉煤气流床气化等技术。

随着农业的进一步发展和提高，作为氮肥和其他复合肥料的中间产品，我国合成氨产量将稳步增加。未来合成氨工业的发展趋势是新建大型生产装备，条件较好的中小型企业采用先进的煤气化技术进行改造和扩大生产能力，淘汰低水平、高能耗、低效率、高成本、污染大的小型企业。

原材料选择是中国建设合成氨—氮肥企业的重要问题，目前大型企业的技术改造方向之一是"油改煤"；未来新建大型合成氨企业，除少数靠近天然气产地、原材料价格较低的企业或地区外，煤炭依然是其合成氨的主导原材料。在煤炭资源丰富、煤炭价格较低的地区，建设大型先进的气流床煤气化技术生产合成氨在中国已有成熟的经验，也有较好的市场竞争优势，煤气化—合成氨仍将是未来发展的方向。

② 煤气化制甲醇及下游产品

中国甲醇工业已有40多年历史，中国煤炭资源丰富，价格相对较低，在煤炭产区建设甲醇企业生产成本较低，关键在于利用先进的煤气化、煤气净化和催化合成等技术，特别是利用高硫煤资源，形成较大规模的、集成先进技术为支撑的甲醇生产体系。甲醇是重要的基础化工原料，其下游产品有醋酸、甲酸等有机酸类，醚、酯类各种含氧化合物，乙烯、丙烯等烯烃类，合成汽油、二甲醚等燃料类等。结合市场需求，发展国内市场紧缺，特别是可以替代石油化工产品的甲醇下游产品是未来大规模发展甲醇生产、提高市场竞争能力的重要方向。今后甲醇消费仍然以化工需求为主，需求量稳步上升；作为汽油代用燃料，主要方式以掺烧为主，局部地区示范和发展甲醇燃料汽车，消费量均有所增加。

甲醇下游消费构成以生产化工品为主，其中甲醛生产约占30%，汽油添加剂（MTBE）约占9%，醋酸合成约占7%，其余还有农药、医药、甲胺等，用作燃料的占10%～15%。

由合成气一步法制取二甲醚的技术目前尚处在研究和开发示范阶段，目前工业上主要采用甲醇脱水二步法生产二甲醚的工艺路线。作为车用发动机燃料和LPG替代品是拉动二甲醚工业发展的主要方向。目前，二甲醚作为汽车燃料的研究和试验正在进行，因为涉及建设专门储运系统和发动机改造等问题，其试验和示范主要针对公交、出租类特殊车辆并限制在局部地区。由于目前尚缺乏运输、储存、燃烧等配套方法及装备的系列标准，故替代LPG作为城镇民用燃料的试验和应用在局部地区进行。今后几年，二甲醚工业生产能力将以较快的相对速度发展，需要尽快完善储运和用户使用方法及装备的配套研究和建立标准体系，同时应加强对新建项目市场、规模和经济性对比等方面的研究论证。

（3）煤直接液化与间接液化

煤液化可得到质量符合标准，含硫、氮很低的洁净发动机燃料，无须改变发动机和输配、销售系统即可直接供给用户。煤液化分煤直接液化和间接液化两种，产品主要以汽油、柴油、航煤以及石脑油、丙烯等为主，产品市场潜力巨大，工艺、工程技术集中度高，是中国新型煤化工技术和产业发展的重要方向。近年来，两种技术在研究开发和大规模工程示范方面均得到发展。

煤直接液化于 50 年前已实现工业生产，新工艺研发在国外已有近 30 年的历史。国外积累了从基础工艺研究到中间试验的大量经验。我国国内研究已有 20 多年，2002 年以来，开发成功高分散加氢液化催化剂；结合 1 Mt/a 示范工程的工艺优化试验，形成“神华煤直接液化新工艺”，并作为工业示范工程的工艺基础。神华集团 1 Mt/a 煤直接液化示范工程于 2002 年 8 月批准可行性研究，目前已建成，该工程主要特点是设备超大型化，日处理原料煤能力达 6 kt，采用先进的液化工艺和新型高效液化催化剂；采用先进成熟的单元工艺技术并进行优化组合。

煤间接液化于 50 年前亦已有相关工厂运行，南非萨索尔（SASOL）公司于 1955 年、1980 年、1982 年相继建成投产了 3 个工厂并一直运行至今，其间不断取得鲁奇煤气化、F-T 合成等大型工业化的技术进步。中国煤间接液化技术研发已有 20 多年，中国科学院山西煤化所于 2002 年建成 1 000 t/a 合成油品开发装置，经多次运行取得了成果。兖矿集团于 2004 年建成 10 kt/a 装置并投入了运行试验。神华集团煤间接液化项目拟建于陕西省榆林市，一期工程产品产量为 3 Mt/a，引进先进的煤气化技术和 F-T 合成技术，产品考虑以油品（石脑油、柴油、航空煤油等）和化工品（石蜡、聚丙烯和含氧化合物等）相结合（范维唐等，2005）。

第 6 章　能源化工基地生态风险管理

本章述评了生态风险评价的国内外研究现状，梳理了生态风险评价的基本理论和方法，建立了能源化工基地生态风险评价指标体系框架、生态风险计算及等级划分方法，提出了生态风险管理对策。

6.1　国内外研究现状

6.1.1　国外研究现状

20 世纪 30—80 年代，风险评价处于萌芽时期，风险源以意外事故发生的可能性分析为主，主要采用毒物鉴定方法进行健康影响分析，没有明确的风险受体、暴露评价和风险表征，整个评价过程以简单的定性分析为主。萌芽末期，毒理学家开发了一些定量的方法进行低浓度暴露条件下的健康风险评价（NRC，1994）。风险评价最初应用于环境领域，并以美国原子能委员会提出的《大型核电站中重大事故的理论可能性和后果》的研究报告（Thorteical，1975）为主要代表，其目的在于减少核电工程事故的风险损失。1975 年，人类环境国际科学家大会于日本东京召开，会议上 Walter 提出环境影响评价的内容应包括对政策意外失误的影响分析，并应阐述适宜的应急计划，该观点被 Hilborn 应用到渔业发展中政策失败的后果分析（陈辉等，2005）。风险评价萌芽时期的理论探讨和实践应用为其后来发展奠定了良好基础。

20 世纪 80 年代至今，由环境影响评价发展而来的风险评价方法与技术开始逐渐兴起，并日趋成熟。1992 年，美国环境保护局（EPA）率先提出了生态风险评价的定义，即衡量由于一种或多种压力所造成的，已经发生或正在发生的不利生态效应的可能性过程。之后，众多专家和学者在此基础上，对生态风险评价进行了重新定义，但其核心思想依旧是强调生态风险的危害性和不确定性（Lackey，1994；Sergeant，2002）。这一时期的风险评价主要特征表现为研究方法由定性分析趋向于定量评价；评价过程系统化，分为 4 个关键步骤：危害鉴别、剂量—效应关系、暴露评价和风险表征；进一步明确了风险源和风险受体。风险评价发展阶段的另一大特征是将人体健康作为风险受体引入评价体系。1981 年，美国橡树岭国家实验室在受美国环境保护局委托进行综合燃料的风险评价中提出了一系列针对组织、种群、生态系统水平的生态风险评价方法（Barnthouse et al.，1987；Hunsaker et al.，1990），并将此方法推广到人体健康的致癌风险评价中，确定生态风险评价应该估计那些可以明确表述影响的可能性，并强调相应的组织水平。1983 年，美国国家研究委员会（NAS）提出风险评价框架，其核心内容也是围绕人体健康与安全，它指出生态风险评价不但要有可以明确表述影响的可能性，而且要有一个包含标准方法途径的明确框架。1990 年，NRC 成立的风险评价方法委员会（CRAM）在进行广泛案例研究（涉及有毒化学物调节、濒危物种保护、控制外来物种引入、自然资源管理等）的基础上，将人体健康评价与生态评价容纳到新的框架中。在技术层面上，Johnson（1988）通过微观实验，对比受到化学毒害和没受化学毒害的系统动态，采用“状态空间”的办法，解决了风险影响结果的表达问题；Barnthouse 等（1987）采用种群模型进行化学毒性对种群和生态系统的影响分析，表明化学毒理的生态影响是可模拟的。

1990 年，美国环境保护局提议在风险因子中加入非化学压力因子，压力因子由单一的化学物质、放射性物质，发展到自然因子（如生境丧失、淤积等），进而扩展到多种压力因子及可能造成生态风险的事件，风险受体也从人体发展到种群、群落、生态系统、流域景观水平，区域生态风险评价逐渐兴起。1998 年，美国环境保护局在经过一系列专题和案例研究后，总结发布了生态风险评价的新框架。区域生态风险评价与一般生态风险评价不同，其更加重视空间要素配置对生态风险过程的影响，主要考虑景观空间结构对暴露过程和危害过程的影响(Graham et al.,1991)。Landis 等(1997)和 Wiegers 等(1998)提出区域生态风险评价的关键因素应包括多种风险源、历史事件、空间结构和多个生态终点，虽然适宜的空间统计和确定性分析方法还需进一步发展，但景观尺度的生态风险评价已成为可能。为实现区域多风险源的综合评价，区域相对风险评价模型(Relative Risk Model，RRM）应运而生（Burton et al.，2002），RRM 以因子权重法为基础，目前已成功应用于多种不同的区域生态风险评价领域。

风险评价经过近 40 年的发展，呈现出以下几大转变：① 评价热点逐渐从人体健康评价转入生态风险评价；② 风险压力因子从单一的化学因子，扩展到多种化学因子及可能造成生态风险的事件；③ 风险受体从人体发展到种群、群落、生态系统、流域和景观水平；④ 多风险压力和多风险受体的情况逐渐增多，生态风险评价的时空尺度不断拓展，单一压力源对单一受体的风险评价已经逐渐走向区域生态风险评价。

当前，生态风险评价框架主要有 3 类模式：① 美国模式，特点表现为生态风险评价与环境管理密切关联，为环境管理部门服务；② 澳大利亚模式，其生态风险评价的内容主要集中于土壤污染，评价框架包括问题识别、受体识别、暴露评价、毒理评价和风险表征 5 部分；③ 欧洲模式，其主要特点是强调考虑社会意见或需求，以预防为主，并建立风险评价指标，用数值来表示可接受的风险大小（Power et al.，2002）。

目前较为常见的区域生态风险评价方法有相对风险模型、3MR（multi-media、multi-pathway、multi-receptor）风险评估方法、因子权重法（weight of evidence，WOE）、基于空间统计和地统计的区域生态风险模型评价法以及基于景观原理的区域生态风险评价法（卢亚灵等，2010；颜磊等，2010）。

上述研究方法中包含了定性和定量评价的选择，通常定性评价用低、中、高或者有/无来说明风险等级，但定性评价不满足透明性和可重复性原则，所以在数据和信息量充足的情况下要进行定量评价，不过定量评价的所有推断都依靠统计模型，这决定了它本身的不客观性。实践中，一般采用两者相结合的评价方法，如常用的定性和定量的转换方法有层次分析法、专家打分法等。

6.1.2 国内研究现状

国内生态风险评价研究起步较晚，自 20 世纪 90 年代开始起步，我国学者对生态风险评价的研究主要集中在两个方面：① 水环境化学生态风险评价；② 区域和景观生态风险评价。对水环境化学生态风险评价的研究主要集中在营养盐富集、有毒有机化合物以及重金属等的生态效应，这一类研究已经较为成熟，在国内开展较多，如分析乐安江和海河等区域沉积物中重金属的潜在生态风险（刘文新等，1999；王胜强等，2005）；以有机氯农药和多环芳烃为主要目标化合物，分析疏浚湖区底泥中典型持久性有机污染物的蓄积规律和对生态的潜在风险（张路等，2007）；分析滴滴涕对太湖经济鱼类危害的生态风险（赵肖等，2008）。而区域和景观生态风险评价相关研究才刚刚起步，当前景观生态风险研究着重从景观结构和生态风险空间范围上进行分析，主要应用景观生态学方法，构建综合风险指数和景观损失指数，通过对结果进行分析，揭示区域生态风险分布特征（曾辉等，1999；荆玉萍等，2008）。当前国内区域生态风险评价还侧重地区性单一风险要素的生态风险评价，如结合干旱区域生态系统特点，以河西走廊荒漠绿洲水土资源综合开发利用为例，建立了生态风险评价与风险决策耦合模型（李自珍等，1999），该模型主要应用于干旱区农田盐渍化生态风险评价。

国内生态风险评价由于缺乏长期连续的野外观测数据，因此多从自然地理要素和环境本底数据入手，建立评价指标体系，然后进行区域生态风险的分级与空间差异性分析。相比国外生态风险评价的研究，国内研究更加宏观，在未来的研究中，我们可以借鉴国外生态风险评价的经验，加强野外长期的观测，微观与宏观方法相结合，从而更全面地对生态系统风险进行评价。

20 世纪 90 年代以来，我国不同行业相继颁布了与生态风险相关的指导性文件，主要包括：①《规划环境影响评价技术导则　煤炭工业矿区总体规划》（HJ 463—2009），适用范围主要是煤炭工业矿区总体规划环境影响评价，以及煤、电一体化，煤、电、化工一体化等专项规划环境影响评价中的煤炭开发规划环境影响评价；②《环境影响评价技术导则　生态影响》（HJ 19—2011），适用范围主要是建设项目对生态系统及其组成因子所造成的影响的评价以及区域和规划的生态影响评价；③《建设项目环境风险评价技术导则》（HJ/T 169—2018），适用范围是涉及有毒有害和易燃易爆物质的生产、使用、贮运等的新建、改建、扩建和技术改造项目（不包括核建设项目）的环境风险评价；④《生态环境状况评价技术规范》（HJ/T 192—2015），适用范围是县级以上区域生态环境现状及动态趋势的年度综合评价。可见，生态风险评价方面的技术指导性文件相对缺失。

目前，在区域生态风险评价方面的研究大都是在美国环境保护局于1998年公布的《生态风险评价指南》基础上发展起来的，例如，付在毅等（2001）将区域生态风险评价的方法步骤概括为研究区的界定与分析、受体分析、风险识别与风险源分析、暴露与危害分析、风险综合评价以及生态风险管理对策6个部分。

6.2　生态风险评价理论与方法

6.2.1　相关概念

①风险。遭受损失、损伤或毁坏的可能性，风险大小以风险度或风险值表征。风险度通常定义为随机事件X的标准差θ（x）与其均值E（X）的比值，即$R=\theta(x)/E(X)$。显然，它代表了随机事件的分散程度，风险度越大，其风险就越大。

②生态风险。生态风险就是指在一定区域内，具有不确定性的事故或灾害对生态系统及其组分可能产生的作用，这些作用的结果可能导致生态系统结构和功能的损伤，从而危及生态系统的安全和健康。

③生态风险评价。评估暴露于一种或多种压力因子后，可能出现或正在出现的负面生态效应的可能性过程。

④区域生态风险评价。在区域尺度上描述和评估环境污染、人为活动或自然灾害对生态系统及其组分产生不利作用的可能性和大小的过程。

⑤生态风险源。又称为压力或干扰，指可能对生态系统产生不利影响的一种或多种化学的、物理的或生物的风险来源。这些风险源可以是人为活动产生的，如污染物排放、施用杀虫剂或除草剂、修建大坝、疏浚河道、引入外来物种等；或来源于自然灾害产生的压力，如洪涝、干旱、地震、沙尘暴等。目前大部分生态风险评价研究集中在化学污染物方面。

⑥风险源描述。对各种潜在风险源进行定性、定量的分析，确定潜在风险发生的概

率、强度、时间和位置。

⑦生态风险受体。指风险评价中生态系统可能受到来自风险源不利作用的组成部分。

⑧生态终点。在具有不确定性的风险源作用下，风险受体可能受到的损害，以及由此而发生的区域生态系统结构和功能的损伤。

⑨风险暴露。胁迫因子对生态受体的影响或侵害过程，即相互接触或者共存。

⑩风险表征。整合风险源暴露信息和生态受体对胁迫因子效应信息，评价胁迫因子暴露所引起不利效应发生可能性的过程。风险表征包括 2 个方面的内容，即风险测算与风险描述。风险测算是对暴露特征和胁迫-响应关系进行综合分析，定量或定性地表征污染物对生态系统产生的风险，并总结相关的不确定性。风险描述则是对风险评价结果中关键信息进行解读，综合各阶段获取的信息，筛选确定对生态受体评估重点造成不利影响的污染物，并明确提出基于保护整个生态系统物种或筛选确定的具有保护价值的生态物种的污染物阈值。

⑪暴露表征。评价生态受体对胁迫因子暴露途径与暴露剂量的过程。重点关注各项胁迫要素的来源、在环境中的分布以及使生态风险受体受到胁迫的可能性。

⑫风险管理。如何在一个肯定有风险的环境里把风险降到最低的管理过程。根据风险评价结论，即是否存在风险或风险的程度，由场地风险管理者进行决策，综合当地背景浓度修复技术可行性和修复成本等相关因素，提出可行的风险管理措施。

6.2.2 评价模型

基于风险度量的基本原理、公式，构造区域生态风险评价中综合生态风险值的计算模型，见式（6-1）。

$$R = P \cdot D \tag{6-1}$$

其中，R——综合生态风险值；

P——各类生态风险源的发生概率；

D——该风险源造成的损失占总损失的比例。

（1）生态风险事件发生概率

生态风险评价可分为预测性生态风险评价和回顾性生态风险评价两类。预测性生态风险评价是指事件或行动尚未发生，预测事件发生后或行动实施后可能出现的风险的评价过程；回顾性生态风险评价是指事件已经发生，或行动已经实施，判断其可能出现的不利后果。

（2）生态损失度

对于生态风险评价中生态损失度的度量，目前没有统一的计量方法，本书从影响生态损失度大小的各个因素来最终确定生态损失度的评价指标。不同的生态系统在维护生物多样性、保护物种、完善整体结构和功能、促进景观结构自然演替等方面的作用存在差别，不同生态类型对外界干扰的抵抗能力也不尽相同；同时，相同的生态系统在遭遇不同强度的生态风险时，所受的损失也大不相同。经上述分析，生态损失度主要由两方面因素决定，即生态系统脆弱性和生态风险源。

生态系统脆弱性是指生态环境对外界干扰抵抗力弱，在被干扰后恢复能力低，容易由一种状态转变为另一种状态，而且一经改变很难恢复到初始状态的性质。生态系统脆弱性是生态环境要素自身的脆弱，即由系统自身结构决定，主要体现在系统自身的不稳定性和敏感性，是内因，可称为结构脆弱性。生态风险源是生态系统的外界干扰因素，即外部环境扰动对生态系统造成的不利影响，是外因，也是导致系统脆弱的主要驱动力，可称为胁迫因子。生态损失度是以上两种因素耦合的结果。

6.2.3 源项分析

源项分析是指对区域中可能对生态系统或其组分产生不利作用的干扰进行识别、分析和度量的过程，具体可分为风险源识别和风险源描述两部分。源项分析还要求对各种潜在风险源进行定性、定量和分布的分析，以便对各种风险源有更为深入的认识。这种分析一般根据区域的历史资料以及某一干扰发生的环境条件等因素进行。

（1）风险源识别

风险源又称为压力或干扰，是指可能产生不利的生态影响并具有不确定性的一种或者多种风险来源，包括化学、物理、生物或者社会经济因素，如气象、水文、地质等方面的自然灾害，污染物排放、生境破坏、物种入侵以及严重干扰生态系统的人为活动，甚至社会、经济、政治、文化等因素。

生态风险识别方法包括头脑风暴法、专家咨询法、德尔菲法以及人工神经网络法等。其中，专家咨询法是最常用的风险识别方法，它借助于专家的经验，通过沟通咨询的方式去分析和识别项目的风险；德尔菲法是一种常用的技术测定法，包括设计调查表、选择应答专家、征询专家意见 3 个基本步骤，具有经济性、匿名性、客观性等优点，因而具有广泛的应用性；人工神经网络法是模拟人脑生物过程的人工智能技术，特别适于对因果关系复杂的非确定性推理、判断、识别和分类等问题的处理。

（2）风险源描述

风险源描述是指对各种潜在风险源进行定性、定量的分析，以便对各种风险源有更为深入的认识，并能确定潜在风险发生的概率、强度、时间和位置。

6.2.4 受体和终点

（1）生态风险受体的选择

受体，即风险承受者，指生态系统中可能受到来自风险源的不利作用的组成部分，它可能是生物体，也可能是非生物体。通常选取那些对风险因子的作用较为敏感或在生态系统中具有重要地位的关键物种、种群、群落、生态系统组分乃至生态系统类型作为风险受体，用受体的风险来推断、分析或代替整个区域的生态风险。恰当地选取风险受体，可以在最大限度上反映整个区域的生态风险状况，又可达到简化分析和计算、便于理解和把握的目的。水体、土壤、大气、生物 4 个生态系统基本能够承受能源化工基地所有出现的风险，故确定该 4 个生态系统为能源化工基地的生态风险受体。

（2）生态风险终点的确定

生态终点是与受体相关联的一个概念，指在具有不确定性的风险源作用下，风险受体可能受到的损害，以及由此而发生的区域生态系统结构和功能的损伤。对于生态风险评价，灾难必须是具有生态学意义或社会学意义的事件，它应具有清晰的、可操作的定义，便于预测和评价。这就要求生态灾难是可以量度和观测的。对陆地生态系统来说，潜在的生态灾难包括植被覆盖率的变化、生产力的变化及物种的出现和消失等。景观生态学中与干扰相关联的、能反映生态系统概念及过程的景观格局指标，如优势度、蔓延度、破碎度等，在区域生态风险评价中也可用以度量生态灾难。

6.3 生态风险评价

生态风险评价是伴随着环境管理目标和环境观念的转变而逐渐兴起并得到发展的一个新的研究领域，它利用环境学、生态学、地理学、生物学等多学科的综合知识，采用数学、概率论等风险分析技术手段来预测、分析和评价具有不确定性的灾害或事件对生态系统及其组分可能造成的损失。因此，其评价指标的筛选与产业类型、生产过程、生产规模、环境脆弱度、环境因子等密切相关。

能源化工基地生态风险评价既包括预测性生态风险评价，又包括回顾性生态风险评价，因此，应该从生态风险发生的原因本身来分析评价能源化工基地的生态风险。影响能源化工基地生态风险发生概率的因素主要有两个方面：一是能源化工基地的产业规模，在其他影响因素相同的情况下，能源化工基地产业规模与生态风险事故发生的概率呈正相关。二是煤化工产业的生态风险管理水平。能源化工基地煤化工产业的生态风险管理水平也是影响生态风险事故发生概率的重要因素之一，二者也呈正相关。对于煤化工产业而言，其生态风险管理水平高低取决于清洁生产水平及危险化学品管理和自然资源管理状况。

6.3.1　评价过程

在不同的历史时期，学者们对生态风险评价过程的理解有一定差异。有学者认为生态风险评价包括 4 个部分：危害评价、暴露评价、受体分析和风险表征。殷浩文（1995）将水环境生态风险评价过程分为 5 个基本部分：源分析、受体评价、暴露评价、危害评价和风险表征。Barnthouse 等（1987）认为，生态风险评价一般程序中主要包括 7 个步骤：选择终点、定性和定量描述风险源、鉴别和描述环境效应、采用适宜的环境迁移模型、评价暴露的时空模式、定量计算生物暴露水平与效应之间的相关性和综合以上步骤而得的最终风险评价结果。

目前，世界各地进行的生态风险评价，大多以美国环境保护局 1998 年颁布的《生态风险评价指南》为基础，大体分为提出问题、分析问题、风险表征 3 个阶段，如图 6-1 所示。

（1）第一阶段：提出问题

在这一阶段，需要明确评价的目的，确定分析和表征风险的计划。通过综合各种可以利用的信息，如风险源、胁迫因子、效应、生态系统和受体特征等，筛选评价终点和概念模型。

（2）第二阶段：分析问题

在这一阶段里，评价者利用数据评价确定胁迫因子的来源及其在环境中的分布以及使生态风险受体受到胁迫的可能性（暴露表征）；在暴露的前提下，预测胁迫因子暴露造成生态损害的可能性（生态效应表征）。首先分析暴露、效应、生态系统和受体特征等数据。其次分析数据并表征潜在或实际的暴露性质，以及在概念模型中的环境下的生态反应。

（3）第三阶段：风险表征

风险表征是风险评价的最后一步，是计划编制、问题阐述以及分析预测或观测到的有害生态效应和评价终点之间联系的总结，包括风险估算、风险描述和风险报告 3 个主要部分（阳文锐等，2007）。风险估算是整合暴露和效应的数据以及评估其中不确定性的一个过程。估算方法包括实地观测、直接分级、单一点的暴露和效应的比较、比较综合整个胁迫-响应的关系、比较综合暴露和效应的可变性、过程模拟等。

提出问题、分析问题、风险表征是一个环环相扣的连续过程，框定了生态风险评价的基本轮廓和步骤。风险本身的不确定性决定了生态风险评价过程常常会出现反复。在分析或风险表征过程中，评价者一旦认识到原本不了解的事物或收集到了新的数据，就需要对“提出的问题”进行重新审视，收集和分析新的数据，需要开展新一轮评价。

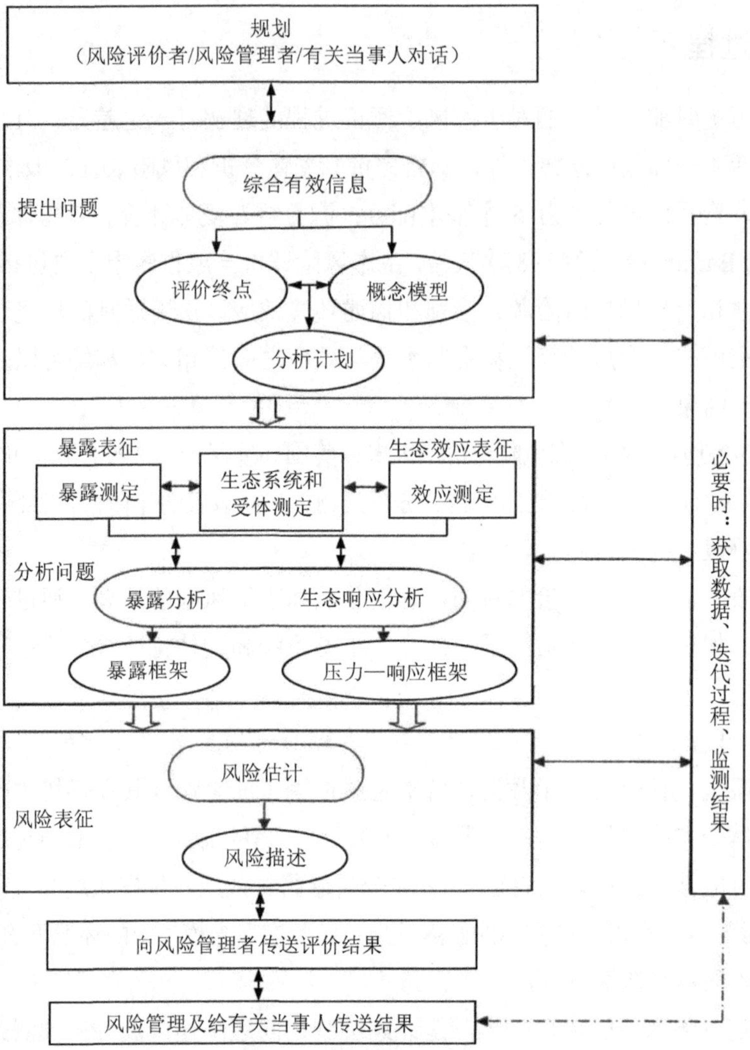

图 6-1 美国生态风险评价流程（USEPA，1998）

6.3.2 评价方法

Lackey（1994）概括了与环境监测和评价相关的 5 种生态风险评价基本方法：动物毒性法、生态健康法、模拟法、专家判断法和政治过程法或混合法。其中，动物毒性法和生态健康法是生态风险评价中占优势的两种方法。瑞典学者 Hakanson（1980）提出了生态风险指数法，不仅反映了某一特定环境下沉积物中各种污染物对环境的影响，反映了环境中多种污染物的综合效应，而且用定量方法划分出了潜在生态风险程度，因而生态风险指数法是沉积物质量评价中应用最为广泛的方法之一。

韩丽等（2001）将生态风险评价的方法按照风险产生的原因进行分类：生物工程引

起的生态风险评价方法、生态入侵引起的生态风险评价方法，以及人类活动引起的生态风险评价方法。欧晓明等（2003）将生态风险评价方法主要确定为计算机模拟模型、回归技术和参数模型，其中，比较简单的方法就是从生物群落中随机抽取一个物种，评价其暴露于一定毒性标准［LC_{50}（半数致死浓度），NOEC］以上农药浓度时的死亡概率值，然后根据大于 LC_{50} 或 NOEC 的最大允许概率来评价最大允许浓度。尚天成等（2003）根据评价的阶段对各种方法进行分类：在生态风险辨识阶段，常用的方法有专家调查法、故障树分析法、幕景分析法和筛选—监测—诊断技术；在生态风险估计和评价阶段常用的方法有调查和专家打分法、风险报酬法、风险当量法、解析法、蒙特卡罗模拟法以及 CIM 模型。衷平等利用主成分分析法、改进的灰色关联法筛选敏感性风险因子。夏建新等（2003）利用绿色 GNP 评价体系对社会经济系统的稳定性和生态风险进行评价。陈鹏等（2003）利用景观格局分析法对干旱区内陆流域区域进行生态分析。

从生态风险评价的目的来看，其方法研究可分为优先权、建立标准或指南、为管理进行风险评价 3 类；从生态风险评价的准确程度出发，可分为定性和定量 2 类研究方法。目前应用较多的是生态风险评价的定性和定量方法。

生态风险评价的定性研究，可用具有少量定量信息的效应影响做出评价，为决策过程的调查研究获取多层次的信息资料。通常建立优先权时，无论是筛选过程或是排序过程，均可利用定性方法。定量研究可分为商值法和暴露—反应法两种。最常用的商值法（比率法），可确定某一特定的环境污染水平是否有生态学相关性。为保护某一特殊受体设立参照浓度指标，然后与估测的环境浓度相比较。超过参照浓度的环境浓度就被认为具有潜在有害影响。为确定风险的“是”与“否”常采用商值法，可用于筛选水平的评价。1%的成体死亡率是一个可接受的急性效应指标，用作可接受的风险相关水平，在推导参照浓度指标的过程中获得。商值法费用相对低，依据较易获得的 LC_{50}、LD_{50} 指标（半数致死剂量），因此适于建立优先权和发展建立标准。

概率风险评价是传统生态风险评价的外延，它把可能发生的风险依靠统计模型以概率的方式表达出来，这样更接近客观的实际情况（Brain et al.，2006）。概率风险评价方法是将每一个暴露浓度和毒性数据都作为独立的观测值，在此基础上考虑其概率统计意义。在概率风险评价中，暴露评价和效应评价是两个重要的评价内容。暴露评价试图通过概率技术来测量和预测研究的某种化学品的环境浓度或暴露浓度，效应评价是针对暴露在同样污染物中的物种，用物种敏感度分布来估计一定比例的物种受影响时的化学浓度。暴露浓度和物种敏感度都被认作来自概率分布的随机变量，二者结合产生了风险概率。

暴露—反应法用于估测某种污染物的暴露浓度产生某种效应的数量。暴露—反应曲线可估测风险。估测某种污染物的暴露浓度直接影响结果，如引起鱼类数量分别减少 10%、20%、100%的暴露浓度。暴露—反应研究适用于估测风险发生的数量，以支持建立某种标准或进行风险管理分析。暴露—反应法也曾被用于建立优先权。

对于评价群落和生态系统水平的效应方面，常用两种研究途径。

第一种为直接评价群落和生态系统的功能与结构变化（如种群多样性或初级产生力），被称为“由顶向下”。由于生态入侵导致的危害往往发生于生态系统水平、景观水平及区域水平上，故其风险评价应是大范围的。物种层次的生态风险评价是生态系统评价的基础，即引种前先做详细的调查分析，分析引入种的表型或生理特征及入侵能力、繁殖能力、竞争能力、生态学影响等，测定其合适度、种群增加速度，再对本地环境相关方面进行描述。将上述资料与数据综合起来，用描述和图解或模型的形式来表示判断风险度和或然率，也可以并入一些主要参数来做模型用于对包括随机成分在内的危险程度的判断。

第二种为“由底向上”，利用在实验室获取的较低层的组织水平效应（如个体死亡率）的研究结果，推导群落或生态系统变化模型。目前，转基因植物的释放对环境影响的问题，越来越多地引起了人们的重视。因为转基因作物本身可能变为杂草或使其野生近缘种变为杂草，同时也存在产生新病毒甚至超病毒的可能性。如果转基因生物有很高的适合度和竞争能力，就可能引起种群暴发，破坏生物多样性，从而改变生物群落的结构，影响生态系统的能流和物质循环（Carter et al.，1996；Chapilll et al.，1997）。生物技术（转基因）引起的风险目前主要的评价方法是应用微宇宙法（Microcosm）。所谓微宇宙法就是可以控制和复制的实验系统，它能模拟真实环境的一部分。转基因微生物在小规模田间试验之前先在微宇宙中评价其存活状况、基因转移潜力以及生态效应。其优点有体积小，可重复，有真实的物理、化学和生物相互作用，可以估计生态影响，而且整个装置都可以灭菌。

第一种途径的优点是具有直接性，而缺乏有关群落和生态系统变化的生态毒理学资料。第二种途径是利用计算机和生物个体或种群对化学品的反应实验数据，评价群落水平的效应，其优点是可为生态系统中不同组分之间的传递效应做出预测，建立模型。

6.3.3 评价指标体系框架

根据能源化工基地特点，本书选择年生产能力，作业方式，区域生态脆弱度，区域生态重要性，土地占压率，塌陷指数（煤矿），开采面积比例（煤矿），$SO_2/NO_x/PM_{2.5}$对大气的影响，灰渣场扬灰对大气受体的影响，SO_2/NO_x沉降对水受体的影响，废水、废热对水受体的影响，水资源利用对地下水埋深的影响，SO_2/NO_x对土壤受体的影响，灰渣堆放对土壤受体占压的影响，SO_2/NO_x对生物受体盖度的影响，噪声对生物多样性的影响，生境占用对景观破碎度的影响 17 个评价指标。

依据能源化工基地产业链的生产过程，按照生态风险评价和管理的理念，结合能源化工基地生态风险源确定和风险受体、终点的选择，参考国内外相关文献，建立了能源化工基地“自下而上的枝状”评价体系框架，见表 6-1。以基地或行业生态风险综合指数 R 的计算为最终目标，下设风险概率 P 和生态损失度 D 为子目标层。一般地，风险概率 P 包括 2 个准则层 7 个指标，生态损失度 D 一般包括 4 个准则层 10 个指标，也可根据实际情况增加准则层和指标。该体系可用于评价能源化工基地的生态风险等级，也可对能源化工基地中单个产业（或企业）的生态风险进行评价。

表 6-1　能源化工基地生态风险评价指标体系

目标层		准则层	指标层
基地或行业生态风险综合指数 R	风险概率 P	生产规模	年生产能力
			作业方式
		区域背景	区域生态脆弱度
			区域生态重要性
			土地占压率
			塌陷指数（煤矿）
			开采面积比例（煤矿）
	生态损失度 D	大气受体	$SO_2/NO_x/PM_{2.5}$ 对大气的影响
			灰渣场扬灰对大气受体的影响
		水受体	SO_2/NO_x 沉降对水受体的影响
			废水、废热对水受体的影响
			水资源利用对地下水埋深的影响
		土壤受体	SO_2/NO_x 对土壤受体的影响
			灰渣堆放对土壤受体占压的影响
		生物受体	SO_2/NO_x 对生物受体盖度的影响
			噪声对生物多样性的影响
			生境占用对景观破碎度的影响
		其他特征受体	……

6.3.4　生态风险值计算及等级划分

首先，采取层次分析法（AHP）并结合模糊评价法计算能源化工基地综合生态风险值 R；然后，借鉴 Sturges 公式，划分能源化工基地生态风险等级。

$$n=[1+3.32\lg N]+1 \quad \text{（}n\text{ 为等级数，一般取 5；}N\text{ 为指标个数）} \tag{6-2}$$

当 $R<0.2$ 时，划分为无风险级；当 $0.2\leqslant R<0.4$ 时，划分为低度风险级；当 $0.4\leqslant R<0.6$ 时，划分为中度风险级；当 $0.6\leqslant R<0.8$ 时，划分为高度风险级；当 $R\geqslant 0.8$ 时，划分为极高风险级。

根据评价结果进行综合分析，找出影响生态风险的重要因素，提出针对性的生态风险管理对策。

6.4 生态风险管理对策

6.4.1 生态风险管理的必要性和意义

曾经，我国高度重视经济的发展，忽略了人类活动对生态系统的潜在风险，导致植被破坏、水土流失、土地退化、河流断流、赤潮频发、水土和空气污染、生物多样性减少等生态环境问题多发，严重影响了人民生活质量和身体健康，威胁到了生态环境的安全。

我国生态事件的处理大多采取了事故后治理的方式，但事后恢复的技术、管理等不够完善导致恢复重建的效果不佳，生态功能减弱，区域经济可持续发展受到制约。“十一五”以来，我国生态保护和建设逐渐从事后治理向事前保护转变，从源头上扭转了生态恶化的趋势，生态风险管理体系建设逐步成为重要手段。

能源化工基地是一个多产业集中发展区，且随着基地建设加快，产业集聚度将进一步提高，生态风险问题也日渐凸显。特别是随着煤炭、煤化工产能不断扩大，基地将面临煤矿开采造成的地表塌陷、煤电企业“三废”排放引发的生物多样性减少、煤化工项目在生产运营过程中发生的突发性事故造成的水土气生系统的失衡等一系列生态和环境风险问题。一旦发生生态风险事故，可能造成不可逆转或永久性不可恢复的生态后果。因此，必须加强生态风险管理能力建设，提高生态风险监测、预警应急能力，建立健全生态风险防控体系，降低或消除事故风险度，保障能源化工基地健康、安全和可持续发展。

6.4.2 生态风险管理现状

（1）生态风险管理概念

生态风险管理是从整体角度考虑政治、经济、社会和法律等多种因素，在生态风险识别和评价的基础上，根据不同的风险源和风险等级，生态风险管理者针对风险未发生时的预防、风险来临前的预警、风险来临时的应对和风险过后的恢复与重建 4 个方面所采取的规避风险、减轻风险、抑制风险和转移风险的防范措施和管理对策。

美国《联邦政府的风险评价管理》将风险管理定义为依据风险评价结果，结合各种经济、社会及其他有关因素对风险进行管理决策并采取相应控制措施的过程。生态风险管理是风险管理在应对生态风险，保障生态安全上的具体应用，它是根据生态风险评价的结果，依据恰当的法规条例，选用有效的控制技术，进行削减风险的费用和效益分析，确定可接受风险和可接受的损害水平，并进行政策分析及考虑社会经济和政治因素，决定适当的管理措施并付诸实施，以降低或消除事故风险度，保护人群健康与生态系统的安全。

根据荷兰健康委员会的分析框架，生态风险管理分析主要包括：

① 确定风险容忍度。通过设计半结构化问卷抽样调查各亚区内的群众对生态风险的态度，主要与群众关注程度、风险值高低、潜在后果和潜伏期等密切相关。

② 风险决策。根据生态风险管理的目标，在生态风险综合评价和分析风险容忍度的基础上，合理选择降低风险的措施，以制定风险管理方案。

③ 实施降低风险措施。

（2）国外研究与实践

国际上对生态风险管理的研究内容主要包括风险管理的原则、内容与框架机制的研究和在具体风险管理活动中的应用研究（周平等，2009）。

在风险管理机制的构建原则方面，Robin 等（2006）提出应该定性和定量相结合，基于决策分析构建评估框架。权衡各种政治环境和社会因素，对众多管理方法进行评估和挑选。评估时应遵循两个重要标准：一是管理的收益是否大于其投入的成本；二是适应性管理措施是否会引起未来管理的变革。Patricia 等（2000）从生物多样性角度思考生态系统风险，提出制定管理机制时将人体健康设定为重要目标和参考因素，结合流行病学和生物沉积理论治理生态系统污染。Astles 等（2006）提出风险管理包括两个部分：降低风险，即将风险带来的危害最低化和通过风险监测来判断采取的管理措施是否有效地将风险危害最低化。同时进行实时监控，当风险管理措施失效时，改进、调整高风险地区的管理措施，并且要保证科学家、管理者、风险承受者和公众对风险决策信息和反馈信息沟通的通畅性。Renn Ortwin（2006）提出了风险管理进入新时代的主要标志，即“从风险分析到风险综合管理”并提出综合风险管理的基本框架，即由“管理层”与“评价层”共同组成，管理层强调决策和改进实际行动，评价层强调知识创新。Hiroyuki Kameda（2006）发起开展的 DRH（Disaster Reduction Hyperbase）项目提出建设辖区“减灾实时信息共享平台”。此外，他还高度关注不同区域“综合减灾实时信息共享平台”之间的联网服务。Gentile 等（2001）总结美国生态系统风险管理也是基于地区差异分别制定措施，其具体模式为分析该区域生态系统的特征、提炼生态风险类型和强度等多方面的指标，借鉴以往该区域已有或概念上的管理措施进行结合比对，概括出二者相互结合的新综合模型。

Timothy（2000）强调了明确管理目标和管理标准、指标的重要性，并提出从整体上思考管理策略，系统地制定管理目标、标准和体系；Payne 等（2007）提出要构建系统的决策过程，对可供选择的决策方式进行直接描述，对风险的不确定性进行更多理智的评估；Failing 等（2007）强调应充分整合当地各方面有效的实践经验和科技手段，加强各方面的联系与沟通，并通过界定决策背景、明确管理目标和标准、对多种决策方法进行评估和权衡取舍、实施最终的决策方案并进行动态的实时监控来建立一个有机的决策机制。

（3）国内研究与实践

目前，国内对于生态风险管理的研究，主要集中在风险源管理原则、框架与技术方法，以及对单一风险源管理和区域生态风险管理的研究 3 个方面。

① 风险源管理原则、框架与技术方法。

近年来，国内对自然灾害管理的研究较为关注。史培军等（2006）系统地总结了灾害风险管理的体系、运行机制、方法和内容，指出风险管理不仅强调风险转移体制、机制、保险与再保险、风险教育与意识的养成以及风险沟通与应急处置等，更要注重备灾，提出要加强国际比较研究，在中国国情的基础上，吸收世界先进且有效的管理模式和经验，进一步探讨区域发展与综合减灾的共赢机制。

在具体的原则和管理体系构建中，学者们对外来物种入侵的研究较多。万方浩等（2002）认为应着重国家能力（即监管能力、狙击能力、预警能力、快速反应能力、信息处理能力、教育宣传能力）、研究能力和监测与管理能力三大体系的建设。霍原（2006）从法律调整机制构建的角度，指出调整机制应包括风险评价机制、引入许可证机制、检疫、监测机制、协调管理机制、长效问责机制和生态安全教育机制。蔡冲（2007）提出从建立风险评估体系和机制、健全完善相应法律法规、建立入侵生物信息数据库和健全共享交流渠道、加强检疫提高预报能力等方面构建浙江省外来入侵生物防范体系。

在区域综合生态风险防范体系建设方面，周伟等（2006）在生态风险综合评价基础上根据群众关注程度、风险值高低、潜在后果和潜伏期的不同组合确定多个容忍度水平，将全区进一步划分成若干风险管理亚区，以便于风险决策，提出决策时应以“成本—效益”为基础以确定合理的风险管理方案。刘新民等（2006）在绿洲生态风险防范对策中，提出建立起一个绿洲生态风险分析评价及防范体系：从“安全目标树”到“事件和过错树”，然后到“风险问题树”，再到“对策和方案树”，最后再回到“安全目标树”，重复几个回合，直到满足“安全目标树”的各种要求为止。陈星等（2005）提出应研究建立经过实践检验的系统模型和以微观样本数据与宏观检测信息支持且相互反馈修正的预警决策支持模型，并探索区域生态安全底线预警指标，为行为决策提供科学依据。张贵祥等（2003）在对广州市的生态风险整体防范中，强调应逐步建设和完善环境与生态监测网点，统一建立数据库和管理信息系统，建立生态灾害监控、预警及防御决策系统。

② 单一风险源管理。

近年来，国内对转基因植物、气象灾害、城镇化过程和绿洲开发过程中的生态风险进行了研究。

张永军等（2002）在转基因植物的生态风险研究中提出要对商业化大范围释放转基因植物的生态风险进行长期监测，研发能快速准确检测转基因植物生态风险的新方法和新技术，建立转基因植物生态安全性评价的技术体系。钱翌（2001）认为应当从严格引种的程序、加强检疫监管、提高公众检疫意识、做好早期预警和已有有害生物的治理、加强区域部门和国际间交流合作等方面防范外来物种入侵。

在气象灾害管理中，白占雄（2006）以海原地区的干旱为例分析各风险区特征，提出了从调整优化土地利用结构入手，构建生态农业体系，建立生态安全防灾减灾机制。郝璐等（1999）对内蒙古草原地区的主要自然灾害如旱灾、白灾、黑灾、暴风雪分别提出了预防的措施。申元村（2004）对沙尘暴防治指出建立综合防治体系，与产业发展相结合，依靠科学技术，实施生态建设工程，加强法制化管理，鼓励发动公众参与生态环境保护，扩宽融资渠道等。陈辉等（2004）在对青藏公路铁路沿线的生态系统风险研究中提出要针对沿线不同区域的风险特征采取不同的具体可行的措施。

在城镇化过程的生态风险研究中，周启星等（1998）提出小城镇在发展过程中要特别重视生态规划和生态建设，合理布局工业区、交通干线与生活居住区以及提高绿色覆盖率等措施。

李自珍等（1999）在对河西走廊荒漠绿洲开发中的生态风险控制和防范研究中，提出化解土壤盐渍化风险应以氯化物含量的控制为主。

③ 区域生态风险管理。

目前，对于区域生态风险管理对策的研究，基本都是基于生态风险评价的结果，依据不同的风险级别、不同的破坏程度、不同的风险特征采取相应的管理对策。巫丽芸等（2005）在东山岛景观、许学工（2001）在黄河三角洲、喻锋等（2006）在皇甫川流域、何剑刚（2004）在大庆地区等生态风险评价中，均提出了总体上增强区域生态系统应对各项风险灾害的具体管理措施。

综上所述，国内生态风险管理在机制、原则和技术方法上以灾害风险管理的研究和外来物种入侵的风险管理较为成熟。对于单个风险源的管理对策研究较多，在区域生态风险管理研究中，其主要研究方法是以生态风险评价的研究为重点，在评价的基础上针对不同风险源和风险等级提出具体的管理对策。

6.4.3 生态风险管理体系建设

区域生态风险管理是一个复杂的、动态的、综合的过程，需要从生态风险来临前、生态风险到来时和生态风险发生后的全过程角度构建区域生态风险管理体系。

（1）生态风险动态监测机制

根据生态风险分析和评价结果确定不同等级风险区，在这些风险区内建立长期的风险动态观测站，记录该区域发生的不同风险的频率和强度，以便为风险预警和决策提供大量有效数据，提高其准确度。另外，还应建立完善的生态风险分级预警机制，包括预警信息的生成（警源的识别、警情的检测、警兆的识别和警度的限定）、预警信息的发布和预案系统的实施。根据风险可能带来的危害程度的不同，发布不同级别的风险警报。

（2）生态风险应急决策机制

应急决策机制包括应对方案与替代方案库、多方案比选与决策模型。应急救援机制包括建立沟通联动机制，及时向涉及风险管理工作的各相关部门传递最新信息，调配整合各种救灾措施，将风险带来的破坏和损失降到最低；在此期间，还应重视实时监控和收集此次风险的强度、等级和动态变化特征，完善风险信息数据库，为以后该风险的管理研究提供有力的资料支撑。

（3）恢复重建规划机制

对风险造成的破坏和影响进行进一步的评估，对破坏区的生态恢复建设进行重新调整和修正。同时，完善风险转移补偿机制，利用金融手段和保险、再保险手段将风险造成的损失从风险遭受者一方转移到多方承担，以减轻生态风险带来的危害性和社会不稳定性。在整个区域生态风险管理体系构建的过程中，生态系统的保育与建设应该贯穿整个风险管理过程的始终。同时，还应加强信息共享平台的构建，以便风险管理各参与方能及时沟通和交流，同时学习和借鉴国内外区域生态风险管理的最新技术经验。

6.4.4　生态风险管理实施保障体制

（1）加强组织机构建设

能源化工基地应设立生态风险管理中心和专项基金，中心下设日常监测、应急处理和恢复重建 3 个小组；基地内各产业集团均成立安全生产小组，与管理中心的 3 个小组相互对接，共同监测和处理生态风险事宜；基地建立资源使用付费、排污付费制度，各产业集团向保险公司缴纳生态事故保险金。

日常监测小组在各产业安全生产小组的配合下全面监测产业的排污、资源使用情况，监测各生态受体对风险源的响应，并上报管理中心，管理中心上报基地总部，实行由上至下的高风险预防方案。一旦出现生态风险事故，管理中心在基地总部的批准下，动用专项基金（含保险金），组织 3 个小组进行应急处理和恢复重建。

（2）加强环境监管能力建设

能源化工基地所属行政辖区的省委、省政府指定或成立专门机构负责对基地项目依法进行生态风险监督管理，将基地生态风险管理工作纳入日常的环境监督管理工作程序，对工程项目具体的生态风险管理工作进行监督和指导。

基地应设置相应的生态风险管理机构，负责监察各产业的生态风险管理工作。由专人对基地项目区的各项生态风险指标进行统一规划、管理，同时积极配合上级生态风险管理部门的工作。

基地内各企业设生态风险管理专门机构，包括生态风险管理机构和生态风险监测机构，由专人负责产业内部的生态风险的计划实施和监测管理工作。

（3）提高生态风险事故的应急处理及监测能力

能源化工基地的项目应各自设置专职的生态风险监测机构，负责有关生态风险的日常监测工作，基地管委会也应设立相应的风险管理部门或监察机构，对各个产业的生态风险监测工作统一管理并进行监督。基地重要产业集团（如煤矿、煤电、煤化工等）必须设立二级生态风险管理机构，配置生态风险（环境）监测设备，对污染源项和生态受体进行重点监测，确保生态风险监测和评估工作顺利进行。

建立应急处理和监测机构，完善应急处理和监测流程，配置具有先进水平的流动监测装置，配备专职工作人员对基地的企业生产情况、排污状况、生态风险状况进行监测，及时掌握能源化工基地的污染源和生态风险的动态变化。明确主要污染物应急监测及处置（降低）方法，对突发的生态风险事故进行应急处理和监测。对于生态风险事故的应急处理，需制定如下应急处理监测体系：

① 在环境监测站（或生态风险监测站）的基础上结合能源化工基地管委会的生产安全监督部门共同组建基地生态风险事故（或环境事故，下同）应急领导和监测小组。

② 建立生态风险事故应急专家咨询系统，聘请消防、化工、生态、环保等领域专家参加。

③ 生态风险事故监测小组应配备各种应急监测仪器及设备，应当组织力量对辖区内可能发生的污染事故调查取证程序和内容、不明污染物分析、监测方案、质量控制等问题予以研究。

④ 建立环境污染物“黑名单”，有的放矢地进行必要的监测技术开发及储备。

（4）开展事故处理后跟踪监测及评价

生态风险事故发生并进行应急处理后，开展跟踪评价是判定事故处理效果和减缓生态或环境影响有效性的重要措施，可依据后期监测和评价结果及时提出改进方案。能源化工基地各产业建成并生产后，应定期对生态风险事前评价的各种环境要素进行有针对性的监测、检查和统计，确定其实际变化量，并与环境影响报告书中的预测变化量相比较，从整体上比较分析基地产业生产对环境造成的实际影响与预测影响，对结果成因进行分析、评价，提出进一步整改、发展和完善规划方案的各项措施。同时，预测评价基地是否会产生新的环境问题，并提出更全面的补救措施。

第 7 章　能源化工基地产业准入管理

本章阐述了环境准入管理研究现状和我国环境准入管理实践，从总体要求、生产布局、产业集群、工艺技术和装备、资源能源利用、污染防治 6 个方面提出了能源化工基地环境准入管理要点，提出了强化环境准入管理的对策和建议。

7.1　必要性和意义

环境准入逐渐成为我国重要的环境管理手段。研究制定环境准入管理办法并纳入能源化工基地环境管理工作中，对于从源头预防环境污染，促进能源化工基地健康、持续发展具有重要意义。主要表现在以下几个方面：

促进产业结构优化。环境准入条件是以区域环境容量和资源承载力为约束条件而做出的具体规定。实施环境准入制度，把能源化工基地主导产业发展和区域资源环境条件结合起来，有利于节约集约利用自然资源，有利于引导生产力各要素在不同区域、不同产业之间的合理配置，有利于促进能源化工基地产业结构和布局的不断调整与优化升级。

改善区域环境质量。制定环境准入制度，对能源化工基地所有新建项目的生产工艺、污染排放等重要环节提出明确要求，能够促使新建项目采用低能耗、高效率的工艺、技术和设备，并采取积极的环境污染治理措施，有利于降低污染物排放量，改善区域环境质量。

提高经济增长效益。实施环境准入制度，有利于能源化工基地各主导产业考虑企业间的物质集成、能量集成和信息集成，形成产业共生网络，同时，发展循环经济，降低对资源环境的直接需求，有助于以较小的资源环境代价取得较大的经济增长，实现高效绿色发展。

7.2　环境准入管理研究现状

7.2.1　基本概念

所有与进入有关的都可称为“准入”，如市场准入、行业准入等。环境准入是在市场准入认识的基础上演变发展而来的。在国外，环境准入是作为一种污染防治制度而被众人熟知。但是，到目前为止，尚未对环境准入的概念和内涵形成确切的定义和统一的说法（许申来等，2011）。有关环境准入的主要观点有以下几种。

木佳等（2003）认为，所谓环境准入制度，就是人类的任何生产和消费都要从环境的要求来考虑问题。生产消费行为能不能进行，首先要考虑对环境的保护问题。

赵海霞等（2009）认为，对于环境系统而言，环境资源的开发与利用有一定限度，如果超出这个限度，环境质量就会发生变异，甚至恶化到影响人类生存及社会经济的可持续发展，这种即将发生变异的状态就是环境准入门槛。环境准入门槛可采用生态学标准和经济学标准进行判断，其中，生态学标准就是指经济发展的规模和速度不能超越环境容量和资源承载能力；经济学标准就是不仅要考虑环境污染造成的损害，而且要考虑环境准入门槛对经济发展的影响，在满足环境容量限制的基础上，保证边际净收益与边际外部成本相等。

盛学良等（2010）认为，区域环境准入是以污染物排放达标和环境功能区达标为目的，从环境容量和环境功能区的要求出发，结合各地建设用地规划、工业发展规划、环境基础设施建设等，以预防为主，以保护优先、优化结构、合理布局为原则，对各地产业发展优劣态势进行比较、分析，从宏观层面划定区域建设项目或工业产业布局的环境保护综合决策机制。

徐震（2010）认为，环境准入制度是根据区域环境容量和环境条件，合理确定区域功能定位和开发格局，统筹考虑开发建设活动对环境可能产生的影响，对开发建设活动进行限制或控制的一些准则和规定，最终目的是实现环境保护与经济发展的互惠共赢。

综上所述，不同学者尽管对环境准入定义的表述不同，但定义的出发点和落脚点几乎是一致的。首先，环境优先是环境准入的首要原则，也即环境准入制度是基于环境优先原则而制定的一系列限制性规定。其次，环境容量是环境准入的终极门槛，也是人类活动最基本的约束条件。环境容量反映了环境系统对人类活动的承载力大小，如果人类活动超过了环境容量，环境系统就会退化直至崩溃，并直接影响人类社会发展。最后，环境准入是源头预防的重要手段，能够真正实现环境保护由事后弥补向事前预防转变，从根本上协调环境保护与经济增长之间的关系。

研究认为，环境准入是以满足国家和地方法律法规、相关政策和规划等要求为前提，以区域环境容量和资源承载力为约束条件，对开发建设活动提出的一系列控制性准则和规定。

7.2.2　内涵解析

赵海霞（2009）认为，环境准入的内涵包括两方面，即前置性环境准入和控制性准入。前置性环境准入是指任何区域产业的引进及退出等经济活动必须首先满足其约束条件，具体包括时序准入条件、空间准入条件、容量准入条件和最低投资准入条件。时序准入条件要求与国民经济总体及部门专项规划相衔接统一。空间准入条件是从促进经济与环境资源协调发展的角度出发，对区域内各类功能区划定“红线”“蓝线”和“绿线”等生态环境敏感区和各类资源开发“禁区”，避免在生态脆弱带和环境敏感区开发建设。容量准入条件是要求区域经济增长以及产业的引进和发展，符合和达到国家规定的总量控制目标。最低投资准入条件是要求符合国家产业政策，达到市场准入的投资起点额。

控制性准入标准是在满足前置性准入标准之后，从改善环境质量、控制环境污染、提高资源利用效率等方面提出最低的准入标准，包括排放总量标准、排放强度标准、资源消耗标准和能源消耗标准。要求新建、改扩建项目排放的主要污染物必须稳定达到国家或地方标准，同时，要求单位经济产出所排放的主要污染物数量及所消耗的水、土地等自然资源数量，电、气、油、煤等能源数量达到同类先进水平。

盛学良（2010）认为，环境准入的内涵包括 4 方面，即区域环境容量、生态功能区划、污染物排放、区域环境与经济基础。

区域环境容量指标就是要求“按环境容量定发展”，根据不同的环境容量，采取不同的发展策略，确定不同的区域环境准入条件或准入标准。生态功能区划指标就是要求项目建设应以生态功能区划为依据，制定相应的生态保护措施。污染物排放指标就是从污染物排放处理率，达标率，排放削减量以及万元工业产值物耗、能耗、水耗等方面提出要求。区域环境与经济基础指标反映区域资源能源集约化利用情况、环保基础设施建设情况及区域环境管理情况等。

徐震（2010）认为，环境准入的内涵包括空间环境准入、总量环境准入和项目环境准入 3 方面内容。

空间环境准入制度主要根据资源环境禀赋和环境承载力，明确各区域生态环保目标，将区域经济社会发展规划和环境保护目标有机结合起来，并提出明确的和可操作性的规定和要求。空间环境准入制度的实施载体是区域生态环境功能区规划，以及以生态环境功能区规划为基础的主体功能区划。

总量环境准入制度主要根据政策法规和区域环境容量现状，对政策法规和各类发展规划中明确的开发建设活动，对不同行业，特别是重污染行业的产业布局和优化、产业总量控制等做出规定的一项制度。总量环境准入制度的实施载体是各类政策法规、国民经济社会发展总体规划的战略环评以及各类区域和行业的规划环评。

项目环境准入制度主要根据具体建设项目的特征，从环境影响的角度，对项目建设、运营是否符合空间环境准入制度、总量环境准入制度和环评审批要求，做出准入规定的一项制度。项目环境准入制度的实施载体是建设项目的环境影响评价。

本书认为，环境准入应涵盖以下三方面内容：第一，应包括政策法规的外部要求，考虑建设项目是否符合相关产业政策以及区域发展规划、土地利用总体规划等相关规划；第二，应包括环境自身的内在要求，考虑建设活动是否以环境容量、资源环境承载力为首要前提，具体而言，就是考虑是否执行环境影响评价等制度、是否取得总量控制指标、污染物是否达标排放、清洁生产水平是否达到国内同行业先进水平等；第三，应包括对建设活动经济效应的准入要求。只有同时满足以上准入条件时，才能允许其进入指定区域。

7.2.3 国内外研究现状

1996 年，欧盟通过一项名为整合性污染预防及控制［*Integrated Pollution Prevention and Control*（IPPC）］的指令，要求各成员国必须建立综合污染防治体系，采取有效措施，防止环境污染。环境准入是欧盟各国建立综合污染防治体系的重要形式（Rio H et al.，2010）。

不同国家环境准入制度的具体内容也互不相同。例如，在英国，环境准入主要涉及污染物监测、污染物达标排放、资源能源利用效率以及事故应急管理等方面（Richard M，2010）；在芬兰，环境准入要求考虑受纳水体容量、生态功能区划等区域特征，同时还引入公众参与，进行社会监督（Kimmo S et al.，2002）；西班牙的环境准入不仅包含对大气、水、固体废物等污染物排放情况、事故应急处理能力、危险品泄漏等方面的要求，还包括对土壤、地下水污染预防方面的要求（Hector R M，2002）等。环境准入是环境管理的重要方式之一，而清洁生产则是环境准入的重要方面（Niina H et al.，2005）。

近年来，国内学者对环境准入进行了大量研究，重点从建立环境准入指标体系着手。赵海霞等（2009）根据统筹协调、生态优先、地域差异、管理可行性等原则，从前置性和控制性两个方面建立环境准入指标体系，并以江苏省为例，进行指标门槛的定量测算。盛学良等（2010）初步建立了区域环境准入指标体系框架，从区域环境容量、生态功能区划、污染物排放、区域环境与经济基础 4 个角度分别选取了区域环境准入指标，并以建设项目厂址比选为例，进行区域环境准入指标体系的实证研究。白雪华等（2009）研究了矿产资源开发地质环境准入制度，将矿产资源开发的地质环境准入制度大致归为两类：技术准入层面和经济及风险控制层面。其中，技术准入层面的制度包括矿产资源开发地质环境保护与治理方案评审认定制度、矿产资源开发地质环境影响评价制度、矿山建设项目及其用地的地质灾害危险性评价制度。经济及风险控制层面准入制度包括矿产资源开发地质环境代价核算及代价控制制度、矿山地质环境恢复治理保证金制度、矿产资源开发地质环境损害补偿赔偿制度、矿产资源开发地质环境损害责任保险制度等。

7.2.4 我国环境准入管理实践

环境准入已成为我国各级政府部门实施环境管理的重要手段之一。在国家层面上，国务院及有关部委出台了一系列与环境准入相关的政策文件，把环境准入作为宏观调控和管理的重要手段。近年来，工业和信息化部、国家发展改革委等国家有关部委发布的行业准入条件主要从生产企业布局、规模工艺和设备、能源消耗及资源综合利用、环境保护、安全防范5方面设置准入条件（表7-1）。

表7-1 与环境准入相关的宏观调控政策

文号	名称	内容
环发〔2005〕114号	《关于推进循环经济发展的指导意见》	依托规划环境影响评价和项目环境影响评价，执行环境准入制度
国发〔2006〕11号	《关于加快推进产能过剩行业结构调整的通知》	准入门槛主要涉及资源能源消耗、产业技术规模、产品质量等内容
国发〔2007〕37号	《关于印发国家环境保护“十一五”规划的通知》	主要考虑满足行业准入条件、污染物排放标准以及环境容量，同时指出，淘汰落后工艺设备
国办发〔2008〕4号	《关于加强重点湖泊水环境保护工作意见的通知》	明确提出环境准入，但是尚未对环境准入的具体内容做明确说明
国发〔2010〕7号	《关于进一步加强淘汰落后产能工作的通知》	从产业的角度出发，加强引导，尚未提及环境容量等环境自身的要求
国办发〔2010〕33号	《关于推进大气污染联防联控工作改善区域空气质量指导意见的通知》	重点强调规划环境影响评价的准入管理作用
国办发〔2010〕34号	《关于进一步加大节能减排力度加快钢铁工业结构调整的若干意见》	指出要加强清洁生产审核、能耗限额标准执行监察等手段，推进重污染企业的清退。同时，这也可以看作是企业进入市场的准入门槛
环发〔2009〕127号	《关于贯彻落实抑制部分行业产能过剩和重复建设引导产业健康发展的通知》	主要涉及污染物排放标准、清洁生产标准和其他环境保护标准等国家标准，主要通过国家标准的制约作用，达到限制项目准入的目的
环办函〔2009〕247号	《关于印发〈2009—2010年全国污染防治工作要点〉的通知》	以污染物排放强度为基础，探索建立准入制度
环发〔2012〕54号	《关于加强化工园区环境保护工作的意见》	从规范入园项目技术要求、实行园区污染物排放总量控制、深化入园项目环境影响评价工作、加强入园项目环境管理4个方面提出要求。将园区总量指标和项目总量指标作为入园项目环评审批的前置条件，确保建成后该项目和园区各类污染物排放总量符合总量控制目标要求
环办〔2015〕111号	《关于印发〈现代煤化工建设项目环境准入条件〉（试行）的通知》	依照国家环保法律法规和规范要求，按照“环境优先、合理布局、环保示范、源头控制、风险可控”的原则，从现代煤化工建设项目规划布局、项目选址、污染防治等方面提出了准入要求
环办环评〔2016〕14号	《关于规划环境影响评价加强空间管制、总量管控和环境准入的指导意见》（试行）	在符合空间管制和总量管控要求的基础上，提出区域（流域）产业发展的环境准入条件，推动产业转型升级和绿色发展
环办环评〔2017〕99号	《“生态保护红线、环境质量底线、资源利用上线和环境准入负面清单”编制技术指南》（试行）	以改善生态环境质量为核心，以生态保护红线、环境质量底线、资源利用上线为基础，划定环境管控单元，在一张图上落实“三大红线”的管控要求，编制环境准入负面清单，构建环境分区管控体系

此外，我国部分地区出台了多项政策性文件，在实践层面上对环境准入进行了探索，如江苏省《关于明确苏北地区建设项目环境准入条件的通知》（苏环管〔2005〕262 号）、河南省《关于印发河南省化工项目环保准入指导意见的通知》（豫环文〔2011〕72 号）、重庆市《关于印发重庆市工业项目环境准入规定（修订）的通知》（渝办发〔2012〕142 号）等。各地制定的环境准入条件，无论是针对行业的，还是针对区域的，其考核的核心指标是区域环境容量，即入驻的产业项目在场址选择、发展规模、工艺设备、资源消耗、污染排放等方面必须满足环境保护要求，否则一票否决。由此看来，环境准入是区域环境质量的第一道门槛，真正体现了污染预防的思想。

7.3　环境准入管理要点

7.3.1　总体要求

（1）煤炭资源的开发利用必须符合《中华人民共和国煤炭法》《中华人民共和国节约能源法》等资源能源利用与管理方面的法律法规，必须符合土地供应政策和土地使用标准等规定。

（2）基地主导产业必须符合《煤炭产业政策》《产业结构调整指导目录（2011 年本）》《国务院关于促进煤炭工业健康发展的若干意见》（国发〔2005〕18 号）、《国家发展改革委关于规范煤化工产业有序发展的通知》（发改产业〔2011〕635 号）等相关产业政策。

（3）禁止在国家法律、法规、规章制度确定或经县级以上人民政府批准的自然保护区、风景名胜区、地表水源保护区、地下水源保护区，以及煤炭资源压覆区等区域内布局生产项目。

7.3.2　生产布局

（1）新建项目选址必须符合各省（自治区、直辖市）城市发展总体规划、土地利用总体规划、生态环境功能区划等相关规划。

（2）新建项目必须以煤炭资源为必选原料之一，并鼓励新建项目结合基地内煤炭资源的地理分布，按照采煤—洗选—配煤、煤—电、煤—煤化工工序关系，成组设计，优化空间布局，促进形成产业链。

（3）统筹规划基地内污水处理厂等环境基础设施、市政公共服务设施、生产辅助设施等，做到合理布局、有效衔接。鼓励新建项目充分利用自然凹地，集中建立灰渣场及脱硫石膏场。

7.3.3 产业集群

（1）鼓励引进和培育关联性大、带动性强、知名度高的大企业、大集团，积极培育龙头企业，带动产业集聚。鼓励发挥其辐射、示范、信息扩散和销售网络的产业龙头作用，发挥龙头企业的集聚带动效应，逐步衍生或吸引更多相关企业集聚，通过企业之间的集聚效应增强竞争优势。

（2）鼓励煤炭企业与火电、煤化工、建材等企业强强联合，共同投资，实现优势互补和资源共享。

（3）鼓励引进和开发一批综合效益好、对区域经济带动性强的高技术产业化重点项目，加大项目的引进、建设和培育发展力度，以项目为抓手，延伸产业链，促进产业集聚的发展和产业集群的壮大。

7.3.4 工艺、技术与设备

（1）鼓励新建项目采用资源能源消耗低、污染物产生量少的绿色低碳工艺、技术和设备。

（2）鼓励煤化工装置与整体煤气化联合循环发电（IGCC）、大型超临界发电等装置的合理衔接。

（3）禁止技术落后、污染严重的低水平重复建设项目，不得采用国家或各地区明令淘汰或禁止使用的工艺、技术和设备。

7.3.5 资源能源利用

（1）禁止“大矿小开”和“整矿零开”；禁止对未探明储量的矿区进行设计开采；禁止只开采浅表层或厚煤层、废弃埋深层或薄煤层的生产项目；禁止采用非机械化开采工艺的生产项目。

（2）鼓励采用高新技术和先进适用技术，并针对煤种、煤质的实际情况，确定煤炭资源的最优利用方案。

（3）按照采煤—洗选—配煤工序，集中建设煤炭产业项目，减少煤炭资源损失。新建矿井项目采区的煤炭资源回采率执行以下标准：薄煤层不低于85%、中厚煤层不低于80%、厚煤层不低于 75%。新建项目的电耗、新鲜水耗应高于同行业先进水平，矿井水回用率应高于70%。

（4）新建燃煤发电机组单位产品供电能耗、发电煤耗不高于《常规燃煤发电机组单位产品能源消耗限额》（GB 21258—2007），并鼓励采用空冷式汽轮机组。

（5）新建煤化工项目综合能耗、新鲜水耗高于同行业先进水平。

（6）鼓励煤矸石、粉煤灰、化工废渣、矿井水等副产物以及煤系共伴生资源的综合开发与利用，鼓励瓦斯抽采利用，变害为利，推动煤矸石发电、建材、煤层气等资源综合利用产业的发展，促进发展循环经济。

7.3.6　污染防治

（1）清洁生产

现有煤炭采选、火电、煤化工行业，通过实施技术改造达到清洁生产二级水平；新建煤炭采选、火电、煤化工等项目，应达到同行业清洁生产一级水平。

（2）总量控制

新建项目必须在报批并获得主要污染物排放总量指标后，才可申请对其进行环评审批。总量指标审核由生态环境行政主管部门负责。

新建项目必须制定污染物总量减排实施方案，必须满足区域污染物总量减排计划的要求。

新建项目应按照国家有关规定，积极探索进行二氧化碳减排交易，采用节能技术、增加碳汇等措施，大幅降低二氧化碳排放强度。

（3）水污染防治

所有新建项目的废水必须经厂内进行预处理，达到集中式污水处理厂进管标准。如不能纳管，煤炭开采和洗选项目的水污染物排放应符合《煤炭工业污染物排放标准》（GB 20426—2006）。

其他项目应执行《污水综合排放标准》（GB 8978—1996）一级标准。

（4）大气污染防治

新建煤炭开采和洗选项目的大气污染物排放应符合《煤炭工业污染物排放标准》（GB 20426—2006）。火电厂大气污染物排放应符合《火电厂大气污染物排放标准》（GB 13223—2011）。

新建燃煤机组应安装脱硫脱硝设施，且同步安装排放物在线连续监测装置，并与环保部门联网，进行实时监控。鼓励采用干法、半干法烟气脱硫工艺技术。

新建工业炉窑大气污染物排放应符合《工业炉窑大气污染物排放标准》（GB 9078—1996）。煤化工产业的其他大气污染物排放应符合《大气污染物综合排放标准》（GB 16297—1996）。

（5）固体废物污染防治

新建项目应依法对一般工业固体废物进行处理处置或综合利用，并建设排土场、堆渣场、尾矿库等。同时，新建各类渣场应符合《一般工业固体废物贮存、处置场污染控制标准》（GB 18599—2001）。

新建项目危险废物应交由具备相应资质的单位处理处置，并符合《危险废物贮存污染控制标准》(GB 18597—2001)。

(6)噪声污染防治

新建项目的噪声应符合《工业企业厂界环境噪声排放标准》(GB 12348—2008)。

7.4 对策和措施

7.4.1 严把政策法规准入关

环境准入的首要前提是满足国家和地方法律法规、相关政策等，因此，新建项目必须符合《中华人民共和国煤炭法》《中华人民共和国节约能源法》等法律法规，必须符合《煤炭产业政策》《产业结构调整指导目录(2011 年本)》《国务院关于促进煤炭工业健康发展的若干意见》(国发〔2005〕18 号)、《国家发展改革委关于规范煤化工产业有序发展的通知》(发改产业〔2011〕635 号)等相关产业政策。

此外，能源化工基地新建项目必须符合基地所在区域的城市发展规划、土地利用规划等总体规划。

7.4.2 严把生态产业链网关

能源化工基地是以煤炭采掘为源头，火力发电、煤化工等煤炭深加工产业为延伸的产业集聚地，具备形成生态产业链的基础条件。因此，新建项目必须结合基地内煤炭资源的地理分布，按照煤炭资源的开发、加工、利用的工序关系，成组设计，优化空间布局，促进形成产业链。

围绕煤炭、火电、煤化工等主导产业，注重引进和开发一批产业化前景好、对区域经济带动性强、具有显著经济和社会双重效益的高技术产业化重点项目，以项目为抓手，延伸产业链，带动产业集聚的发展和产业集群的壮大。

7.4.3 严把清洁生产技术关

能源化工基地新建项目必须采用资源能源消耗低、污染物产生量少的绿色低碳工艺、技术和设备，禁止采用国家或各地区明令淘汰或禁止使用的工艺、技术和设备。

鼓励煤化工装置与整体煤气化联合循环发电、大型超临界发电等装置的合理衔接。

煤炭开采和洗选项目的清洁生产水平必须达到《清洁生产标准　煤炭采选业》(HJ 446—2008)二级标准，新建火电、煤化工及其他行业项目必须达到同行业清洁生产先进水平。

7.4.4 严把资源高效利用关

新建煤炭产业项目的电耗、新鲜水耗水平必须高于同行业先进水平；要求新建燃煤发电机组单位产品供电能耗、发电煤耗不高于《常规燃煤发电机组单位产品能源消耗限额》(GB 21258—2007)，鼓励采用空冷式汽轮机组；要求新建煤化工项目综合能耗、新鲜水耗水平必须高于同行业先进水平。

此外，鼓励煤矸石、粉煤灰、化工废渣、矿井水等副产物的综合开发与利用，鼓励瓦斯抽采利用，变害为利，推动煤矸石发电、建材、煤层气等资源综合利用产业的发展，促进发展循环经济。

7.4.5 严把污染总量控制关

能源化工基地新建项目必须明确主要污染物排放量的具体指标来源，并制定污染物总量减排实施方案。

新建项目必须在报批并获得主要污染物排放总量指标后，才可申请对其进行环评审批。

严禁新建项目突破总量控制指标，对无法满足总量控制要求的建设项目，一律不予受理和审批。

7.4.6 严把污染排放标准关

所有新建项目的废水经厂内稳定成熟的水处理工艺进行预处理后，应达到集中式污水处理厂的进管标准。如不能纳管，煤炭开采和洗选项目的水污染物排放必须符合《煤炭工业污染物排放标准》(GB 20426—2006)，其余新建项目的水污染物排放必须符合《污水综合排放标准》(GB 8978—1996）一级标准。

新建燃煤机组必须安装脱硫脱硝设施，鼓励采用干法、半干法烟气脱硫工艺技术，大气污染物排放符合《火电厂大气污染物排放标准》(GB 13223—2011)。新建煤炭开采和洗选项目的大气污染物排放符合《煤炭工业污染物排放标准》(GB 20426—2006)、新建工业炉窑大气污染物排放符合《工业炉窑大气污染物排放标准》(GB 9078—1996)、煤化工企业大气污染物排放符合《大气污染物综合排放标准》(GB 16297—1996)。

新建项目必须依法对一般工业固体废物进行处理处置或综合利用，建设排土场、堆渣场、尾矿库等，且新建各类渣场必须符合《一般工业固体废物贮存、处置场污染控制标准》(GB 18599—2001)。危险废物必须交由具备相应资质的单位处理处置，并符合《危险废物贮存污染控制标准》(GB 18597—2001)。

第 8 章　能源化工基地绿色发展政策

本章梳理了我国煤炭、电力、煤化工、建材产业政策，从经济政策、产业技术政策、环境保护相关政策 3 个维度评估分析了各类政策绩效，提出了促进能源化工基地绿色发展的政策框架。

8.1　产业政策述评

煤炭、电力、煤化工是能源化工基地的三大主导产业，其相关政策不但影响本行业发展，而且对整个产业基地发展循环经济也具有重大影响。而建材产业作为资源再生产业，承担着能源化工基地废物分解者功能，其相关政策也直接影响着基地循环经济的发展。因此，本书对三大主导产业及其建材产业不同时期的相关政策进行梳理和综合绩效评估，以期为制定和完善能源化工基地循环经济政策体系提供依据。

8.1.1　煤炭产业

（1）政策清单

表 8-1 列出了自 20 世纪 90 年代以来国家制定的煤炭行业部分相关政策。

表 8-1　煤炭产业现行主要政策

类别	年份	政策来源	主要内容
价格政策	1994	《矿产资源补偿费征收管理规定》（国务院令第 150 号）	规定采矿人开采不可再生矿产资源需要向国家（国家是矿产资源所有者）提供资源补偿费用。征收资源补偿费的费率按矿种分别规定，费率为 0.5%～4%
	1997	《国务院关于修改〈矿产资源补偿费征收管理规定〉的决定》（国务院令第 222 号）	将《矿产资源补偿费征收管理规定》第 10 条第（1）款修改为：“征收的矿产资源补偿费，应当及时全额上缴，并按照下款规定的中央与省、自治区、直辖市的分成比例分别入库，年终不再结算”

类别	年份	政策来源	主要内容
价格政策	1999	《探矿权采矿权使用费和价款管理办法》（财综字〔1999〕74 号）	规定了国家将矿产资源探矿权、采矿权出让给探矿权人，按规定向探矿权人或采矿权人收取的使用费，并制定了探矿权、采矿权使用费收取标准
	1999	《探矿权采矿权使用费和价款管理办法的补充通知》（财综字〔1999〕83 号）	对《探矿权采矿权使用费和价款管理办法》（财综字〔1999〕74 号）执行中的具体问题进行了补充
	2002	《关于印发〈中央所得探矿权采矿权使用费和加框使用管理暂行办法〉的通知》（国土资发〔2002〕433 号）	两权使用费和价款实行“收支两条线”管理，坚持“以收定支、专款专用、预算控制、超支不补”的原则。明确了支出范围、预算管理和财务管理
财税政策	1999	《财政部、国家税务总局关于出口煤炭有关退（免）税问题的通知》	为扩大煤炭出口，自 1999 年 4 月 1 日提高煤炭出口退税率，将煤炭出口退税率由 9%提高到 13%，对小规模纳税人购进并出口的煤炭，仍按 6%的退税率办理退税
	1999	《国家计委对洁净煤技术发电示范工程有关项目优惠政策》	免征设备、技术进口关税和进口环节增值税；优先将全球环保基金和其优惠贷款用于洁净煤燃烧技术项目及上网电价优惠政策
	2004	《财政部、国家税务总局关于停止焦炭和炼焦煤出口退税的紧急通知》（财税明电〔2004〕3 号）	规定对出口焦炭、炼焦煤停止出口退税
	2004	《财政部、国家税务总局关于调整陕西省部分地区煤炭企业资源税税额的通知》（财税〔2004〕128 号）	规定自 2004 年 1 月 1 日起，将陕西省延安、榆林两境内地方煤炭企业及成阳彬长、旬东矿区煤炭企业资源税单位税额调整为每吨 2.3 元
	2006	《国务院关于统一深化煤炭资源有偿使用制度改革试点实施方案的批复》（国函〔2006〕102 号）	规定矿产资源税的征收范围为原油、天然气、煤炭、黑色金属原矿和其他非金属原矿等，征收采取从量定额的办法
	2014	《关于深入推进煤炭交易市场体系建设的指导意见》（发改运行〔2014〕967 号）	进一步推进煤炭市场化改革
产业政策	1994	《煤炭生产许可证办法》（国发〔1994〕168 号）	规定了取得煤炭生产许可证的条件、程序以及管理监督办法等
	2007	《国务发展改革委、国家质检总局关于进一步加强煤炭质量管理工作的通知》（发改运行〔2007〕1955 号）	继续推进煤炭价格形成机制改革，坚持和完善以质论价、优质优价、同质同价原则，促进提高煤炭质量。煤矿企业、煤炭经营企业供应用户的煤炭必须做到质级相符、质价相符
	2012	《煤炭工业发展“十二五”规划》（发改能源〔2012〕640 号）	提出了“十二五”时期煤炭工业发展的指导思想、基本原则、发展目标、主要任务和政策措施，重点提出在大中型矿区内，以煤矸石发电为龙头，利用矿井水等资源，发展电力、建材、化工等资源综合利用产业，建设煤—焦—电—建材、煤—电—化—建材等多种模式的循环经济园区

类别	年份	政策来源	主要内容
产业政策	2016	《国务院关于煤炭行业化解过剩产能实现脱困发展的意见》（国发〔2016〕7号）	提出从2016年开始，用3～5年的时间，再退出产能5亿t左右、减量重组5亿t左右，较大幅度压缩煤炭产能，适度减少煤矿数量，煤炭行业过剩产能得到有效化解，市场供需基本平衡，产业结构得到优化，转型升级取得实质性进展
	2016	国家发展改革委、国家能源局印发《煤炭工业发展“十三五”规划》（发改能源〔2016〕2714号）	阐明了“十三五”时期我国煤炭工业发展的指导思想、基本原则、发展目标、主要任务和保障措施
产业准入	2007	《煤炭产业政策》（发改〔2007〕80号）	从煤炭产业布局、产业准入、技术等方面制定了鼓励、限制、禁止类的导向性政策条款
综合政策	2005	《国务院关于促进煤炭工业健康发展的若干意见》（国发〔2005〕18号）	进一步完善矿业权有偿取得制度，规范煤炭矿业权价款评估办法，逐步形成矿业权价款市场发现机制，实现矿业权的资产化管理。要积极探索多种激励约束机制，促使煤炭生产企业节约煤炭资源
	2017	《关于进一步推进煤炭企业兼并重组转型升级的意见》（发改运行〔2017〕2118号）	到2020年年底，争取在全国形成若干个具有较强国际竞争力的亿吨级特大型煤炭企业集团，发展和培育一批现代化煤炭企业集团

（2）政策效应分析

我国煤炭产业相关政策主要包括煤炭产业技术政策、税收优惠、产业准入以及环境保护相关政策等，对促进煤炭资源开发、安全生产和环境治理，构建以煤炭加工转化、资源综合利用和矿山环境治理为核心的煤炭行业循环经济体系，起到了重要推动作用。

煤炭产业生产技术水平大幅提升。2010年，全国煤炭产量达32.4亿t，比2005年增加8.9亿t；装备现代化、管理信息化、年产120万t及以上的大型煤矿661处，产量为18.8亿t，占全国的58%；淘汰落后产能成效显著，2010年，年产能30万t以下小煤矿减少到1万处以内，产量比重由2005年的45%下降到22%；资源综合利用取得新进展，11家煤炭企业列入国家循环经济试点，形成了各具特色的矿区循环经济典型模式，2010年，全国煤层气抽采量90亿m^3，利用量35亿m^3，洗矸、煤泥和中煤综合利用发电装机容量2 600万kW，利用低热值资源1.3亿t，矿井水利用率达59%，土地复垦率达40%。

（3）存在的主要问题

① 促进环境保护的税收优惠政策形式单一

现行促进煤炭产业环境保护的税收政策中，支持煤炭可持续发展的税收政策主要体现在资源税上，而资源税在税收体系中只是一个小税种，在全国税收收入中占很小的比重，因此，微乎其微的税收收入不能承担起煤炭开采对生态环境和资源所带来的巨大损失。目前的税制不仅无法充分体现国家保护煤炭资源和提高煤炭开采率的意图，而且不能将煤炭资源开采的社会成本内在化，因而无法遏制煤炭资源被掠夺和浪费的现状。

② 对煤炭产业定位不准，投资政策力度不够

现有的投资政策，使煤炭产业债务结构不合理，负债率高，实施政策性破产前，国有重点煤矿平均负债率高达69%。同时，煤炭产业的投入不足，“九五”和“十五”期间，国家对煤炭产业的投资基本处于停滞状态。一方面国家对煤炭勘探停滞，另一方面新井建设大大减少，煤炭企业没有足够的积累来建设新井。

同时国家对煤炭产业环境改善资金投入不足。煤炭开采生态环境保护、治理和修复都需要大量资金，且全国各大煤炭矿区长期遗留下了大量环境旧账。随着煤炭的大量开采，生态环境遭到更多的破坏，而相关环境治理资金一直欠缺。

③ 煤炭产业缺乏与环境保护相关政策配套的规章、制度和标准

国家的环保法律、法规在不断健全和完善，但煤炭产业缺乏与有关环境保护政策配套的行业规章、制度和标准，给实际工作带来许多困难。如煤炭矿区的生态整治与恢复工作，由于目前缺乏煤炭行业可操作的生态环保政策法规和技术标准，这项工作更难以深入开展。

目前，我国的煤炭产业生态环境保护工作主要依靠行政手段进行，从相关法律到各种配套规章制度，从国家环境保护计划到煤炭工业规划，都有关于煤炭工业生态保护的要求和规定。但总体来说，在生态监管存在法律空白、煤炭成本构成不合理的情况下，生态保护工作步履维艰。

④ 产业准入政策门槛低，政策执行力度不够

由于煤炭产业的准入门槛相对来说还较低，一些不具备技术和管理实力的企业投资办矿，存在安全保障程度低等问题。同时产业准入政策在执行过程中还存在不少问题：一是没有矿井规模限制导致小煤矿泛滥成灾；二是对安全、环保等内容的审核把关不严，小煤矿的安全和环保流于形式。煤炭产业要健康发展，必须提高产业准入的门槛，同时加大对煤矿安全、环保等方面的审查力度。

8.1.2 电力产业

（1）政策清单

表8-2列出了21世纪以来国家制定的电力产业部分相关政策。

（2）政策效应分析

为保障和促进电力产业的发展，国家发布了涉及保障电力产业运行、调整电力产业结构、差别电价、促进电力产业污染减排等相关政策（表8-2）。

表 8-2 电力行业现行主要政策

类别	年份	政策来源	主要内容
价格政策	2004	《关于进一步落实差别电价及自备电厂收费政策有关问题的通知》（发改电〔2004〕159 号）	各地要按照国家产业政策的要求，对电解铝、铝合金、电石、烧碱、水泥、钢铁 6 个高耗能行业区分淘汰类、限制类、允许和鼓励类企业试行差别电价
	2004	《关于建立煤电价格联动机制的意见的通知》（发改价格〔2004〕2909 号）	明确了煤电联动技术方法、首次联动的计算基准、电价调整周期、销售电价与上网电价联动等重要问题
	2005	《关于印发电价改革实施办法的通知》（发改价格〔2005〕514 号）	包括《上网电价管理暂行办法》《输配电价管理暂行办法》《销售电价管理暂行办法》3 个文件
	2005	《关于继续实行差别电价政策有关问题的通知》（发改价格〔2005〕22544 号）	差别电价的政策仍按《关于进一步落实差别电价及自备电厂收费政策有关问题的通知》（发改电〔2004〕159 号）
	2006	《国务院办公厅转发〈国家发展改革委关于完善差别电价政策的意见〉的通知》（国办发〔2006〕77 号）	规定对电解铝、铁合金、电石、烧碱、水泥、钢铁、黄磷、锌冶炼 8 个高耗能行业实行差别电价政策，明确了对上述行业中淘汰类和限制类企业用电实行加价的时间和标准
	2007	《燃煤发电机组脱硫电价及脱硫设施运行管理办法》（试行）（发改电价〔2007〕1176 号）	从脱硫设施建设安装、在线监测、脱硫加价、运行监管、脱硫产业化等方面提出了全面、系统的措施
	2007	《关于降低小火电机组上网电价促进小火电机组关停工作的通知》（发改价格〔2007〕703 号）	按规定降低小火电上网电价，鼓励小火电机组向高效率机组转让发电量指标
	2012	《关于深化电煤市场化改革的指导意见》（国办发〔2012〕57 号）	取消了重点合同，实现了电煤价格并轨
排污收费	2003	《排污收费征收管理使用条例》（国发〔2003〕369 号）	将排污收费由原来的超标收费改为排污即收费和超标收费并行。按照污染要素的不同，将排污收费由原来的单因子收费改为多因子收费
	2003	《排污费征收标准管理办法》（国家计委、财政部、国家环境保护总局、国家经贸委〔2003〕31 号）	规定对排污者征收污水排污费、废气排污费、固体废物及危险废物排污费、噪声超标排污费，并制定了排污费征收标准及计算办法
产业政策	2004	《关于燃煤电站项目规划和建设有关要求的通知》（发改能源〔2004〕864 号）	提出针对我国能源以煤为主的国情，必须高度重视燃煤电站规划及建设的各方面因素，尽快提升燃煤电站技术水平，规范电站项目建设，确保电力工业可持续发展
	2006	《关于加快电力工业结构调整促进健康有序发展有关工作的通知》（发改能源〔2006〕661 号）	各地要结合本地区电源情况，逐步关停拆除能耗高的火电机组，在逐一落实关停机组的基础上，制定可行的关停实施方案，切实做好小机组关停后的有关工作，加快凝汽式小火电及燃油机组的关停步伐
	2006	《国家发改委办公厅关于做好小火电机组关停调查工作的通知》（发改能源〔2006〕392 号）	对过去已明确的关停机组进行全面核查清理

类别	年份	政策来源	主要内容
产业政策	2007	《国务院批转发展改革委、能源办关于加快关停小火电机组若干意见的通知》（国发〔2007〕66号）	以《产业结构调整指导目录（2005年本）》为主要依据，结合节能和环保要求，提出了小火电机组的关停范围，主要包括大电网覆盖范围内单机容量5万kW及以下的火电机组、单机10万kW及以下且运行满20年的常规火电机组，以及其他未达到节能环保标准、供电煤耗明显偏高和运行仍达不到国家规定要求的热电联产和资源综合利用机组，也要关停
	2008	《关于火电机组“上大压小”项目前期工作有关要求的通知》（发改能源〔2008〕295号）	提出对于实施“上大压小”的新建项目，要充分论证项目的可行性，严格执行国家电力产业政策和规划，促进电力工业可持续发展。规定了关停项目的时限、机组关停需要提交的材料等
	2015	《关于加快配电网建设改造的指导意见》（发改能源〔2015〕1899号）	通过配电网建设改造，中心城市（区）智能化建设和应用水平大幅提高，供电质量达到国际先进水平；城镇地区供电能力和供电安全水平显著提升，有效提高供电可靠性；乡村地区电网薄弱等问题得到有效解决，切实保障农业和民生用电。构建城乡统筹、安全可靠、经济高效、技术先进、环境友好、与小康社会相适应的现代配电网
	2016	《热电联产管理办法》（发改能源〔2016〕617号）	鼓励采暖型背压热电联产企业按照电力体制改革精神，成立售电售热一体化运营公司，优先向本区域内的用户售电和售热，售电业务按合理负担成本的原则向电网企业支付过网费
	2016	《关于发展煤电联营的指导意见》（发改能源〔2016〕857号）	明确了煤电联营发展五大重点方向，并要求提高煤电联营资源利用效率，增强煤电联营专业化管理水平，提升煤电联营项目竞争力
	2016	《关于推进电能替代的指导意见》（发改能源〔2016〕1054号）	完善电能替代配套政策体系，建立规范有序的运营监管机制，形成节能环保、便捷高效、技术可行、广泛应用的新型电力消费市场。2016—2020年，实现能源终端消费环节电能替代散烧煤、燃油消费总量约1.3亿t标准煤，带动电煤占煤炭消费比重提高约1.9%，带动电能占终端能源消费比重提高约1.5%，促进电能占终端能源消费比重达到27%
	2017	《关于深入推进供给侧结构性改革做好新形势下电力需求侧管理工作的通知》（发改运行规〔2017〕1690号）	贯彻落实供给侧结构性改革有关部署，促进供给侧与需求侧相互配合、协调推进，进一步做好电力需求侧管理

类别	年份	政策来源	主要内容
环境保护相关政策	2002	《燃煤二氧化硫排放污染防治技术政策》（环发〔2002〕26号）	指出该政策控制的主要污染源是燃煤电厂锅炉、工业锅炉等，重点区域是“两控区”及对“两控区”酸雨的产生有较大影响的周边省、市和地区
	2003	《关于加强燃煤电厂二氧化硫污染防治工作的通知》（环办〔2003〕102号）	提出各地要对辖区内的已建燃煤机组的装机容量、发电量、二氧化硫治理和排放情况进行调查，统筹考虑新建、改建和扩建以及现有燃煤电厂二氧化硫削减和平衡计划等一系列燃煤电厂二氧化硫污染防治政策和措施
	2005	《关于加快火电厂烟气脱硫产业化发展若干意见》（发改环资〔2005〕757号）	为从根本上解决火电厂二氧化硫污染问题，促进火电厂烟气脱硫产业化发展提出实施办法
	2007	《关于开展火电厂烟气脱硫特许经营试点工作的通知》（发改办环资〔2007〕1570号）	提出试点工作的具体实施计划，包括试点范围、确定项目、编制实施方案以及试点总结等内容
	2017	《火电厂污染防治可行技术指南》（HJ 2301—2017）	进一步落实排污许可制度，加强和规范火电厂烟气、水、噪声、固体废物污染防治，改善环境质量，推动火电行业污染防治措施升级改造与技术进步
	2018	《生活垃圾焚烧发电建设项目环境准入条件》（试行）（环办环评〔2018〕20号）	规范我国生活垃圾焚烧发电建设项目环境管理，引导生活垃圾焚烧发电行业健康有序发展

附：我国现行的税制中有关电力产业的税收规定以及税收优惠政策如下。

（1）增值税优惠政策

除涉及对农村电网维护费、各级电压外部供电工程建设和改造费不征收增值税外，还包括对纳税人销售下列自产货物实现的增值税，实行即征即退 50%的政策。对燃煤发电厂及各类工业企业产生的烟气、高硫天然气进行脱硫生产的副产品，包括石膏、硫酸、硫酸铵和硫黄；以煤矸石、煤泥、石煤、油母页岩为燃料生产的电力和热力（油母页岩用量占发电燃料的比重不低于 60%）；利用风力生产的电力。同时对利用外国政府贷款或国际金融组织贷款通过国际招标由国内企业中标的机电产品恢复退税。

（2）企业所得税和外企所得税的优惠政策

对纳入财政预算管理的 12 项政府性基金免征企业所得税，12 项政府基金包括电力建设基金、三峡工程建设基金等；对于在西部地区新办的交通、电力、水利、邮政、广播、电视企业，上述业务收入占企业总收入 70%以上的，可以享受自开始生产经营之日起，第一年到第二年免征企业所得税，第三年至第五年减半征收企业所得税（即“二免三减半”税收优惠）。

（3）城镇土地使用税的优惠政策

对火电厂厂区围墙外的灰场、输灰管、输油（气）管道、铁路专用线用地，免征土地使用税；对水电站的发电厂房用地（包括坝内、坝外式厂房），生产、办公、生活用地，照章征收土地使用税，对其他用地给予免税照顾；对供电部门的输电线路用地、变电站用地，免征土地使用税。

这些政策的实施，保障了电力产业的健康发展，促进了产业规模的优化，“十一五”期间电力产业共关停小火电机组 7 683 万 kW，提前并超额完成国家关停小火电机组的目标。2010 年全国 30 万 kW 以上的火电机组比重已经达到了 72.7%，比 2005 年提高了 20%。同时一些税收优惠政策以及环境保护政策对控制电力产业的环境污染，尤其是对二氧化硫的减排起到了很大的作用。据中国电力企业联合会的统计，截至2011年年底，全国已投运脱硫机组容量达到了6.3亿kW，有89%的煤电机组安装了脱硫装置，比2005年提高了75%，极大地促进了电力产业环境保护工作的开展。

（3）存在的主要问题

① 税收政策未体现产业特性，优惠政策力度不够

首先，现行电力产业在税收规定方面，只是在增值税方面有单独的体现，在其他税种上未能体现出电力产业的特殊性，尤其是在企业所得税方面，未能体现出与电力产业相关的收入分配及成本费用的列支标准。

其次，现行电力产业的税收优惠政策，在所得税方面倾斜的力度不够突出。现行电力产业的税收优惠政策，更多的是在增值税方面给予了即征即退或减免征收等税收优惠政策，而增值税是价外税，体外循环，对企业的直接影响不大而对企业影响较大的所得税，在优惠政策方面却不够突出，只是在极少的几个项目上给予扶持。

② 环境保护相关政策配套措施尚需进一步完善

虽然我国已经颁布了许多控制电力产业污染的政策，但在现实中电力产业污染问题依然比较严重，究其原因，主要是除一些环境保护政策外，相关的法律、法规政策不完善、不够配套，有法不依、执法不严的情况时有发生。

此外，由于现有的针对电力产业的环保管理在很大程度上处于政策研究阶段，实施过程中还需要有一系列的环境保护技术监管，但是目前大多是执行以往的技术标准，创新技术匮乏，即便有部分创新，也往往受技术扩散范围的局限，电力产业新的环保技术得不到及时应用。

③ 电力产业的排污收费标准低、范围窄，实施效果不理想

目前针对电力产业，基于市场经济的污染控制手段之一的排污收费制度的推进进展并不理想。一方面，排污收费标准偏低，受信息的制约，管理部门无法完全征收排污费，而且征收的排污费使用不合理，对各个电厂减排促进作用不大，由于各地区征收标准不一，污染出现地区性转移。另一方面，电力产业的收费只针对二氧化硫等少数几种主要污染物征收，并没有对其他具有污染性质的排放物征收。

而排污总量收费是二氧化硫控制政策体系中唯一的一项环境经济政策，就目前执行的情况看，它既不能反映容量资源的稀缺程度而起到资源配置效率最优化的作用，也不能起到经济刺激、调整减排行为的作用。

8.1.3 煤化工产业

（1）政策清单

表8-3列出了21世纪以来国家制定的煤化工产业部分相关政策。

表 8-3 煤化工产业现行主要政策

类别	年份	政策来源	主要内容
产业政策	2006	《关于做好焦化行业结构调整工作的通知》（发改办产业〔2006〕939 号）	要求各地区要从产业发展现状与问题、原则和目标、发展规划等方面尽快制定本地区焦化行业结构调整规划和年度工作计划
	2006	《国务院关于加强节能工作的决定》（国发〔2006〕28 号）	将合成氨、氮肥工业作为节能降耗的重点领域。提出采用先进、科学的节能措施，淘汰落后技术，提高准入门槛，达到提高行业能耗水平的目的
	2007	《天然气利用政策》（发改能源〔2007〕2155 号）	将天然气制合成氨列入允许类和限制类目录中，氮肥行业应在国家政策允许范围内，在天然气或煤层气资源丰富且不宜远距离输送的地区建设经济规模的天然气合成氨装置，适度提高以天然气为原料的合成氨生产能力
	2009	《关于抑制部分行业产能过剩和重复建设引导产业健康发展的若干意见》（国发〔2009〕38 号）	对今后三年煤化工发展提出了明确指导意见：遏制传统煤化工盲目发展，今后三年停止审批单纯扩大产能的焦炭、电石项目
	2010	《关于规范煤制天然气产业发展有关事项的通知》（发改能源〔2010〕1205 号）	通知要求煤制天然气产业须在国家能源规划指导下统筹考虑、合理布局，综合考虑资源承载、能源消耗、环境容量等，合理布局煤制天然气气源点，还提出优先安排煤炭调出区煤制天然气项目等一系列规范产业发展的要求
产业准入	2004	《电石行业准入条件》《焦化行业准入条件》（发改委〔2004〕76 号）	为遏制电石、焦化行业低水平重复建设和盲目扩张趋势，促进产业结构升级，规范行业发展，从生产企业布局要求、工艺装备、能源消耗和资源综合利用等方面制定了电石、焦化行业的准入条件
	2004	《关于清理规范焦炭行业的若干意见》（发改产业〔2004〕941 号）	提出从统筹规划、控制总量，抑制盲目扩张、严格市场准入，加强规范管理和引导等方面规范焦炭行业的发展
	2007	《氯碱（烧碱、聚氯乙烯）行业准入条件》（发改委〔2007〕74 号）	提出从产业布局、规模与工艺、能源消耗、安全环保以及监督管理 5 方面对未来氯碱行业的发展予以规范
	2015	《现代煤化工建设项目环境准入条件》（试行）（环办〔2015〕111 号）	规范现代煤化工建设项目环境管理，指导煤化工行业优化选址布局，促进行业污染防治水平提升
财税政策	2007	《关于落实国务院关于加快振兴装备制造业的若干意见有关进口税收政策的通知》（财关税〔2007〕11 号）	通知明确了 16 项主要任务，其中包括进行大型煤化工成套设备的研制开发，明确了包括煤化工在内的 16 个重大技术装备关键领域的有关进口税收政策

类别	年份	政策来源	主要内容
综合政策	2006	《关于加强煤化工项目建设管理促进产业健康发展的通知》（发改工业〔2006〕1350号）	煤化工产业发展应“量水而行”，严禁挤占生活用水和农业用水发展煤化工产业。限制高耗水工艺和装备的应用，鼓励采用节水型工艺，煤化工项目必须达到废弃物减量化、资源化和无害化标准。对不能实现废弃物综合利用和无害化处理的煤化工项目应不予核准或备案
	2006	《煤化工产业中长期发展规划征求意见稿》	提出今后煤化工的更多机会在新型煤化工，即煤制甲醇、二甲醚和煤制油中，而且要求规模化。提出建造蒙东、中原、云贵等七大煤化工基地以及四大管线
	2007	《煤炭产业政策》（发改〔2007〕80号）	在水资源充足、煤炭资源富集地区适度发展煤化工，限制在煤炭调入区和水资源匮乏地区发展煤化工，禁止在环境容量不足地区发展煤化工
	2009	《石化产业调整和振兴规划》（国发〔2009〕16号）	分析了石化产业发展现状及面临的形势、指导思想、基本原则和目标、主要任务，并从抓紧落实油品储备、加强信贷支持、完善成品油价格形成机制等方面提出保障政策
	2011	《关于规范煤化工产业有序发展的通知》（发改产业〔2011〕635号）	分析了煤化工盲目发展带来的问题，从严格产业准入政策、加强煤化工项目审批管理、落实行政问责等方面提出对煤化工产业的调控和引导
	2012	《煤炭深加工产业发展政策》（征求意见稿）（国家发展改革委、国家能源局）	从煤化工产业布局与发展重点、技术装备、产业组织、市场准入管理、资源使用等方面提出了促进现代煤化工产业发展的一系列政策
	2017	《关于印发〈现代煤化工产业创新发展布局方案〉的通知》（发改产业〔2017〕553号）	为实现煤炭清洁转化，培育经济新增长点，进一步提升应用示范成熟性、技术和装备可靠性，逐步建成行业标准完善、技术路线完整、产品种类齐全的现代煤化工产业体系，推动产业安全、绿色、创新发展，提出了我国现代煤化工产业创新发展布局的总体方案
	2017	《煤炭深加工产业示范“十三五”规划》	提出了“十三五”期间我国煤炭深加工产业示范的指导思想、基本原则、发展目标、主要任务和保障措施

（2）政策效应分析

煤化工产业是技术、资金、能源、水资源密集型产业，其运行周期长、工艺流程多且复杂。我国目前发布实施的煤化工产业相关政策（表8-3），以煤化工产业结构调整、产业准入、产业技术装备水平提升、环境保护等为主。

这些政策对于促进煤化工产业健康发展、控制总量、抑制盲目扩张以及煤化工投资过热起到了积极的作用，有利于煤化工产业链的延伸。目前，煤化工形成的主要产业链包括煤制烯烃、煤制油、煤炭—甲醇—醋酸、甲胺、煤炭—醇醚以及合成氨及煤焦化，这些产业链的构建有利于煤化工产业资源环境效率的提高，有利于实现煤化工与煤炭、电力等产业的协调发展。

（3）存在的主要问题

① 缺乏促进煤化工产业发展的鼓励政策

与煤化工产业的发展速度相比，目前相应的环境保护措施还比较滞后，缺乏煤化工产业利用废弃资源的鼓励政策。尤其缺乏针对煤化工产业利用煤焦油、焦炉煤气、转炉煤气、高炉煤气、高硫煤、褐煤以及石油焦、煤层气、煤渣等劣质或废弃资源的鼓励支持政策，如综合利用税率优惠或环境税减免等优惠、鼓励政策。

② 促进煤化工产业技术升级的支持政策不足

目前，煤化工产业政策多以调整产业结构、提高准入门槛等为主，虽然在产业政策中也提到促进产业技术的升级，但是缺乏相应配套的政策措施支持。尤其是缺乏对引进国外先进技术，鼓励煤化工企业或各个方面自觉发展，利用洁净煤技术、二氧化碳加氢制甲醇等高效技术以及企业技术创新的投资、设立专项基金等支持政策。

同时相关的产业技术标准、产品标准及相关法规尚需完善，包括煤制油、甲醇燃料、二甲醚及合成天然气等产品在生产、流通、使用、服务等方面的技术标准及相关法律等。

8.1.4 建材产业

（1）政策清单

表 8-4 列出了自 20 世纪 90 年代以来国家制定的建材产业部分相关政策。

表 8-4 建材产业现行主要政策

类别	年份	政策来源	主要内容
产业政策	1992	《国务院批转国家建材局等部门关于加快墙体材料革新和推广节能建筑意见的通知》（国发〔1992〕66 号）	要求加大政策法规的调控力度，创造墙体材料革新和推广节能建筑的良好外部环境；坚持用系统工程方法推荐墙体材料革新和发展节能建筑工作；加强组织引导墙体材料革新与建筑节能工作不仅对节约能源、改善建筑功能具有重大意义，而且是保护耕地、保护环境的重要措施
	2005	《产业结构调整指导目录（2005 年本）》	日产 4 000 t 及以上熟料新型干法水泥生产及装备和配套材料开发，新型节能环保墙体材料等 17 项被列为鼓励类，非浮法及日熔化量 500 t 以下的普通浮法平板玻璃生产线、100 万 m^2/a 及以下的建筑陶瓷砖生产线等 12 项被列为限制类，使用非耐碱玻纤或非低碱水泥生产的玻纤增强水泥空心条板等 38 项列为淘汰类

类别	年份	政策来源	主要内容
产业政策	2006	《关于加快水泥工业结构调整的若干意见的通知》（发改运行〔2006〕609 号）	完善现行资源综合利用政策中有关水泥利用废弃物税收优惠规定。抓紧研究制定鼓励水泥工业资源综合利用和处理工业、城市垃圾方面的配套政策措施。加强大型高效粉磨系统、低热值燃料应用、城市垃圾处理、工业废渣及可燃废弃物的应用、新型绿色水泥材料等的研究
	2015	《促进绿色建材生产和应用行动方案》（工信部联原〔2015〕309 号）	以新型工业化、城镇化等需求为牵引，以促进绿色生产和绿色消费为主要目的，以绿色建材生产和应用突出问题为导向，明确重点任务，开展专项行动，实现建材工业和建筑业稳增长、调结构、转方式和可持续发展，大力推动绿色建筑发展、绿色城市建设
	2016	《关于促进建材工业稳增长调结构增效益的指导意见》（国办发〔2016〕34 号）	就今后一段时期化解水泥、平板玻璃行业过剩产能，加快建材工业转型升级，促进建材企业降本增效、实现脱困发展做出具体部署
财税政策	1994	《关于企业所得税若干优惠政策的通知》（财税字〔1994〕1 号）	企业利用废水、废气、废渣等废弃物为主要原材料进行生产的，可在五年内减征或者免征所得税。主要包括：① 企业利用本企业外的大宗煤矸石、炉渣、粉煤灰做主要原材料，生产建材产品的所得，自生产经营之日起，免征所得税五年。② 为处理利用其他企业废弃物的在《资源综合利用目录》内的资源而新办的企业，经主管税务机关批准后，可减征或者免征所得税一年
	1995	《关于对部分资源综合利用产品免征增值税的通知》（财税字〔1995〕24 号）	明确规定了废弃物回收企业可以免缴增值税
	1995	《关于对部分资源综合利用产品免征增值税的通知》（财税字〔1995〕44 号）	对企业生产的原材料中掺有不少于 30%的煤矸石、石煤、粉煤灰、烧煤锅炉的炉底渣的建材产品，在 1995 年内免征增值税
	1996	《关于继续对部分资源综合利用产品免征增值税的通知》（财税字〔1996〕20 号）	从 1996 年 1 月 1 日起，继续执行本通知规定的增值税优惠政策
	1996	《财政部、国家税务总局关于继续对废旧物资回收经营企业等实行增值税优惠政策的通知》（财税〔1996〕21 号）	1997 年年底前，《关于对废旧物资回收经营企业增值税先征后返的通知》对废旧物资回收经营企业增值税实行先征后返 70%的规定继续执行
	2001	《关于废旧物资回收经营业务有关增值税优惠政策的通知》（财税〔2001〕78 号）	自 2001 年 5 月 1 日起，对废旧物资回收经营单位销售其收购的废旧物资免征增值税
	2009	《关于资源综合利用及其他产品增值税政策的补充的通知》	采用旋窑法工艺生产的水泥（包括水泥熟料）或者外购水泥熟料采用研磨工艺生产的水泥，水泥生产原材料中掺兑废渣比例不低于 30%。并分别给出这两种生产工艺水泥掺兑废渣比例的计算公式

类别	年份	政策来源	主要内容
财政政策	2002	《关于发布〈散装水泥专项资金征收和使用管理办法〉的通知》(财综〔2002〕23号)	凡袋装水泥生产企业、使用单位，应按照本办法规定缴纳散装水泥专项资金。散装水泥专项资金使用范围包括：① 新建、改建和扩建散装水泥、预拌砂浆专用设施；② 购置和维修散装水泥、预拌混凝土设备；③ 散装水泥、预拌混凝土、预拌砂浆建设项目贷款贴息；④ 散装水泥、预拌混凝土、预拌砂浆科研、新技术开发、示范与推广等
金融政策	1995	《中国人民银行关于贯彻信贷政策与加强环境保护工作有关问题的通知》(银行〔1995〕24号)	对工矿企业为消除污染、治理“三废”开展的综合利用项目，在符合信贷原则、具有还款能力的前提下，金融机构要予以积极贷款支持。未经环保部门批准、污染严重的小钢铁、小化工、小建材等，各级金融机构不得发放贷款，并收回已发放的贷款

（2）政策效应分析

为扶持建材产业利用废弃物进行资源再生产品的生产，国家陆续出台了许多政策，以价格、税收优惠、金融等经济政策以及调整建材产业结构等方面的政策为主。

这些政策的实施加快了建材产业结构的优化，促进了建材产业与其他产业构建产业共生关系，提升了资源综合利用水平。据统计，2004 年建材产业总计综合利用各种废渣 4.2 亿 t，城市生活垃圾和可燃废弃物约 67.2 万 t。因综合利用工业固体废渣替代矿产资源——石灰石、黏土或砂岩、石膏等，减少各种废渣堆存占地约 29.4 万亩（1 亩≈667 m^2）。

（3）存在的主要问题

① 新型建材政策支持力度不够

国家鼓励节能新型建材产品的生产，鼓励节能建筑，但是节能建筑的实施缺乏一套完整的、行之有效的政策法规体系，对已有建筑节能强制性标准的执行，存在执法不严、落实不到位的情况。节能建筑的相关配套标准、规程有待进一步完善。此外，我国在扶持节能建材产品及节能技术进步等方面，尚未形成一套有效的市场激励机制。

② 促进建材产业发展循环经济的政策体系不健全

国家大力支持建材产业发展循环经济，但目前促进建材产业发展循环经济的政策体系还有待完善。如对于建材产业利用废弃物生产的再生资源产品定价机制不健全，对建材产业利用电力行业的粉煤灰、煤矿行业的煤矸石、化工行业的废渣、矿山开采的尾矿等废弃物资源化利用技术的研发以及建材产业与其他产业的共生耦合技术，需加大财政投资力度，给予税收和金融等方面的政策倾斜和支持。

8.2 政策绩效分析

综上所述，对单个行业发展而言，有相应的各类政策保障，但对能源化工基地发展循环经济而言，单个行业的政策在能源化工基地发展循环经济方面存在明显的失效性。

8.2.1 经济政策

（1）价格政策

① 价格形成机制不健全

我国资源性产品的定价权大部分是由国家控制，其价格不能充分反映资源的价值以及稀缺程度，更没有充分反映出生态破坏和环境治理的成本，而资源再生产品的市场价格也未能体现保护环境的效益和正效应。如我国长时间执行低煤价政策，煤炭成本得不到必要的补偿，造成有些应由成本分担的煤矿安全措施、技术措施以及改革采煤工艺等所需要的工程和设备不得不因紧缩开支而缓办或停办，制约了煤炭产业自我改造和自我发展能力的提高。作为能源化工基地的主导产业，煤炭产业的发展直接影响着下游的煤化工、电力等产业的发展。

同时，能源化工基地大多位于缺水地区，我国长期实行低水价政策，也没有针对不同企业的耗水量的阶梯水价制度，使得水资源浪费严重，不利于工业用水的重复利用，全国的工业用水重复利用率平均低于 40%，大大低于发达国家平均 70%的水平。而煤化工、电力等都是耗水量大的产业，为促进能源化工基地水资源效率的提高，目前的水资源价格体系亟待完善。

② 排污收费偏低

一方面，我国目前的排污收费标准过低，对污染物的收费标准，远低于污染治理运行成本和污染损失费用，致使许多企业宁愿交纳排污费也不进行环境治理。另一方面，在国外被广泛采用的排污权交易手段还一直处在试点阶段，没有得到大范围的推广实施。而且目前我国对排污权的分配采用的是企业申报的方法，这种初始排污权的分配方式往往也缺乏效率。排污权交易缺乏一套科学的排污权初始价格形成机制，企业排放配额分配方法的公平合理性还存在较大争议。

（2）税收政策

我国现行税收政策中的增值税为生产型增值税，对于煤炭产业来说增值税税率过高，导致煤炭产业平均税率大大高于全国工业企业水平。现行的增值税基本税率为 17%，没有设高档税率，低档税率为 13%，虽然煤炭实行的是 13%的低税率，但由于煤炭企业抵扣偏低，造成实际税率偏高。据统计分析，2006 年，规模以上煤炭企业增值税综合税率为 8.15%，比 1993 年增长了 4.8 个百分点，较全国工业领域企业增值税平均水平高出一倍。

由于现行的增值税是按照产品增值部分缴纳税收，循环利用资源的建材企业原材料成本低，增值部分却比较高，导致循环利用资源却要缴纳更高比例的税，抑制了建材企业与废弃物排放企业构建产业共生关系的积极性。

此外，现行的税收政策中虽然制定了资源综合利用产品免征增值税、所得税等优惠政策，但是只针对部分产品，缺乏针对如煤化工产业利用煤焦油、焦炉煤气、转炉煤气、高炉煤气、高硫煤、褐煤以及石油焦、煤渣等劣质或废弃资源的综合利用税率优惠或环境税减免等税收优惠政策，也没有针对煤炭开采利用中的多种资源如煤层气、碳、硫以及渣等主要资源制定利用率考核标准，限制了资源再生产业对废弃资源综合利用的积极性。

（3）财政政策

目前，我国多地存在地方财政收入与对国家的能源贡献相比极不对等的情况，地方得到的利益太少。如 2005 年，榆林市地区 GDP 为 320.04 亿元，作为能源化工基地为国家贡献的能源价值超过 620 亿元，但地方财政收入仅为 23.8 亿元，这必然导致地方政府与中央及陕西省政府在财政资金分配中产生利益矛盾。

据“一五”到“十五”国家的统计资料，虽然煤炭工业总投资为 2 450.83 亿元，仅为石油工业投资（5 637.09 亿元）的 43.5%。但煤炭在我国一次能源生产或消费总量中的比重始终是石油和天然气总和的 3 倍以上。2003 年我国能源生产总量为 16.03 亿 t 标准煤，其中煤炭、石油、天然气分别占 2003 年能源生产总量的 74.2%、15.2%和 2.9%的份额，国家以较小的投入获得了较大的煤炭供应份额。另中国煤炭工业发展研究中心预测，2005—2020 年，现有国有煤矿因资源枯竭和关闭破产共报废生产能力为 1.5 亿 t，平均每年报废 1 000 万 t，煤矿建设期长，如果国家没有必要的扶持政策或一定的财政投资来推动煤炭产业发展，2015 年后，煤炭供给能力将大幅下降。这将直接影响能源化工基地煤炭产业及其下游产业的发展。

此外，国家支持在内蒙古、陕西、山西等地选择煤种适宜、水资源相对丰富的地区，重点支持大型企业开展煤制油、煤制天然气等煤化工升级示范工程建设，但对于煤化工企业或各个方面自觉发展、利用洁净煤技术等方面的财政补贴的支持仍很缺乏。

（4）金融政策

① 缺乏专项基金的设立

我国虽然设立了清洁生产专项资金和节能技术改造财政奖励资金，但是循环经济涉及很多方面，如对于能源化工基地来说，节约资源和提高资源利用效率等方面仍需要资金的支持，由此来看，专项基金的设立具有一定的必要性。

② 融资渠道有限

我国能源化工基地的投资主体主要有大型国有企业、中外合资企业等，目前向社会筹集资金的商业融资手段对其循环经济发展的资金支持十分有限，银行信贷、企业债券等渠道因为缺少相关制度的扶持，没有发挥到应有的作用。一些金融机构和环保部门刚开始探索建立绿色信贷机制，仍处于起步阶段，无法发挥重要作用。

8.2.2　产业技术政策

产业技术政策对技术的开发应用支持不足。目前，针对单个行业的产业技术政策相对完善，已出台的单个行业的产业技术政策多集中于单个行业生产建设过程中以及产品生产的主要环节，且涉及煤炭产业的技术政策相对较多，包括优化矿井设计、推广新的煤炭开采技术等。缺乏针对促进能源化工基地循环经济发展的关键、核心、技术的研究与开发政策以及推广应用落后技术的淘汰政策等，尤其是缺乏促进资源再生和资源综合利用相关技术的开发、应用淘汰政策。

8.2.3　环境保护相关政策

从总体上看，环境保护相关政策约束力弱。由于能源化工基地产业结构的特点，其在发展过程中具有资源和能源消耗量大、污染负荷高、生态和环境风险大的特点。而目前促进能源化工基地资源节约、环境保护的相关政策约束力弱，缺乏可操作性的生态环保政策法规和技术标准，环境准入制度、生态风险管理措施不到位或缺位，必然会带来巨大的环境影响和生态破坏。据调查，目前全国煤矿累计采空塌陷超过 70 万 hm^2，每年排放煤矸石约 1.5 亿 t，新增占地 300 亩，目前每年有 60%近 10 亿 t 的矿井水未经净化就被直接排放，对生态环境的影响日趋严峻。

产业环境准入政策门槛低。目前，涉及能源化工基地主导产业的环境准入政策总体来说门槛比较低，以限制产业规模为主要内容，而涉及产业关联以及满足能源化工基地资源环境效率要求的条件较少。因此，要满足能源化工基地循环经济健康发展的要求，必须进一步提高产业环境准入门槛，建立产业环境准入指标体系，实行严格的产业准入政策。

8.3　绿色发展政策设计

8.3.1　政策需求分析

煤炭作为能源化工基地的基础产业，与火力发电、煤化工等产业之间具有产业共生和关联关系，可形成煤炭—火力发电、煤炭—煤化工等循环经济产业链。但由于我国的能源化工基地主要分布在中西部生态环境脆弱区，以能源、原材料和重型化工产业为主，即以资源高耗型、污染密集型为特征的多产业高度集聚化发展可能会引发一系列重大生态和环境问题。因此，发展循环经济是能源化工基地实现生态转型和绿色发展的必然途径。

得益于产业本身的属性，能源化工基地的主导产业之间客观上存在并能够形成基于原材料供需的产业共生关系，但是受制于技术、市场等因素，产业间的废物代谢、共生耦合关系、副产品交换机制尚未真正形成，生态产业链条尚不完善和成熟。基于能源化工基地的产业发展特点，从完善产业链的角度迫切需要增加承担废物代谢或分解功能的产业，形成物质闭环流动型的工业群落或产业集群是必然趋势。从经济学角度讲，废物再生企业也是一个经济人，追求利润是其本性。由于存在市场失灵问题，再生资源或产品市场不足，废物再生企业缺乏寻求构建产业共生关系、发展循环经济的动力，导致“断链”或“缺环”，因此，迫切需要政府从产业政策、经济政策、技术政策及环境保护相关政策等方面加以规制和支持。此外，循环经济是一个系统工程，需要建立一套完善的政策体系，即从产业政策、财税、金融政策以及环境保护等方面加以支持和规制。

目前，对单个行业发展而言，有相应的政策保障，包括促进产业结构调整、环境保护相关、产业准入等一系列政策，但对能源化工基地发展循环经济而言，现行的单个行业相关政策的绩效不显著，特别是涉及能源化工基地发展循环经济的政策缺位或体系不完善，不利于产业共生关系发展，对循环经济的发展支持不足。因此，迫切需要建立和完善我国能源化工基地发展循环经济的政策保障体系。

8.3.2 政策设计原则

能源化工基地是一个以煤炭资源为依托，集煤炭采选、火力发电和煤化工及其相关配套产业为一体的多产业集中发展区。因此，政策的设计要遵循整体性、针对性、关联性和协调性的原则。

（1）整体性

循环经济是一个系统工程，涉及资源、环境、经济、技术等多种要素。因此循环经济政策的设计就是要从系统论观点出发，从资源、环境、经济、技术等多个方面加以考虑，对于能源化工基地发展循环经济的政策保障体系的设计也是如此。

（2）针对性

循环经济是一种新型发展模式，需要对现有的政策体系进行改革和创新。而能源化工基地具有明显的产业结构特点和区域性，需要制定更加有针对性的政策体系，即政策设计要体现多产业集中发展区特点，以促进各产业的有序发展，保护区域生态环境。

（3）关联性

循环经济的核心是依据产业之间的关联性构建和完善生态产业链。这就要求政策设计要围绕产业关联性，兼顾各相关产业发展，促进产业链的形成和发展。

（4）协调性

发展循环经济，不但要实现产业之间的共生、关联，而且要实现产业发展与资源、环境之间的协调发展。因此，政策设计要遵从协调性原则，从产业技术、产业经济、环境保护等多个层面综合考虑，以保障经济和资源、环境全面协调、可持续发展。

8.3.3　政策体系框架

为促进能源化工基地构建产业共生关系，推进循环经济发展，构建能源化工基地发展循环经济政策保障体系框架，主要包括产业技术政策、经济政策以及环境保护相关政策（产业环境准入政策）等（图 8-1）。

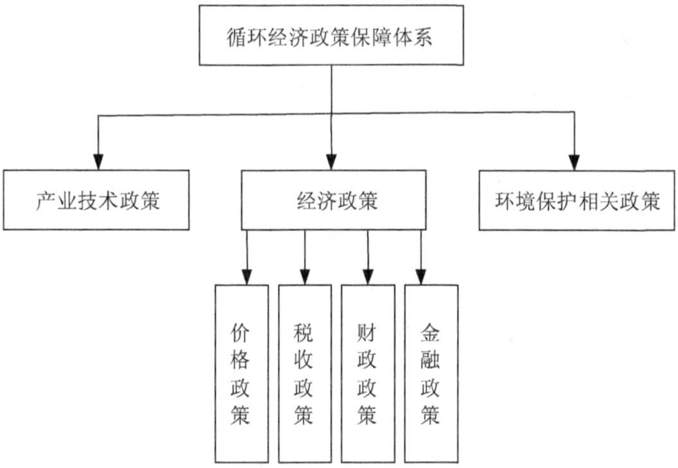

图 8-1　循环经济政策保障体系框架

（1）产业技术政策

针对发展循环经济的关键、核心技术，如污染源头预防和末端治理技术、产业链共生耦合技术等，制定相应的支持性政策，重点完善支撑循环经济发展的资源综合利用技术政策。首先，完善资源综合利用技术开发政策，鼓励重点领域、关键技术的开发，包括洁净煤技术、共伴生矿物资源综合回收利用技术、余热余压回收技术、粉煤灰、煤层气综合利用技术等，并从信贷、税收、投资等方面给予支持。

其次，完善资源综合利用技术淘汰政策，制定明确的约束和限制措施以引导企业实施资源综合利用，限制使用、限期淘汰落后工艺和设备。

最后，完善资源综合利用技术标准政策，对资源综合利用的产品和技术实行标准化管理。

（2）价格政策

① 完善资源性产品价格形成机制

依靠价格规律和供需关系调整资源价格，逐步建立能够反映煤炭等关键资源性产品的稀缺程度和市场供求关系的价格形成机制，将资源开采过程中的生态环境破坏成本纳入煤炭等资源定价体系中，建立反映资源环境成本的定价机制，形成科学合理的煤炭价格定价参照标准，完善价格发现机制，建立分地区、分类别的煤炭价格参考指数，推进煤炭、电力等上下游产品价格形成机制转换，降低资源开采过程中的生态环境破坏。

合理确定再生水价格，提高水资源重复利用水平，推进中水回用。实行定额用水，超额加价用水制度。对企业耗水量进行高耗水、中耗水、低耗水的阶梯划分，实施阶梯水价制度。

② 加大排污收费改革力度

在现有排污收费政策的基础上进一步研究提高煤矿瓦斯、矿井水、选煤废水、煤矸石、粉煤灰等排放收费标准，并将排污收费由浓度收费过渡到排放总量收费。

同时加快构建规范有效的排污权有偿使用和交易机制，包括规范初始排污权分配、形成有效的排污权交易机制、建立排污权储备与调控机制。

（3）税收政策

① 完善税收体系，实现增值税转型

改革增值税的征收办法，由现行的生产型增值税改革为消费型增值税，允许一次扣除固定资产全部价值的进项税额。与生产型增值税相比，消费型增值税税负相对较低（大约低 1/3），从而减轻包括煤炭企业、建材企业等的税负。同时，提高增值税地方分成比例，实行增值税地方分成比例由现行的25%提高到40%～50%。

② 加大税收减免优惠政策的力度

加大促进能源化工基地循环经济发展的税收优惠政策的力度，进一步加大对使用劣质煤、煤矸石、洗中煤、煤泥等低热值燃料以及对焦炉煤气、煤层气、脱硫石膏等劣质或废弃资源的综合利用的优惠力度，尽可能延长优惠政策的时限，优惠政策要体现规模效益。

对于利用废弃资源的建材企业的暂时没有盈利的项目，应免征所有税收；认定为产业共生中的项目或企业，以部分上缴的增值税作为财政扶持基金，扶持其发展；项目或企业获利后，根据情况免征或减征企业所得税。

（4）财政政策

① 发挥财政投资政策的扶持作用

煤炭、电力、煤化工、建材作为能源化工基地的支柱产业，同时也是被我国确定的循环经济发展重点产业，这些产业实现资源回收利用的潜力很大，但是需要财政投资支持重点关键技术的突破，以及公共基础设施的建设。政府财政投资应将这些领域作为投资的重点，加大资金支持。

② 完善财政补贴政策

对能源化工基地的循环经济试点企业采取项目资金支持、亏损补贴、财政贴息等政策；在推进循环经济项目、技术、产品研发方面，采用项目前期研发经费补贴的政策；对于包括粉煤灰、煤矸石、脱硫石膏等废弃物资源化的工艺设备开发、技术改造，实行科研及实验费用的补助政策。

（5）金融政策

① 设立循环经济发展专项基金

在能源化工基地设立循环经济发展专项基金，把增值税中地方分成比例提高的部分税金以及每年从排污费、科技三项经费等有关部分中，抽取适当资金作为循环经济专项基金，主要用于支持发展能源化工基地循环经济的重大项目和产业化示范项目。对于难以产生效益的“三废”资源综合利用项目给予资金支持与扶持。

② 建立多元化融资机制

循环经济项目的建设周期长、投资大、风险高。很多商业银行不愿意介入、承担过高的风险。必须充分利用现有政策性银行，主要是国家开发银行来强化对循环经济的资金支持。设立低成本的政策性贷款来支持发展循环经济的企业融资，通过优先贷款、低息贷款、贴息贷款、无息贷款、延长贷款周期等渠道给予企业资金上的支持。同时政府应加快对建立环境保护绿色银行可行性的论证，以从根本上解决目前企业融资难的问题。

（6）环境保护相关政策

首先，建立能源化工基地生态环境恢复补偿机制，强化企业的环保意识并完善环境损失补偿制度，完善资源输入地对输出地的补偿机制，建立基地环境保护投入机制。同时，研究制定有关政策，可把因保护生态环境而造成财政减收作为财政转移支付资金分配的一个重要因素，采取“项目支持”的形式，重点支持生态环境保护与建设项目、生态环境重点保护区域替代产业和替代能源发展项目。尽快建立生态风险评价体系及生态风险管理政策，提高环境管理水平。

其次，加快建立能源化工基地环境准入指标体系，以区域环境容量和环境质量为基线，以产业关联为基本要求，按照鼓励类、限制类、淘汰类以及禁止类制定产业导向目录。凡是引入能源化工基地的企业或项目，要求科技含量高，符合产品代谢和废物代谢的基本要求，产业关联度大。

下　篇

新疆准东经济技术开发区
绿色发展方案

案例简介

准东经济技术开发区（以下简称准东经开区）位于新疆维吾尔自治区昌吉回族自治州境内，西距乌鲁木齐市中心约 200 km，南与天山北麓绿洲相接，西与阜康市相接，北与阿尔泰地区富蕴县、塔城地区接壤，东与哈密市巴里坤县相接，于 2012 年 11 月正式挂牌国家级经济技术开发区。

准东经开区作为“丝绸之路”经济带的重要资源带和能源支撑区，在新疆新型工业化大局中具有特别重要的地位和作用。近年来，在国家的大力支持下，在新疆维吾尔自治区以及昌吉回族自治州党委和政府的高度重视和坚强领导下，准东经开区发展取得了显著进展，逐步由基础载体建设阶段向产业项目深入推进阶段迈进。“十二五”期间，深入贯彻落实中央新疆工作座谈会精神，按照国家稳增长、调结构、促改革、惠民生的总体要求，加快推进开发区发展，在经济社会发展、环境保护、基础建设方面取得了显著成绩。

到 2015 年年末，入驻各类企业达到 183 家，与 2010 年相比净增 132 家；累计投资达到 1 658 亿元，增长 14.3 倍；实现工业总产值 352 亿元，年均增长 2.9 倍，工业增加值 79 亿元，年均增长 3.2 倍。就业人数达 6.28 万人，较 2014 年的 5 万人增长 25.6%。各行业部门节能、环保意识不断增强，各领域节能减排、环保工程建设等工作逐步展开。指导企业制定“三废”治理工程方案并监督实施。大力开展《打赢蓝天保卫战三年行动计划》，对 82 家排污企业进行分类综合整治，责令停产不合格企业 2 家。环保投资累计达 31 亿元，完成煤矿密闭、脱硫脱硝、固体废物处理等各类环保基础工程。完成 5 家企业输煤廊道、筒仓建设，5 家企业脱硫、脱硝工程建成运行。造林绿化累计投资 1.7 亿元，完成造林 8 274 亩。

总体来看，准东经开区基础设施发展水平较“十一五”时期有了极大的提升，产业项目建设和规模化生产能力显著提高，煤电、现代煤化工、煤电冶等产业已经形成一定的产业集聚优势，为未来发展奠定了基础。随着“一带一路”、西部大开发战略实施，国家一系列支持新疆发展政策的落实，准东经开区将迎来千载难逢的发展机遇，经济发展潜力充分释放，经济实力进一步提升。与此同时，由于准东经开区地处戈壁荒漠区，水土资源匮乏，生态环境脆弱，大规模开发建设将面临一系列重大生态环境挑战。

本书系统分析了准东经开区的开发历程、环境现状与趋势，综合研判了未来 15 年绿色发展面临的重大压力和挑战，遵循“倡导生态文明，推动和谐发展；实施分区管控，引导有序发展；坚持保护优先，促进绿色发展；坚持预防为主，实现安全发展”的基本原则，明确了绿色发展战略定位、目标和总体策略，提出了绿色发展重点领域和任务。

第 9 章　区域概况

9.1　自然地理与资源条件

9.1.1　地理位置

准东经开区是国家级经济技术开发区，依托准东煤田规划建设的煤电煤化工产业园区，是新疆维吾尔自治区确定的优先发展、重点建设的大型煤电煤化工基地，以煤电、现代煤化工、煤电冶为主，参与“西煤东运”，是“西气（煤制天然气）东输”“疆电东送”的重要基地。

准东经开区位于新疆维吾尔自治区昌吉回族自治州境内，西距乌鲁木齐市中心约 200 km，南与天山北麓绿洲相接，西与阜康市相接，北与阿尔泰地区富蕴县、塔城地区接壤，东与哈密巴里坤县相接。

准东经开区规划管理区总面积为 15 534 km^2。西起吉木萨尔县西界与卡拉麦里山有蹄类动物自然保护区东界，东至东经 91°以西 10 km，北起昌吉回族自治州北部边界与卡拉麦里山有蹄类动物自然保护区南界，南到沙漠南缘分别与奇台、木垒、吉木萨尔县相关乡镇边界线重合。

重点开发区块总面积为 3 121 km^2，分为西部、东部产业分区范围。西部产业分区北起卡拉麦里山有蹄类动物自然保护区南界，南至一号矿井南界，西起卡拉麦里山有蹄类动物自然保护区东界，东至大井、将军庙矿区西界，规划范围约为 1 156 km^2；东部产业分区北起大井矿区边界，南至沙漠南缘，西起将军庙矿区边界，东至石钱滩景区及将黑铁路黑山站东侧，规划范围为 1 965 km^2（图 9-1）。

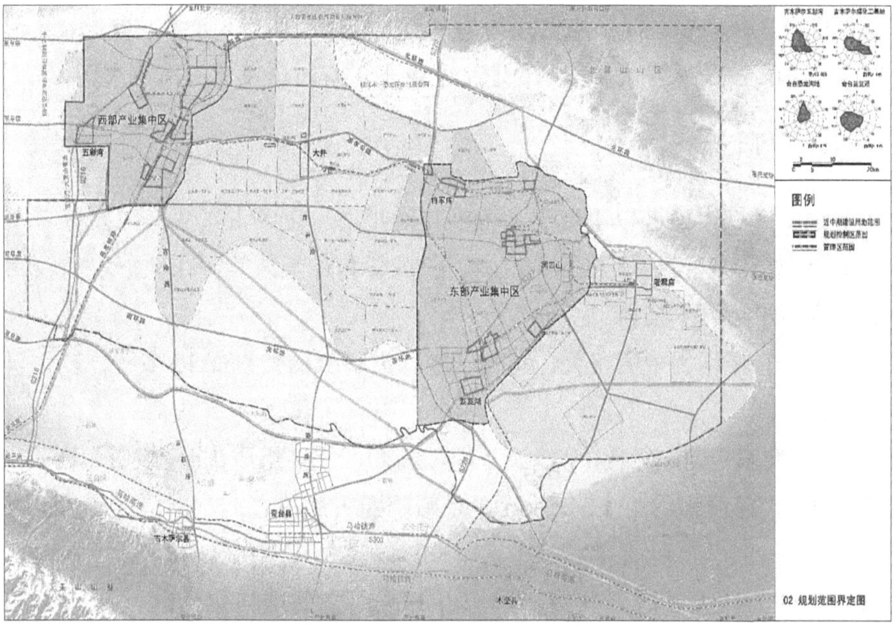

图 9-1 准东经开区规划范围界定

9.1.2 地形地貌

准东经开区所在的准噶尔盆地东高西低，略呈三角形形状，盆地地势由东向西微微倾斜，是我国第二大盆地。盆地西端有若干山口和额尔齐斯河谷，绿洲主要分布在靠天山的盆地南缘。准噶尔盆地东部海拔 1 000 m 左右，中部海拔在 600 m 左右，西部艾比湖最低，海拔为 189 m。中部是面积近 5 万 km^2 的古尔班通古特沙漠，占盆地面积的 16.3%，是我国第二大沙漠。沙漠区海拔为 360～400 m，地表形态多表现为蜂窝状固定或半固定沙丘，其次为活动性链丘和新月形沙丘，沙丘链长度一般有百米至数千米不等，延伸方向随风向而异。

准东经开区地势由东南向西北倾斜，地形平坦宽阔，地质构造条件较好，自然坡度为 3‰～8‰。北部为卡拉麦里山低山丘陵区，东部、西部和南部均为沙漠区。

9.1.3 水文气象

准东地区年降水量为 160～200 mm，分布不均，7 月为 39 mm 左右，地表水极度匮乏，属于卡拉麦里平原区子系统，天然补给模数为 1.00×10^4 t/（a·km^2）。上部为第四纪孔隙潜水，下部为第三系裂隙孔隙层间水；上部潜水北部地下水由北东向西南径流，南部地下水由东南向北西径流，总的向北西径流，以人工开采和蒸发的方式排泄。

准东地区属于中温带干旱区气候，主要特点是干燥少雨，冬寒夏热，日温差大，日照丰富，春夏季大风较多。年平均气温约为 3℃，无霜期为 121 天；冬季一般会形成稳定积雪。7 月，局部对流性强降水多，局地产生洪水，有时诱发泥石流等灾害。

9.1.4 自然资源

生物资源。区域内植被以小半灌木荒漠与小半乔木荒漠占优势，主要分布在砾石戈壁区。主要组成植物有梭梭、盐生假木贼、驼绒藜和琵琶柴等，在地下水位较高的地区还发育着较少的旱生灌木柽柳。

野生动物（脊椎动物中的兽类、鸟类、爬行类和两栖类）有 20 多种，以耐旱荒漠种为主。

煤炭资源。准东是国家第 14 个能源基地（新疆）的重要组成部分，煤田东西长 220 km，南北宽近 60 km，总面积约为 1.3 万 km^2，是新疆四大煤田之一，也是目前为止世界最大的整装煤田。

准东煤田分为四大矿区，其中，准东经开区所在的准格尔矿区预测煤炭资源量为 3 900 亿 t，占全疆储量（2.19 万亿 t）的 17.8%，占全国储量（5.56 万亿 t）的 7%；探明储量 2 136 亿 t。

水资源。准东经开区无常年地表径流，水资源匮乏，生产、生活用水主要采用“引额济乌”工程“500”东延供水工程供水加以解决。

在遵循“以供定需”原则且确保调水工程安全运行的条件下，未来期望可满足该地区用水需求。但是，考虑到额尔齐斯河为跨境河流，受全球气候变暖影响，其水资源总量可能逐年减少，而大量引水或将导致额尔齐斯河流域出现生态环境问题；周边地区可能出现争水现象，准东经开区供水仍然存在一定风险。

土地资源。准东经开区土地利用类型单一，主要为未利用地，地质构造条件较好，无不良工程地质现象和特殊软弱底层，大部分地区自然地面坡度为 3‰～8‰。区内没有重要军事设施，自然保护区和文物古迹相对集中，对准东经开区布局影响较小，适宜各类工程建设和产业带建设。

规划管理区面积为 15 334 km^2，无煤带空间资源较为稀缺，最大可利用建设用地面积为 1 470.21 km^2，约占规划管理区面积的 9.6%；其中，一类建设用地面积为 764.81 km^2，约占规划管理区面积的 5.0%。以人口密度为每公顷 40～50 人计算，可利用建设用地的人口承载力为 588 万～735 万人，一类建设用地的人口承载力为 305 万～382 万人。

9.2 发展历程、现状与趋势

9.2.1 开发区发展历程

准东煤电煤化工产业带发展起步于2004年，2005年新疆维吾尔自治区党委决定加快准东煤炭优势资源开发，并做出引进大企业、大集团，建设准东煤电煤化工产业带的重大战略决策。2006年9月，神华新疆能源公司五彩湾1 000万t/a煤矿项目奠基，准东煤电煤化工基地建设拉开序幕。随后，准东五彩湾、大井、将军庙、西黑山、老君庙五大矿区规划、项目建设和基础设施配套建设大规模跟进。2010年8月，新疆维吾尔自治区党委对准东开发做出重要指示：坚持“资源开发可持续，生态环境可持续”，要把准东作为新疆新型工业化的主战场，快节奏、高效率地推进。2011年11月，准东经新疆维吾尔自治区批准为自治区级工业园区，新疆准东经济技术开发区正式成立。2012年9月15日，经国务院批准设立为国家级经济技术开发区，标志着准东产业发展进入新阶段。

准东经开区经历了一厂一园、以县为主导、产业带功能布局规划、资源总体整合优化4个发展阶段。

（1）一厂一园阶段

准东经开区建设初期，基本上呈现为一厂一园的发展格局，即各企业分布在已开工建设的五大基础设施带两侧，一个企业就是一个园区，企业既负责生产，又负责职工生活的安置，厂区与生活区布置在一起。随着入驻企业数量增加，公共服务和基础设施共享、产业协作等方面问题日渐突出。

（2）以县为主导阶段

各市（县）对应相应的矿区，形成东西两区、五点联动的格局。入驻企业主要集中在五彩湾、芨芨湖、西黑山3个园区，部分企业采用一厂一园模式。

区域主干基础设施初步形成配套，但主干公共设施共用廊道以及二级管网系统未形成，政府投入较少，以企业自建为主。

（3）产业带功能布局规划阶段

2007年新疆维吾尔自治区煤电煤化工产业发展领导小组办公室、自治区经济贸易委员会编制了《新疆准东地区煤电煤化工产业带发展规划纲要》，2008年新疆昌吉回族自治州煤电煤化工产业发展领导办公室委托石油和化学工业规划院编制了《新疆维吾尔自治区准东煤电煤化工产业带功能布局总体规划》，将准东产业带的发展定位为以煤电煤化工为主，重点考虑煤制化肥、煤制油、煤制烯烃、煤制天然气几大产业链，并将产业带功能分为基础设施带和产业带功能区两类。

规划布局参照矿区分布，分为东、中、西 3 个部分，在 3 个片区中布置服务区、工业区和生态区。规划还提出产业发展规模、交通物流、公用设施、综合服务设施、环境保护等方面的内容。

（4）资源总体整合优化阶段

2011 年 6 月，准东经开区成立。2012 年年初，昌吉回族自治州正式建立准东经开区管委会，明确了新时期准东管理主体和管理模式，力图整合资源开发、整合项目管理、整合空间规划、整合基础设施，加快发展速度，提高发展质量。

2012 年 9 月，国务院办公厅同意设立新疆准东经开区，实行现行国家级经济技术开发区政策，准东经开区于 2012 年 11 月 21 日正式挂牌国家级经济技术开发区。同年 7 月，准东经开区管委会委托中国建筑设计研究院、城镇规划设计研究院编制完成《新疆准东经开区总体规划（2012—2030 年）》，并于 2012 年 12 月通过新疆维吾尔自治区人民政府的批复。

2015 年 1 月，基于国家产业政策和重点建设项目调整的需要，准东经开区管委会委托中国建筑设计院对《新疆准东经开区总体规划（2012—2030 年）》进行了修订。

9.2.2 人口现状与趋势

截至 2015 年年底，准东经开区就业人数达 6.28 万人，较 2014 年的 5 万人增长 25.6%。

到 2020 年，准东经开区人口总数达到 24 万人，其中，西部分区人口规模达到 13 万人，东部分区人口规模达到 11 万人。

预计到 2030 年人口总数达到 45 万人，其中，西部分区人口规模达到 25 万人，东部分区人口规模达到 20 万人。

9.2.3 经济现状与趋势

（1）经济发展现状

准东经开区是我国西部地区以煤炭资源高效、清洁、高附加值转化利用为发展方向，以煤电、煤电冶一体化、煤化工、新型建材等为主导产业的特大型经济技术开发区。

与 2010 年相比，2015 年累计投资增加到 1 658 亿元，增长了 14.3 倍；工业总产值增加到 352 亿元，年均增长 2.9 倍；工业增加值增加到 79 亿元，年均增长 3.2 倍。

（2）经济发展趋势

按照《准东经济技术开发区总体规划（2012—2030 年）》（修订版），到 2020 年，实现工业总产值 3 000 亿元，工业增加值达到 1 000 亿元（另据《准东经济技术开发区“十三五”规划》，到 2020 年，实现工业总产值 1 500 亿元，工业增加值达到 350 亿元）。搭建煤炭综合利用和资源转化产业体系，建设我国重要的大型煤炭、煤电、煤化工和煤电冶一体化产业聚集区和示范区。

到 2030 年，实现工业总产值 6 000 亿元，工业增加值达到 2 000 亿元；基本形成煤电、煤电冶一体化、煤化工、煤制油、煤制气五大产业集群，培育新兴建材、煤炭机械等煤炭相关产业和现代服务业发展，建成世界级煤炭资源综合利用产业聚集区。

9.2.4 产业现状与趋势

（1）产业发展现状

截至 2015 年年底，准东经开区已经建成重点项目 21 家，其中 12 家煤炭开采企业，3 家电解铝、3 家焦化厂、1 家热电厂、1 家氮肥制造企业和 1 家水泥制造企业，实际生产企业 15 家。

煤炭产业快速增长。截至 2015 年年中，已核准 3 个煤矿项目（包括自治区核准的 2 个），核准规模为 1 800 万 t；已取得国家发展改革委同意开展前期工作批复的煤矿项目 9 个，批复规模为 1 亿 t。其中神华新疆能源公司、天池能源有限责任公司千万吨级煤矿建设已初具规模。煤炭开采能力将达到 11 800 万 t/a。

煤电产业发展成效显著。已建成投运煤电装机容量 615 万 kW（其中热电 70 万 kW、自备电厂 545 万 kW），已核准正在建设的“疆内平衡”电厂项目 3 个，装机总规模 396 万 kW，已核准正在建设的“疆内平衡”电源项目 7 个，装机总规模为 1 320 万 kW。

煤电冶一体化产能大幅提升。东方希望、新疆神火、新疆其亚 3 家各 80 万 t 电解铝项目已建成，形成 240 万 t 产能。2015 年开发区全面启动延长电解铝下游产业链，建立了电解铝下游产业园区，力争年内就地转化率达到 30%以上。

煤化工产业体系逐步形成。已达产运行 40 万 t 合成氨、60 万 t 煤制尿素、60 万 t PVC、50 万 t 烧碱、8 万 t 三聚氰胺项目。国泰新华煤基精细化工项目全面开工建设。由中石化牵头的 5 个煤制天然气示范项目，批复总规模为 220 亿 m^3/a。

（2）规划产业规模

准东经开区以煤炭资源高效、清洁、高附加值转化为方向，发展煤电、煤电冶一体化、煤化工、煤制气、煤制油、新兴建材六大支柱产业，扶植培育生活服务、现代物流、观光旅游等潜力产业，构建以煤炭转化产业为支柱、以下游应用产业为引领，沙漠产业与现代服务业相互支撑的绿色产业体系。

根据《准东经济技术开发区总体规划（2012—2030）》（修订版），并结合《准东经济技术开发区“十三五”规划》，到 2020 年、2030 年，准东经开区主导产业发展规模见表 9-1。

表 9-1 准东经开区规划期主导产业规模

序号	产业门类	项目名称	单位	分阶段发展目标			
				2020 年	2030 年		
					西部	东部	合计
1	煤电	内部消耗	万 kW	2 000	1 800	1 200	3 000
2		外送	0	2 000	1 200	1 800	3 000
3		共计	0	4 000（2 300）	3 000	3 000	6 000
4	煤电冶一体化	电解铝、电解锌、多晶硅等	万 t/a	800	800	400	1 200
5	煤化工	煤制烯烃项目	万 t/a	240	240	240	480
6		煤制尿素项目	万 t/a	240	240	0	240
7		PVC 项目	万 t/a	180	120	120	240
8		煤制乙二醇项目	万 t/a	120（100）	100	60	160
9		精细化工	万 t/a	100	120	80	200
10		焦油加氢项目	万 t/a	120	0	200	200
11		食品级二氧化碳项目	万 t/a	4	4	4	8
12	煤制气	煤制天然气项目	亿 m^3/a	360（100）	360	400	760
13	煤制油	煤制油项目	万 t/a	360	720	720	1 440
14	综合配套	装备制造	亿元/a	15	0	25	25
15		粉煤灰制水泥项目	万 t/a	1 200	1 000	600	1 600
16		灰渣及矸石制砖项目	亿块/a	10	8	8	16
17	煤炭采选	—	万 t/a	30 000（20 000）	27 800	32 200	60 000

注：括号内的数据来源于《准东经济技术开发区“十三五”规划》。

9.3 生态环境现状与趋势

9.3.1 大气环境

（1）主要大气污染物排放现状与趋势

2015 年，准东经开区烟尘排放量为 6 155 t，SO_2 排放量为 31 445 t，NO_x 排放量为 29 511 t。其中电解铝产业对区域环境空气影响贡献最大，其烟尘、SO_2、NO_x 排放量分别占排放总量的 75.4%、82.2%、59.9%，其次是煤化工产业。

到 2020 年，人为源 SO_2 排放量预计达到 3.792 万 t；NO_x 排放量达到 6.09 万 t，其中工业源排放量占 84.6%，移动源排放量占 15.4%；PM_{10} 排放量达到 1.334 万 t，$PM_{2.5}$ 排放量达到 0.941 万 t。自然源的总悬浮颗粒物（TSP）排放量达到 506.01 万 t，PM_{10} 排放量达到 45.37 万 t，$PM_{2.5}$ 排放量达到 1.28 万 t。

到 2030 年，人为源 SO_2 排放量达到 7.521 万 t；NO_x 排放量达到 11.87 万 t，其中工业源排放量占 85.8%，移动源排放量占 14.2%；PM_{10} 排放量达到 1.89 万 t，$PM_{2.5}$ 排放量达到 1.455 万 t；自然源的 TSP 排放量达到 506.01 万 t，PM_{10} 排放量达到 45.37 万 t，$PM_{2.5}$ 排放量达到 1.28 万 t。

总体而言，准东地区 TSP、PM_{10} 以自然源（开放源）为主，自然源（开放源）排放量占 70%～85%。$PM_{2.5}$ 排放量的一半左右来源于人为源（工业源和移动源）。

（2）环境空气质量现状与趋势

2015 年，准东经开区各监测点的 SO_2、NO_2、O_3、CO、PM_{10}、$PM_{2.5}$ 六项常规监测污染物指标的日均浓度均可达到《环境空气质量标准》（GB 3095—2012）二级标准。其中，露天矿区监测点的颗粒物浓度较高，铝厂区监测点的二氧化硫浓度较高，二甲苯及乙苯之和（2.825 mg/m^3）超过二甲苯标准限值（1.5 mg/m^3），非甲烷总烃（5.676 mg/m^3）超过标准限值（5.00 mg/m^3）；而芨芨湖的 NO_2 和颗粒物浓度均较高。

2020—2030 年，SO_2 排放质量浓度范围为 10～27 μg/m^3，其中 2020 年冬季为 20～27 μg/m^3，夏季为 10～15 μg/m^3；2030 年冬夏季均为 20～27 μg/m^3。NO_x 排放质量浓度范围为 13～16 μg/m^3，PM_{10} 排放质量浓度范围为 75～100 μg/m^3，$PM_{2.5}$ 排放质量浓度可达到 50 μg/m^3。总体来看，随着规划产能逐渐释放，准东经开区大气污染呈加重趋势，其中，PM_{10} 是主要大气污染因子。

9.3.2 水环境

（1）水环境质量

准东地区无常年地表径流，主要地表水体包括一个 5 000 万 m^3 的冬季调蓄水池和 180 万 m^3 的事故水池，以及将军庙事故备用水池。2008—2015 年水质监测结果显示，除个别年月硫酸盐和总氮超标外，五彩湾水库水体功能基本满足《地表水环境质量标准》（GB 3838—2002）中的III类标准。

准东地区除少量承压水外，浅层（200 m 内）内基本无地下水可采。地下水水质与当地地质条件有关，总硬度、溶解性总固体、硫酸盐、氟化物等多项污染物指标存在超标现象，其中，各监测点硫酸盐普遍超标，溶解性总固体含量普遍偏高，不满足《地下水质量标准》（GB/T 14848—2017）中的 III 类标准。

（2）用排水现状

2015 年调查的 14 家企业用水总量为 33 149.56 万 t，其中取水量为 1 358.79 万 t，工业重复用水量为 31 790.77 万 t。

全区工业废水排放量为 27.23 t，化学需氧量为 0.004 8 t，氨氮为 0.000 1 t。

（3）需水量及废水排放量预测

根据以供定需原则，在优先保证生活和生态用水情况下确定生产用水，其中人均生活用水量标准为 0.2 m^3/d。依据规划期内产业规模及相应用水定额，到 2020 年，准东经开区需水总量为 2.15 亿 t，到 2030 年，需水总量达到 6.15 亿 t。

在生态用水全部采用再生水情况下，到 2020 年、2030 年生产用水可分别增加到 1.97 亿 t、5.82 亿 t（表 9-2）。

表 9-2 准东经开区水资源分配方案

单位：亿 t

用水结构＼时间	2020 年	2030 年
生产用水	1.89（1.97）	5.73（5.82）
生活用水	0.18	0.33
生态用水	0.08（0.0）	0.09（0.0）
合计	2.15	6.15

注：（）中的数据为当生态用水全部采用再生水情况下的生产用水量。

准东经开区高浓度含盐废水主要来源于煤化工等行业，包括循环冷却水排水、锅炉排水、化学水处理车间酸碱再生废水、煤气洗涤废水以及烟气脱硫废水。

到 2020 年，高浓度含盐废水排放量为 506 万 t，生活污水排放量达到 1 051 万 t；到 2030 年，高浓度含盐废水排放量达到 1 019 万 t，生活污水排放量达到 1 971 万 t。

9.3.3 固体废物

（1）固体废物类型

准东经开区固体废物类型主要包括粉煤灰、炉渣（锅炉渣+气化渣）、脱硫石膏、煤矸石等，大修渣、废催化剂、含油污泥等危险废物以及生活垃圾。

（2）固体废物产生现状

截至 2015 年年底，准东经开区已投产企业 15 家，涉及煤炭开采、火电、煤电冶（电解铝）、煤化工（化肥、PVC 等）等，按实际投产规模计算可得工业固体废物产生量为 569.59 万 t，其中一般工业固体废物为 568.91 万 t，危险废物为 0.68 万 t。西部分区生活垃圾产生量约为 14.7 t/d，东部分区生活垃圾产生量约为 1.4 t/d，全区生活垃圾产生量约为 5 877 t。

（3）固体废物产生量预测

到 2020 年，一般工业固体废物年产生量达到 3 746 万 t，其中粉煤灰、炉渣（锅炉渣+气化渣）、脱硫石膏、煤矸石产生量分别达到 1 579 万 t、1 055 万 t、403 万 t、180 万 t。危险废物产生量约为 38 万 t，其中大修渣 10 万 t、废催化剂 8 万 t、含油污泥 19 万 t。污水处理厂污泥产生量为 4.18 万～5.17 万 t。西部分区生活垃圾产生量达到 130 t/d，东部分区达到 110 t/d，全区生活垃圾产生量约 9 万 t。

到 2030 年，一般工业固体废物产生量达到 10 160 万 t，其中炉渣（锅炉渣+气化渣）、粉煤灰、脱硫石膏、煤矸石产生量分别达到 4 747 万 t、3 188 万 t、799 万 t、600 万 t。危险废物产生量达到 177.9 万 t，其中大修渣 21 万 t、废催化剂 14.7 万 t、含油污泥 140 万 t。污水处理厂污泥产生量为 7.79 万～9.64 万 t。西部分区生活垃圾产生量为 250 t/d，东部分区为 200 t/d，全区生活垃圾产生量约为 16 万 t。

9.3.4 生态环境

（1）生态现状

准东经开区地处荒漠半荒漠地带，北邻卡拉麦里山有蹄类国家自然保护区，境内分布有奇台恐龙沟—硅化木地质公园和石钱滩景区。地形较为平坦，土壤质地颗粒粗，土层薄，在大陆性气候条件下，形成荒漠化土壤。气候干旱、降水偏少，植被分布甚为稀疏，覆盖度低于 10%，主要为旱生与超旱生的灌木与小半灌木，主要植物为盐生假木贼、草麻黄、戈壁猪毛菜等。

（2）生态格局演变趋势

随着开发进程加快，准东经开区范围内土地利用结构将发生显著变化，景观破碎化程度加剧。

预测到 2020 年，规划管理区内草地面积减少 1.53%，林地面积减少 0.16%，工矿用地面积增加 30.56%，居住用地面积增加 13.29%，交通用地面积增加 26.12%；矿区排土场占地面积预计达到 23.52 km^2。

到 2030 年，规划管理区草地面积减少约 3.78%，林地面积减少 0.53%，工矿用地面积增加 106.65%，居住用地面积增加 48.10%，交通用地面积增加 52.24%；矿区排土场占地面积预计达到 43.22 km^2，比 2020 年增加近 1 倍。

9.4 生态和环境压力分析

准东经开区是国家第十四个大型煤炭基地——新疆煤炭基地的重要组成部分，也是新疆维吾尔自治区优先发展区、天山北麓工业经济带的核心支点。西部大开发、“一带一路”

倡议的实施，以及国家一系列援疆政策，为准东经开区加快建设“国家大型煤炭煤电煤化工基地”提供了前所未有的战略机遇；与此同时，由于准东地区地表、地下水资源匮乏且生产、生活用水供给存在风险和不确定性，生态环境脆弱，适建土地资源短缺，开发区境内分布有硅化木—恐龙国家地质公园和奇台荒漠保育区等生态环境敏感目标，北部紧邻卡拉麦里山有蹄类国家自然保护区，超常规开发、用地布局，非常规型人口增长以及巨量的货物产品运输规模，可能带来严重的不良生态后果，面临持续保障和维护生态、环境安全的巨大挑战。

（1）污染物种类和负荷齐增，环境空气质量维护和改善压力大

随着煤炭开采、煤电、煤化工、煤制气、煤制油等规划项目陆续投产，区内人口数量不断增加，多污染物种类并存、各类污染物产排量剧增、资源和环境承载压力显著加大的严峻态势日渐凸显，环境质量维护和改善将面临巨大考验。

气态、液态、固态各类污染物种类并存。除常规的污染物种类以外，硫化氢、烃类、重金属、酚等有毒有害污染物，以及高浓度含盐工业废水、废汞触媒、大修渣等危险废物也将形成规模。随着产业规模扩大，污染负荷将持续增大。与2015年相比，各类污染物产排量均呈增长态势。主要大气污染物（氮氧化物）排放量将增加1～2倍，高浓度含盐工业废水产生量增加1～2倍，一般工业固体废物产生量增长7～18倍，危险废物产生量分别增长50～260倍。生活垃圾产生量分别增长8～26倍。

准东经开区地处内陆戈壁荒漠区，常年干燥少雨风大，自然扬尘本底偏高，与露天采矿、工地施工、交通运输造成的扬尘叠加，加重了扬尘污染。当地冬春季节多大风的天气条件有利于大气污染物远距离输送，与奇台县、阜康市、乌鲁木齐市等周边县、市存在大气污染交互、叠加效应，也可能对卡拉麦里山有蹄类自然保护区、奇台县荒漠类草地自然保护区、硅化木—恐龙国家地质公园和乌源一号冰川等环境敏感目标造成影响。如何协同控制污染物排放总量，特别是有效控制大气污染物排放量，以维护和改善区域环境空气质量，是准东经开区环境保护面临的首要难题。

（2）局部生态环境趋于恶化，区域生态安全问题日渐凸显

随着准东经开区东、西部产业分区工业项目布设以及交通等基础设施的建设，特别是露天煤炭开发规模的逐渐扩大，规划控制区内土地利用结构将发生明显变化，突出地表现为林、草地面积趋于减少，而工矿、交通、居住用地面积持续增加，露天煤炭开采、道路建筑工程施工导致土壤侵蚀面积加大，植被覆盖指数（NDVI）降低，土地沙漠化风险增加，生态系统服务功能下降，局部地段呈现出明显的生态环境退化态势。

准东经开区地处荒漠半荒漠地带，气候干旱、多风少雨，生态环境十分脆弱，生态治理与恢复极其困难，一旦破坏，将难以修复。生态退化不但直接影响开发区内生态环境质量，而且会给卡拉麦里自然保护区野生动物的生存环境以及南部绿洲生态带来影响。

考虑到准东经开区荒漠生态脆弱性、难恢复性的特点，应坚持以保护优先、自然恢复为主的原则，优先保护自然本底，尽量减少人为扰动，选用乡土树草种对破损地段进行生态修复，特别是对露天矿区要同步开展生态治理和恢复。

（3）环境风险源及受体高度集聚，环境安全面临严峻考验

煤化工、煤制气、煤制油、电解铝等行业是准东经开区重要的环境风险源，由于其原辅材料、产品和副产品以及工业“三废”大部分属于易燃易爆、有毒有害危险品，或致癌物质，在生产、储存、运输过程中一旦处理不当或发生泄漏而引发环境污染事故将对周边环境和人群健康造成污染损害。规划期末，准东经开区煤化工、煤制气、电解铝等环境风险源的数量、密度急剧增加，东、西部两个新城区人口大幅增加也使得受环境风险事故影响的对象、范围随之扩大，最终导致区域性、累积性的环境风险等级显著增大。此外，盐水库、排渣场以及供水、电、气输送管道等基础设施在建设和运营过程中也可能对景观、生物及地下水环境造成一定影响。

因此，加强环境风险防控能力建设，建立和完善区域环境风险预警与应急机制，加快形成“源头预防、过程监管、善后处置”的全过程、分区分级环境风险防控体系，确保区域环境安全，是准东经开区实现安全发展的必然之举。

（4）环境监管体系尚待完备，环境管理信息化水平亟待提升

当前，环境监管能力与开发区规模、范围明显不匹配，集中表现为环保机构人员编制明显不足，现代化、信息化监管手段欠缺，环境监察、监测体系不完备，业务用房和运行经费缺乏，与国家规定的标准要求差距很大。区内仅建成一座空气质量自动监测站，污染源在线监测、监控设施尚在建设中。环境数据资源分散，缺乏统一的管理和利用，缺乏环境信息机构和必要的硬件设施，尚未建立信息化标准体系、运维体系和安全体系，数字环保建设的整体水平不能适应未来环境管理需求。

按照准东经开区总体规划，规划控制区包括东部和西部两大产业分区、9 个工业园区，占地总面积达 3 121 km^2。规划控制区范围大，工业污染源空间分布分散、点多面广，这为现场监测和执法带来巨大困难。随着开发区产业规模成倍扩大，工业污染源数量也将同比增加，环境监管硬件条件不足与环境监管任务重、难度大的矛盾愈加尖锐化。因此，加强环境监管能力建设，改善环境监测、监察执法手段和方式，大幅提高环境管理信息化、现代化水平，是准东经开区环境保护工作的重中之重。

（5）环境设施供需缺口较大，环境基础设施建设亟须加快

规划期内，随着规划的各类工业项目逐步入驻、投产，人口数量逐年增长，工业“三废”产排量、生活垃圾和污水处理处置量剧增，环境基础设施处理处置能力不足问题愈加凸显。

截至 2015 年，准东经开区已建成 100 t 垃圾处理场、400 万 t 灰渣处理场。现有排渣

场、高盐水库、生活污水和生活垃圾处理处置设施尚不能完全满足现状需求，未来供需缺口更大。

因此，加大资金投入，统筹规划，同步推进与污染治理需求相适应的环境基础设施建设，建立健全环境基础设施安全运行的长效管理机制，是实现开发区绿色生产、废弃物综合利用以及园区生态转型的重大基础性支撑工程，需求紧迫，任务艰巨。

第 10 章　战略定位、目标与策略

10.1　战略定位

（1）世界能源基地绿色发展样板区

纵观世界能源基地发展历程，多数发达国家在能源基地开发建设过程中都走了一条“先污染、后治理”“先开发、后保护”的不可持续的发展之路。经济结构单一、发展方式粗放、生态效率低下、环境管理滞后，是能源基地由盛及衰、由强变弱的根本原因。

准东经开区属于世界级、特大型能源基地，具有良好的煤炭资源条件、土地建设条件和交通区位条件。西部大开发、“一带一路”倡议的实施，国家提出“西电东送”“西气东输”的政策要求，为准东经开区以能源开发为主导产业，建设国家煤电煤化工基地，实现跨越式发展提供了良好机遇，但同时该地区的发展也存在缺水、少地、生态脆弱等一系列资源、环境和生态“瓶颈”因素。

在未来发展中，准东经开区应充分吸收和借鉴发达国家能源基地开发建设的教训和经验，积极顺应绿色发展的国际潮流，坚持以绿色发展为导向，建立基于资源和环境承载力的集中度高、关联度大、经济性好、竞争力强的绿色低碳循环型产业体系，全面开展节能节水节地、污染综合治理、环境风险防控、生态保护与建设，努力打造具有国际影响力和竞争力的世界绿色能源基地典范。

（2）国家资源开发和生态环境可持续示范区

新疆是国家 14 个能源基地之一，煤炭预测储量达到 2.19 万亿 t，占全国预测储量的四成以上。准东煤田属于新疆能源基地四大区域之一，即准噶尔区的主体部分，包含五彩湾、大井、将军庙、西黑山和老君庙 5 个矿区，预测煤炭储量为 3 900 亿 t，占全新疆的 17.8%，占全国的 7.2%。

准东经开区所在区域的大部分为沙漠、戈壁，气候酷热、干旱，降水量常年低于蒸发量，地表水资源匮乏，土壤沙化、荒漠化程度严重，属土地沙漠化中度敏感区和水土流失重点预防保护区、重点监督区和重点治理区。在如此脆弱的生态条件下，煤炭资源无序化、粗放式开发，可能导致极其严重的生态环境后果。

作为我国产业规模、开发范围最大的以能源产业为主导的国家级经济技术开发区，“丝绸之路”经济带建设的重要节点，准东经开区必须坚持保护优先方针，始终把“资源开发可持续和生态环境可持续”战略要求置于优先位置，坚守资源上限、环境底线和生态红线，努力破解资源、环境和生态约束，以最小化资源环境代价取得最大化经济社会效益，实现经济、社会和资源环境协调、可持续发展。

（3）西部地区国家能源基地环境管理创新先行区

准东经开区是超大型国家能源基地，以高载能产业为主，加之生态环境十分脆弱，环境保护压力巨大。当前，准东经开区尚处于开发建设初期，环境监管体系尚不完备，如何针对大型能源基地的环境管理需求，全面推进环境保护体制、机制、制度和政策创新，建设现代环境治理体系，是准东经开区亟待解决的重大课题。

准东经开区应严格执行国家环境保护法律法规，完善地方环境保护法律法规和标准体系，加强环境司法建设，强化环境监测、监察和执法，用严格的制度保护生态环境。建立环境保护区域协调联动机制，推进环境信息、环保政务公开，引导公众参与环境决策、环境治理和环境监督，以环保信息公开推动公众参与，以公众参与促进生态共保、环境共治。以信息化、智能化建立现代环境治理体系，努力探索国家能源基地环境管理新模式、新道路，打造西部地区国家能源基地环境管理创新的典范。

（4）新疆生态文明建设先行区

新疆维吾尔自治区是我国实施西部大开发战略的重点地区、西北地区战略屏障，也是我国战略资源的重要基地和对外开放的门户。加快推进生态文明建设，是新疆维吾尔自治区实现长治久安、持续发展的战略选择和重大任务。

准东经开区以煤炭资源开采、加工、转化为主要发展方向，在新疆北疆生态文明建设中占有举足轻重的地位。建立集约、节约和循环的经济发展模式，保护和改善生态环境，不仅是实现本区经济社会可持续发展的前提和基础，更是新疆生态文明建设的基本要求。以生态文明建设为统领，全面落实中央新疆工作座谈会、新疆维吾尔自治区第八次党代会提出的“环保优先、生态立区”战略理念和“资源开发可持续、生态环境可持续”战略要求，牢固树立“生态是资源，环境是资本”的生态价值观念，构建节约资源和保护生态环境的空间格局、产业结构、生产方式及生活方式，着力建设宜居宜业的人居生态环境，努力走出一条生产发展、生活富裕、生态良好、人与自然和谐共生的现代工业文明发展之路，打造成为新疆生态文明建设先行区。

10.2　基本原则

（1）倡导生态文明，推动和谐发展

树立尊重自然、顺应自然和保护自然的生态文明理念，坚持资源开发可持续和生态环境可持续的发展道路，严守资源承载上限、环境质量底线、生态保护红线，以最小化生态和环境代价取得最大化经济社会效益，推动和谐、持续发展。

（2）实施分区管控，引导有序发展

依据自然禀赋和生态环境功能，划定环境空间管制单元，实施分区、分类管控策略，严格控制开发建设边界，优化开发空间格局，合理布局生产、生活、生态空间，引导有序、健康发展。

（3）强化保护优先，促进绿色发展

坚持把生态和环境保护放在优先位置，把资源承载力、环境容量作为经济社会发展的物质基础和支撑条件，强化产业环境准入，大力推进清洁生产和循环经济，实现清洁、绿色发展。

（4）坚持防治结合，实现安全发展

坚持预防为主，从源头控制污染，严格监管重点区域、重点污染源，建立对所有污染物排放进行监管的环境保护管理制度和综合防治体系，加强露天矿区生态治理和恢复重建，加大区域环境风险防控力度，实现高效、安全发展。

10.3　发展目标

深入贯彻落实党的十八大，十八届三中、四中和五中全会关于生态文明建设的总体要求以及第二次中央新疆工作会议精神，牢固树立“创新、协调、绿色、开放、共享”五大发展理念，坚持在保护中发展、在发展中保护的方针，坚持资源开发可持续、生态环境可持续的发展道路，以保障生态安全、维护和改善环境质量为目标，以环境空间管制推进空间有序开发，以绿色、低碳、循环理念引导产业发展，以产城融合打造宜居宜业新城区，加强环境污染协同治理和环境风险防控，构建区域生态安全格局，加快环境监管能力和生态文明制度体系建设，着力提高环境治理能力现代化水平。经过10～15年发展，努力建成绿色清洁高效的产业体系，生态优美、环境安全的绿色园区，宜居宜业、产城融合的生态城区，集约、节约、绿色、循环型的能源化工基地。

10.3.1 近期目标（2020 年）

主导产业清洁生产水平显著提升，到 2020 年清洁生产审核率达到 100%。生态产业链网结构进一步完善，资源能源效率大幅提高。

主要污染物排放增量得到有效控制，规划控制区大气环境、水环境质量满足功能区要求。一般工业固体废物处置利用率达到 100%，危险废物/医疗废物、生活垃圾无害化处理率达到 100%。

生态保护红线区面积占规划管理区面积比例不低于 14.24%，综合服务基地和工矿区服务区绿化覆盖率达到 15%；矿区沉陷土地复垦率达到 100%。

初步建成完备的环境执法监督体系、环境监测预警体系和环境应急处置体系，力争达到西部地区三级标准；重点工业污染源在线监控设施覆盖率达到 100%。

10.3.2 中远期目标（2030 年）

基本形成完善的绿色发展体制和机制，基本建成完备的环境监管和污染治理基础设施体系，环境治理能力显著提升，生态环境根本好转，绿色发展水平显著提高。

10.4 总体策略

10.4.1 环境空间管制

按照“优先保障生态空间，合理安排生活空间，集约利用生产空间”的原则，划定空间管制分区，严格控制开发边界，明确各分区功能定位和管控要求，建立产业环境准入制度，严把企业入园条件和要求，以环境空间管制引导产业布局，形成“三生空间”相互融合协调的空间开发格局。

10.4.2 产城融合发展

坚持以产定城、以产兴城、以城促产的基本原则，按照推动产业集聚区持续健康发展的内在要求，统筹产业发展、人口聚集与新城区规划建设布局，明确生活服务基地定位与目标，加快新城区人居环境建设，打造绿色、生态、宜居新城，形成产城融合发展新格局。

10.4.3 环境压力调控

遵循预防为主、防治结合原则，确立资源承载上限和环境质量底线，建立以资源和环境承载力为约束的产业体系。严格实施水资源红线，强化节水管理，强化土地开发边界管制，加强大气污染存量与增量同步控制，推进高浓度含盐工业废水、工业固体废物和生活垃圾处理处置设施和环境监管能力建设，努力实现资源开发可持续和生态环境可持续，促进绿色、低碳、循环发展。

10.4.4 生态安全保障

树立尊重自然、顺应自然和保护自然的生态文明理念，依据自然禀赋和生态环境功能，构建区域景观格局，划定生态保护红线，严格实施生态保护红线分级分类管控措施，优先保护自然生态本底和重要生态资源。遵循自然恢复为主、人工建设为辅的原则，加强矿区生态治理与重建，确保区域生态安全。

10.4.5 环境风险防控

依据环境风险源、受体敏感性及环境风险传播路径，划定环境风险控制区，制定和实施环境风险分区分类防控方案。建立健全环境风险预警与应急响应机制，加强重点环境风险源动态监控和评估，完善环境突发事件应急预案，强化环境应急救援能力建设，提高环境风险管理能力，确保区域环境安全。

10.4.6 环境管理创新

加强环境保护体制改革、机制创新和生态文明制度建设，构建以环境质量改善、环境风险防控和生态安全保障为导向的环境保护管理体制、机制、法规和政策保障体系，用制度保护环境。确立企业环境保护主体地位，完善公众参与制度和激励机制，推进环境保护能力建设，建立政府规制、企业主体、区域协作、部门联动、全民参与的环境保护新局面，提升环境治理现代化、信息化水平。

第 11 章　重点领域和任务

11.1　实施环境空间管制，优化空间开发格局

11.1.1　建立空间管制分区

综合考虑土地资源和环境承载力、生态系统完整性以及产业布局的差异性和土地开发的适宜性，将准东经开区划分为禁止建设区、限制建设区和适宜建设区 3 类空间管制区，强化开发边界管制，依法实施分区分类保护和管理（图 11-1、表 11-1）。

严格保护生态空间，合理利用生产空间，保障生态空间性质不转换、面积不减少、功能不降低。

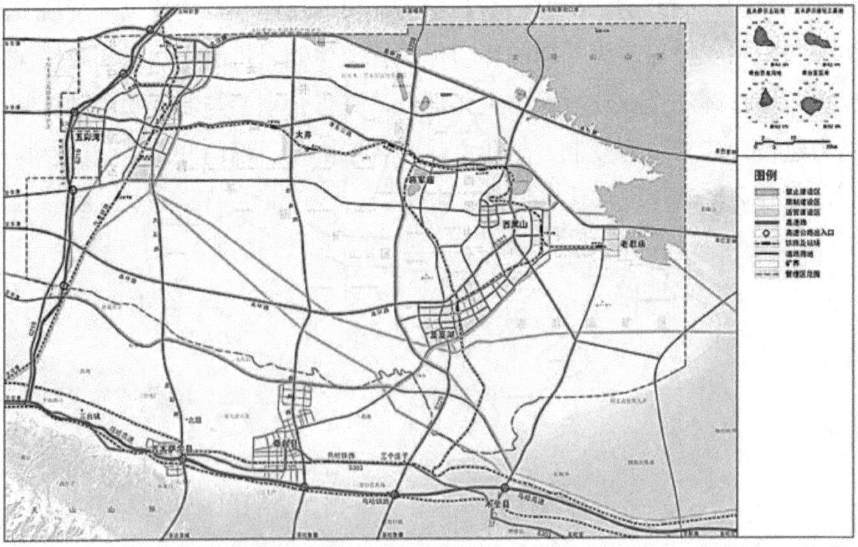

图 11-1　准东经开区空间管制分区

表 11-1　准东经开区空间管制分区

分区	亚区	类别	主要内容
禁止建设区	生态敏感区	国家地质公园与重要景区	硅化木—恐龙国家地质公园地质遗迹一类保护区、二类保护区
		地表水源Ⅰ级保护区	水库、蓄水池边缘外延 200 m 范围；供水干渠两侧
	自然灾害敏感区	地震断裂带	缺乏相关资料，根据实际情况控制
		矿产采空区	根据开采情况划定
	重大基础设施廊道	电力	五彩湾、芨芨湖高压廊道宽度
		天然气	输气管道、加压站范围内
		公路、铁路	铁路及高速公路边沟（或坡脚）线两侧范围内；一级公路两侧、二级公路两侧、三级公路两侧
限制建设区	生态控制区	国家地质公园三类保护区	硅化木—恐龙国家地质公园地质遗迹三类保护区
		生态公益林	现状公益林范围
		草场	现状草场范围
		地表水源二级保护区	水库、蓄水池按一级保护区外延 2 000 m，非明渠按一级保护区外延，明渠按一级保护区外延
		坡度大于 25%的地区	地形图获取
	矿产资源开发控制区	资源开采区	露天矿、矿井及探矿区
		采空区外围	根据开采情况划定
	设施廊道外围控制区	公路、铁路	铁路及高速公路边沟（或坡脚）线两侧 60 m；一级公路两侧 30 m、二级公路两侧 25 m、三级公路两侧 20 m
适宜建设区	—	城镇建设区	远景城镇建设的可能边界
		其他建设区	远景工业区建设的可能边界

（1）禁止建设区

禁止建设区指对生态、安全、资源环境、城市功能等具有重大影响的地区，一旦破坏很难恢复或造成重大损失。包括基本农田、行洪河道、水源地一级保护区、风景名胜核心区、自然保护区核心区、道路红线、区域性市政走廊用地范围内、城市绿地、地质灾害易发区、矿产采空区、文物保护单位等。

按有关法律法规和规定进行严格保护与管理，原则上禁止一切与保护无关的开发建设行为。现有企业项目、人口应逐步予以退出。

（2）限制建设区

限制建设区指生态重点保护地区，根据生态、安全、资源环境等需要控制的地区。包括水源地二级保护区、地下水防护区、风景名胜区、自然保护区、森林公园的非核心区、文物地下埋藏区、机场噪声控制区、市政走廊预留和道路红线外控制区、生态保护区、采空区外围、地质灾害低易发区、行洪河道外围一定范围等。

应根据不同限建类型，提出和执行具体的开发建设限制要求与管控措施。城市建设用地需要尽量避让，如需占用，应做出相应的生态评价，提出补偿措施或进行可行性、必要性研究，以不影响安全、不破坏功能为前提条件。

（3）适宜建设区

适宜建设区城镇和工矿开发项目地区，包括客观属性上适宜城镇建设的地区以及规划建设用地范围内地区。

应根据资源和环境条件，在保障生态资源可承载的条件下科学合理地确定开发模式、开发规模、开发强度和使用功能等。

专栏 11-1　环境空间分区管控要求

（1）禁止建设区

① 生态敏感区

禁止在国家地质公园与重要景区内新建任何建筑和设施，目前已建的与自然保护无关的一些构筑物应尽快予以拆除和搬迁，恢复原有自然面貌。

禁止在地表水源一级水源保护区内建设任何与供水工程无关的项目，禁止进行畜禽养殖，禁止排放废水、倾倒工业固体废物及生活垃圾。

② 自然灾害敏感区

禁止在地震断裂带开展各种建设活动，禁止取土、挖砂和采石等活动。对已经在断裂带区域建设的项目，必须采取有效补救措施，防止发生灾害，必要时应进行搬迁。

禁止在地下资源开采后的采空区开展各种建设活动，同时采取回填等治理措施，复垦成耕地或栽树植草等。

③ 重大基础设施廊道

禁止在五彩湾产业集中区东侧和芨芨湖产业集中区东南部 1.5 km 宽的高压走廊控制范围内建设与输电无关的各类建筑与设施。

禁止在输气管道中心线两侧和站场、库周边 50 m 范围内修建住宅、幼儿园、学校、医院、剧场、娱乐场所、车站、市场等人口密集场所和其他大型建筑物、构筑物，禁止修建加油站、加气站，进行爆破等。

禁止在铁路及高速公路边沟（或坡脚）线两侧 60 m 范围内，一级公路两侧各 30 m、二级公路两侧各 25 m、三级公路两侧各 20 m 地段范围内开展各种建设活动。

（2）限制建设区

① 生态控制区

禁止乱砍滥伐森林，对各类生态和防护林只准进行抚育和更新性质的采伐。区内的城镇和工业区应合理选择用地集中建设，不宜安排大型开发建设项目；确有必要的大型建设项目经规划且通过审批之后方可建设，并应严格控制项目的性质、规模、开发强度与空间形态。

在地表水源二级保护区，禁止新建、扩建污染较重、对总干渠输水水质存在潜在风险的建设项目及其他开发活动。

在坡度大于 25%的地区，应限制城镇居民点和工业企业建设，并在采取一定的工程措施，改善用地条件之后才能利用。

② 矿产资源开发控制区

在地下资源开采区以及开采后的采空区外围，禁止进行城镇建设活动。矿区的环保设施建设、土地复垦等工作应与煤炭资源开采同步进行，避免“先破坏、后治理”。

对新建矿山企业和新上矿产资源开采项目的用地选择应进行合理规划，节约用地，并执行严格的生态环境准入标准，避免和减少对生态环境的影响和破坏。新建矿区的居民点应尽量向附近的小城镇集中，少占或不占资源开采区的土地。

③ 设施廊道外围控制区

对于穿过自然保护区及重要生态节点的交通干线，应在主要的动物迁徙路径处以涵洞、架桥等形式预留动物迁徙廊道。

（3）适宜建设区

禁止发展单位产品耗水量多、土地资源占用量大、投资强度和产出率低的建设项目。新建项目的清洁生产水平须达到同行业清洁生产国内先进水平或同行业平均水平以上。

11.1.2　划定生态保护红线

综合考虑与主体功能区规划、生态功能区划、土地利用总体规划等规划相衔接，在科学评估识别关键区域生态功能重要性基础上，划定准东经开区生态保护红线，实施分类管理。

（1）红线类型与面积

准东经开区生态保护红线区总面积为 2 209.995 km^2，约占规划管理区总面积的 14.24%（图 11-2）。

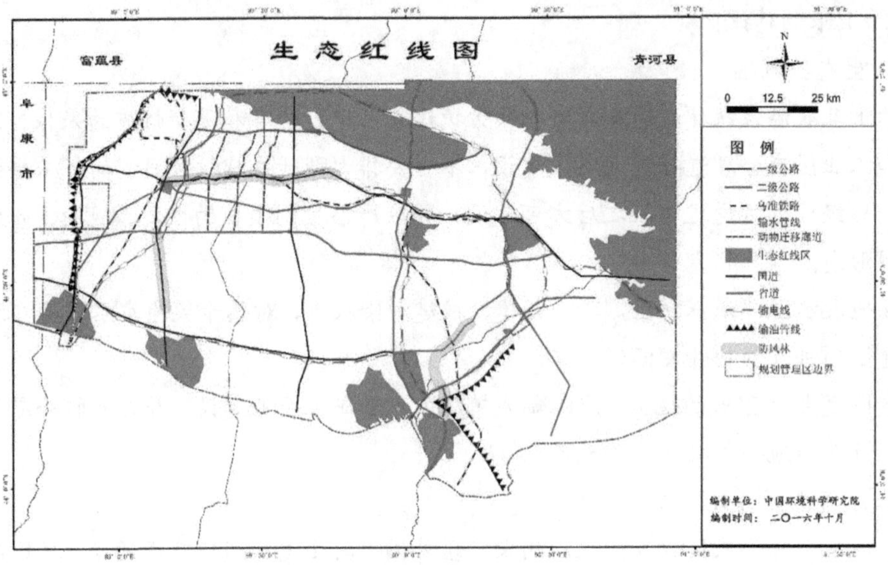

图 11-2 准东经开区生态保护红线划定方案

① 风景名胜区

奇台硅化木—恐龙国家地质公园，保护对象为硅化木、恐龙化石及雅丹地貌。总面积为 179.453 km^2，占生态保护红线区总面积的 8.1%。

② 自然保护区

奇台荒漠自然保护区（省级自然保护区），保护对象为温性荒漠类草地生态系统和生物物种。总面积为 609.715 km^2，占生态保护红线区总面积的 27.6%。

③ 生态绿地

芨芨湖生态绿地、将军庙绿地、北塔山生态绿地红线区，属于县级生态绿地。总面积为 750.162 km^2，占生态保护红线区总面积的 33.9%。

④ 其他

荒漠保育区和石钱滩景区。荒漠保育区靠近芨芨湖综合生活服务基地，石钱滩景区是规划区内的重要生态保护区。总面积为 452.19 km^2，占生态保护红线区总面积的 20.5%。

⑤ 线状红线区

线状红线区包括道路两侧 60 m 的防护林带、输电线两侧 50 m 保护带、输水管道两侧各设置 200 m 保护带、输油管道两侧各设置 150 m 保护带、输气管道两侧各设置 150 m 保护带、有蹄类动物迁徙通道两侧各设置 100 m 保护带。

线状红线区总面积为 218.475 km^2，占生态保护红线区总面积的 9.9%。

（2）红线区保护目标

空间面积不减少。生态保护红线区边界保持相对固定，区域面积规模不可随意减少。

用地性质不转换。生态保护红线区内的自然生态用地不可转换为非生态用地，生态保护的主体对象保持相对稳定。

生态功能不降低。生态保护红线区内的自然生态系统功能能够持续稳定发挥，退化生态系统功能得到不断改善。

（3）红线区管控要求

以各相关管理部门对相应类型生态保护红线的管理要求为基础，严格实施红线管控制度。不同类型生态保护红线区域的重叠部分应按照最严格的管控标准实施保护和管理。

禁止一切与生态功能保护无关的开发建设活动，实行严格的自然资源保护政策，确保生态保护红线区生态环境质量改善和提高。

加强对红线区域生态环境格局、质量和功能等的监控和评估。针对不同红线区域，有重点地进行生态环境质量监管与评估，密切关注其动态变化。

11.1.3 优化产业空间布局

（1）总体布局

立足煤电、煤化工、煤电冶一体化、新型建材等煤炭综合配套和资源转化等产业发展基础，扶植培育现代物流业、旅游服务业等潜力产业，按照功能协调互动、产业相对集聚、操作适度弹性、生态环境和谐的布局原则，综合考虑土地适宜性和生态保护目标，结合准东的产业定位，采取集中布局、组团发展的模式，形成“一带两区、双心九园、多个功能组团”的空间发展格局。

“一带”：沿准东公路横向产业发展带。依托准东公路、准东铁路等基础设施，贯穿准东开发区的众多产业区，实现联动发展。

“两区”：西部和东部两个产业分区。西部产业分区即五彩湾产业分区布局在五彩湾、大井矿区的无煤带内，形成以煤电、煤电冶一体化、现代煤化工产业为主导，新型建材等煤炭综合利用和能源转化产业以及生活服务、现代物流和旅游服务等现代服务业为补充的新型煤炭资源转化产业体系。东部产业分区即芨芨湖产业分区布局在将军庙、西黑山、老君庙 3 个矿区的无煤带内，形成以煤电、现代煤化工、装备制造为主导产业，以建材等煤炭综合利用及旅游服务为补充的能源综合利用产业体系。

“双心”：指五彩湾生活服务基地和芨芨湖综合生活服务基地两个现代服务中心，规划发展居住生活、休闲娱乐、新兴物流、商务办公、教育培训、旅游服务和零售服务等现代服务业。

“九园”：建设 9 个综合产业园区，分别为火烧山、五彩湾北部、五彩湾中部、五彩湾南部、大井、将军庙、西黑山、芨芨湖、老君庙 9 个产业园区，每个园区内配备不同类别的产业功能组团，协调合作，共赢发展。

“多个功能组团”：包括煤电产业组团、煤电冶一体化产业组团、现代煤化工产业组团（包括煤制气、煤制油等）等三类专一产业组团和一类综合产业组团等四类功能组团。综合考虑交通、电力、输气、输油等廊道设施和煤炭资源分布情况，分散布局于东、西两大产业集中区。

（2）分区布局

煤电产业：靠近露天煤矿坑口布置，降低运输成本。从西向东相对集中布局在五彩湾、大井、西黑山、将军庙、芨芨湖产业园区内。

煤电冶一体化：集中布局在火烧山、五彩湾和芨芨湖的无煤带区域。

煤化工：结合已建成煤化工企业并靠近铁路、煤矿布置，以便降低企业生产、运输成本。优先布局在五彩湾区域，从西向东依次向大井、西黑山、将军庙、芨芨湖、老君庙区域辐射。

新材料业：靠近电解铝企业布置，以便利用上游企业产生的工业废渣，发展循环经济。主要布局在五彩湾南部产业园区和芨芨湖产业园区。

新能源：主要布局在五彩湾、将军庙、大井和老君庙产业园区内。

公共服务业、信息服务业、金融服务业和科技服务业：主要布局在城镇生活服务基地以及厂区生活服务基地。

现代物流业：五彩湾设开发区物流核心枢纽，准东北站以及西黑山公铁联运枢纽设物流园区，五彩湾北部、五彩湾南部、大井、芨芨湖、将军庙、西黑山分别设商贸物流中心。

准东经开区产业布局规划见表 11-2。

表 11-2 准东经开区产业布局规划

<table>
<tr><th>产业集中区</th><th colspan="2">产业园区</th><th>组团类别</th><th>主导产业</th></tr>
<tr><td rowspan="5">西部分区</td><td rowspan="4">西部产业集中区</td><td>火烧山产业园区</td><td>煤电、煤电冶一体化和现代煤化工产业组团</td><td>煤电、煤电铝、煤制烯烃、煤制尿素等产业</td></tr>
<tr><td>五彩湾北部产业园区</td><td>煤电、现代煤化工产业组团</td><td>煤制油、煤制气、煤制烯烃、煤制尿素、煤制乙二醇、PVC 和精细化工等产业</td></tr>
<tr><td>五彩湾中部产业园区</td><td>煤电、现代煤化工产业组团</td><td>煤电产业、煤制气、煤制烯烃、煤制尿素、煤制乙二醇等</td></tr>
<tr><td>五彩湾南部产业园区</td><td>煤电冶一体化、现代煤化工和综合利用产业组团</td><td>煤电冶一体化、煤制气、新型建材、机械制造和现代物流等产业</td></tr>
<tr><td colspan="2">大井产业园区</td><td>煤电、现代煤化工产业组团</td><td>煤电、现代煤化工产业组团</td></tr>
<tr><td rowspan="4">东部分区</td><td rowspan="3">东部产业集中区</td><td>将军庙产业园区</td><td>煤电、现代煤化工产业组团</td><td>煤电、煤制气和煤制油等产业</td></tr>
<tr><td>西黑山产业园区</td><td>煤电、现代煤化工产业组团</td><td>煤电产业、煤制气、精细化工产业</td></tr>
<tr><td>芨芨湖产业园区</td><td>煤电、煤电冶一体化、现代煤化工和综合利用产业组团</td><td>煤电、煤电冶一体化、煤制气、煤制尿素、煤制乙二醇、PVC 和精细化工、新型建材、机械制造等产业</td></tr>
<tr><td colspan="2">老君庙产业园区</td><td>煤制油和煤化工产业组团</td><td>现代煤化工产业组团</td></tr>
</table>

11.2　建立绿色发展机制，促进经济持续发展

11.2.1　建立资源环境承载力调控机制

（1）严守水资源红线

坚决贯彻执行最严格的水资源管理制度，以水资源承载力核定产业规模，以供定需，以水定产，量水发展。用水总量不得突破引额济乌东沿工程供水最大可利用量。到 2020 年、2030 年，可供水资源量分别为 19 550 万 t、57 877 万 t；在矿井水处理设施以及供水设施配套齐全的情况下，矿井疏干水可供量分别为 1 981 万 t、3 654 万 t。最大可供水量两者合计分别为 2.15 亿 t、6.15 亿 t。

结合准东地区实际，建立和实施生产用水定额标准，各项目用水根据昌吉回族自治州水资源规划分配量确定。到 2020 年，工业增加值用水量不大于 24 m^3/万元，到 2030 年不大于 21 m^3/万元。

（2）严控建设用地规模

到2020年，开发区建设用地规模控制在246.9 km^2，绿地与广场用地面积控制在36.05 km^2，占14.60%。其中，西部分区建设用地为167.52 km^2，东部分区建设用地为79.38 km^2（表11-3）。

表 11-3　准东经开区建设用地控制规模　　单位：km^2

序号	用地分类		2020 年	2030 年
1	开发区建设用地		246.9	498.98
	其中	西部分区	167.52	276.83
		东部分区	79.38	222.15
2	产业区建设用地		214.57	443.81
	其中	西部分区	150.37	246.82
		东部分区	64.20	196.99
3	综合生活服务基地建设用地		32.33	55.17
	其中	西部分区	17.15	30.01
		东部分区	15.18	25.16

到 2030 年，在与土地利用总体规划衔接的基础上，建设用地规模控制在 498.98 km^2，绿地与广场用地面积控制在 58.84 km^2，占 11.79%。其中，西部分区建设用地为 276.83 km^2，东部分区建设用地为 222.15 km^2。

（3）强化大气环境容量控制

准东经开区大气环境容量按东部产业分区和西部产业分区分别计算，大气污染物指标包括 SO_2、NO_x、PM_{10}、$PM_{2.5}$。规划控制区环境空气质量执行《环境空气质量标准》（GB 3095—2012）二级标准（表 11-4）。

表 11-4 准东经开区大气环境容量 单位：万 t/a

污染物指标		SO_2		NO_x		PM_{10}		$PM_{2.5}$	
分区		东区	西区	东区	西区	东区	西区	东区	西区
理想容量	环境容量	7.75	7.42	6.51	6.23	6.66	6.38	3.87	3.71
		15.17		12.74		13.05		7.58	
	其中：低架源	1.16	1.11	0.98	0.93	1.00	0.96	0.58	0.56
		2.28		1.91		1.96		1.14	

SO_2 环境容量。准东经开区东部产业分区和西部产业分区 SO_2 理想环境容量分别为 7.75 万 t/a 和 7.42 万 t/a，全区总容量为 15.17 万 t/a，其中低架源总容量为 2.28 万 t/a。

NO_x 环境容量。东部产业分区和西部产业分区氮氧化物理想环境容量分别为 6.51 万 t/a 和 6.23 万 t/a，全区总容量为 12.74 万 t/a，其中低架源总容量为 1.91 万 t/a。

PM_{10} 环境容量。东部产业分区和西部产业分区 PM_{10} 理想环境容量分别为 6.66 万 t/a、6.38 万 t/a，全区总容量为 13.05 万 t/a，其中低架源总容量为 1.96 万 t/a。

$PM_{2.5}$ 环境容量。东部产业分区和西部产业分区 $PM_{2.5}$ 理想环境容量分别为 3.87 万 t/a 和 3.71 万 t/a，全区总容量为 7.58 万 t/a，其中低架源总容量为 1.14 万 t/a。

2015 年，准东经开区 SO_2 排放量为 3.14 万 t，NO_x 排放量为 2.95 万 t。扣除现有排放量，全区 SO_2、NO_x 剩余环境容量分别为 12.03 万 t/a、9.79 万 t/a。

（4）加强资源环境承载力监管

建立健全资源环境承载能力监测体系。加快建设资源环境监测预警数据库和信息技术平台，定期编制资源环境承载能力监测预警报告，超出或者接近资源消耗和环境容量承载能力时，实行预警提醒和限制性措施。

健全矿产资源开发利用管理制度。建立矿产资源开发利用水平调查评估制度，加强矿产资源查明登记和有偿计时占用登记管理。建立矿产资源集约开发机制，提高矿区企业集中度，鼓励规模化开发。完善重要矿产资源开采回采率、选矿回收率、综合利用率等国家标准。健全鼓励提高矿产资源利用水平的经济政策。建立矿山企业高效和综合利用信息公示制度，建立矿业权人“黑名单”制度。完善重要矿产资源回收利用的产业化扶持机制。完善矿山地质环境保护和土地复垦制度。

完善资源能源集约利用制度。实施建设用地总量控制和减量化管理，建立节约集约用地激励和约束机制，合理安排土地利用年度计划。完善最严格的水资源管理制度，健全用水总量控制制度，保障水安全。建立健全节约集约用水机制，促进水资源使用结构调整和优化配置。主要运用价格和税收手段，逐步建立高耗水工业企业计划用水和定额管理制度。完善资源循环利用制度，建立健全资源产出率统计体系。实行生产者责任延伸制度，推动生产者落实废弃产品回收处理等责任。建立能源消费总量管理和节约制度，强化能耗强度控制，健全节能目标责任制和奖励制。进一步完善能源统计制度。健全重点用能单位节能管理制度，探索实行节能自愿承诺机制。完善节能标准体系，及时更新用能产品能效、高耗能行业能耗限额、建筑物能效等标准。

11.2.2 强化产业环境准入

以空间区划为指引，以资源环境承载力为约束，建立和实施产业环境准入制度，强化产业发展布局环境引导。严格禁止发展国家明令淘汰的产业项目，限制发展不符合准东经开区空间功能、总量要求的产业项目，鼓励发展有利于延伸主导产业链且符合行业清洁生产标准要求的项目（图 11-3）。

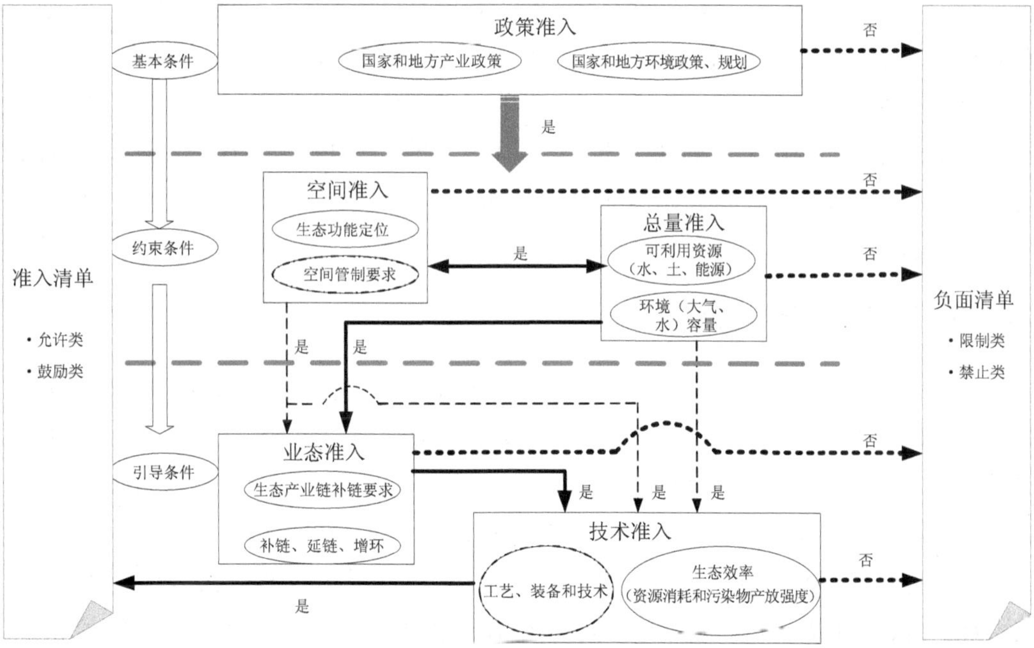

图 11-3 准东经开区产业环境准入制度框架

（1）政策准入

严格执行国家和地方关于产业结构调整指导目录、重点行业准入政策、环境政策和法规、相关规划等，禁止新建不符合政策准入要求的建设项目。属于淘汰类企业，应责令即时淘汰。

（2）空间准入

根据资源禀赋和环境承载力，从科学保护和持续利用生态环境功能的角度划定空间管制分区，明确各分区的生态功能定位，严格限制不符合空间管制分区功能要求的产业和项目入驻。

（3）总量准入

以资源和环境承载力为控制红线，确定产业发展规模，严格控制资源消耗量和污染物排放量。拟发展产业和建设项目的资源消耗量不得超过开发建设区的可利用资源总量，污染物排放量不得超过环境容量。对已超载地区，实施限批和削减措施；对临近承载阈限地区，资源消耗和主要污染物排放量实施 1 倍以上减量置换；对未超载的地区，实施资源消耗和主要污染物排放增量控制。

（4）业态准入

遵循生态经济规律，合理延伸和优化煤炭综合利用和能源转化产业链，实现煤炭资源的高效、清洁、高附加值转化，形成资源利用效率高、污染物排放少、经济效益好的产业结构，达到经济效益、环境效益和社会效益的高度统一。拟发展产业和建设项目应具有补链、延链功能。禁止和限制引入与主导产业链无关的建设项目。

（5）技术准入

严格执行行业清洁生产标准或评价指标体系，重点关注拟发展产业和建设项目的工艺、技术和设备先进程度，资源消耗和污染物产排强度等指标，新建项目要求达到清洁生产先进水平或同行业先进水平。

11.2.3 严格执行环评制度

全面落实产业规划环评工作，以区域资源承载力、环境容量为基础，以节能减排、淘汰落后产能为目标，从源头上优化产能过剩、重复建设行业建设项目的规模、布局以及结构。未开展区域产业规划环评的、规划环评未通过审查的、规划发生重大调整或者修编而未经重新或者补充环境影响评价和审查的，一律不予受理和审批。

严格遵守环评审批中“三个严格”的要求。① 严格限制审批涉及饮用水水源保护区、自然保护区、风景名胜区、重要生态功能区等环境敏感区的项目。② 严格控制高能耗、高水耗、高污染项目，杜绝已被淘汰的项目以技术改造、投资拉动等名义恢复生产。③ 严格按照总量控制要求，把污染物排放总量指标作为区域、行业和企业发展的前提条件，以新带老、上大压小。严惩超标、超总量排污的企业，限制其生产，甚至停产整治，以达到相应的排放标准。

11.2.4　推进生态工业园区建设

遵循企业清洁化、产业链条化、园区生态化的原则，积极推动工业集中区循环化改造，努力建设国家生态工业园区。

全面开展清洁生产审核，对现有的“双超双有”重点企业实施强制性清洁生产审核。加强企业清洁生产审核指导和管理，组织专家或委托咨询机构对审核过程、报告质量、方案实施予以系统评估，促进企业实施清洁生产方案并及时组织验收。到2020年，实施清洁生产审核的企业比例达到100%。

加强对现有企业实施清洁生产技术升级改造，新建项目原则上满足行业清洁生产标准二级水平或同行业先进水平。

积极推进开发区建设国家生态工业园区，大力引进高新技术、先进工艺等，优化物质流、能量流和信息流，延伸、补强和拓展生态产业链，形成纵向闭合、横向耦合、区域复合的生态产业链网。

采用煤电化热一体化发展模式，对煤电、煤化工和高载能产业产生的灰渣（电厂和煤化工灰渣、脱硫石膏、电石渣、煤矸石、石子煤等）进行资源化利用；采用先进反渗透、膜等废水处理技术，提高废水回收利用率；重点引进和发展大宗工业固体废物资源综合利用、高浓度含盐工业废水再生回用、余压余热余气能源回收等新技术、新项目。

11.3　加快人居环境建设，打造宜居宜业新区

11.3.1　严格保护饮用水水源

按照《饮用水水源保护区划分规范》（HJ/T 338—2007），将开发区内已建成的五彩湾水库和将军庙水库整个水面及周边200 m陆域范围划为Ⅰ级水源保护区，在水源保护区边界设立明确的地理界标和明显的警示标志，实行封闭式管理。

禁止设置排污口；禁止新建、改建、扩建与供水设施和保护水源无关的建设项目；严禁从事网箱养殖、旅游、游泳、垂钓或者其他可能污染水源的任何活动。

在水源保护区以及输水管线外围1 000 m范围内，严禁设置污水库、排放工业废水；严禁堆放废渣；严禁设立有害化学品仓库、堆栈或装卸垃圾、粪便；严禁使用工业废水或生活污水灌溉；严禁从事任何有可能污染该地区水质的活动。

11.3.2　加强生活污染治理

采用集中处置与分散治理相结合的原则，加快五彩湾、芨芨湖综合生活服务区污水

处理厂及其配套管网，以及工矿服务点生活污水处理处置设施建设，完善生活垃圾收运处理体系，到2020年实现生活污水、生活垃圾全收集、全处理。

综合生活服务区污水处理厂出水水质须达到《城镇污水处理厂污染物排放标准》（GB 18918—2002）中一级 B 标准和《城市污水再生利用 城市杂用水水质》（GB/T 18920— 2002）的要求后全部回用，各工矿服务点生活污水处理处置设施的出水水质须达到《污水综合排放标准》（GB 8978—1996）中一级排放标准。

提高生活垃圾处理处置能力。按城市化地区标准，在综合生活服务基地、生产服务区和工矿服务点设置垃圾收集站点，建设生活垃圾运转系统，实现垃圾运输全部机械化、密闭化。规划和建设生活垃圾填埋场及其配套的渗滤液处理设施。

11.3.3 加大区域噪声污染控制

（1）严格执行声环境功能要求

五彩湾综合生活服务基地、芨芨湖综合生活服务基地属商住混合区，总体上执行Ⅱ类声环境功能要求；其中医院、学校执行Ⅰ类声环境功能区标准。生产服务区执行Ⅲ类声环境功能区标准；其中的生活区执行Ⅱ类声环境功能区标准。生活办公区执行Ⅱ类声环境功能区标准，区内道路执行Ⅳa类声环境功能区标准。

（2）加强噪声污染控制

依据《环境噪声监测技术规范 城市声环境常规监测》（HJ 640—2012）要求，在五彩湾综合生活服务基地、芨芨湖综合生活服务基地和生产服务区等区域设置噪声例行监测点，实时监控区域声环境质量。

新建企业的职工原则上应在综合生活服务基地或生产服务区定点居住，确保噪声源与生活区距离满足相关要求。各企业厂界严格执行《工业企业厂界噪声标准》（GB 12348—2008）中Ⅲ类标准。

道路两侧 200 m 范围内不得建设医院、学校、行政办公场所及居民点等，需控制其与规划道路的防护距离要求。同时在Ⅰ类声环境功能区边界设禁鸣标志，条件成熟时各主要道路和敏感地段设置噪声级显示器并建立环境噪声监测网。

11.3.4 推进生活区绿化建设

遵循绿色理念，保持原生地形地貌，突出本土化特色，建设绿色生态城区，提高人居环境质量。

打造由生活服务基地、生产服务区、工矿服务点 3 个层次组成的绿地系统。以两大综合生活服务基地、2 个生产服务区及 13 处工矿服务点为中心，营造外围封沙育草带、边缘乔木、灌木结合的防沙林带以及与建设区内部的窄林带相结合的防护林体系，形成人居环境生态屏障。采用乡土树种开展园林绿化，重点建设五彩湾、将军庙、芨芨湖、野马养殖生态绿地。

建设特色鲜明的游憩性和旅游性公园。加强道路绿化建设，建设宽度不低于 20 m 的带状公园绿地，实现公共绿道、社区绿道与企事业单位绿道的衔接互通，形成结构合理、功能完善、惠及民生的绿道网体系。

11.4 深化污染综合治理，坚守环境质量底线

11.4.1 加强大气污染综合治理

以总量控制为抓手，以 SO_2、NO_x 和可吸入颗粒物污染控制为重点，推进大气污染协同减排，加强重点行业、领域大气污染控制，优先削减污染存量，严格控制污染增量，规划期内确保优良天数达到 85%以上。

（1）强化大气污染物排放总量控制

以控制火力发电、铝冶炼、煤化工、煤制气等重点行业污染物排放为重点，严格控制大气污染物排放增量。通过新疆内平衡、能源输出/输入地区统筹等途径，合理确定总量控制目标。

新建、在建电厂应采用先进的大气污染治理技术，接近或达到燃气轮机组排放限值；综合脱硫效率不低于 95%，脱硝效率达到 80%以上，除尘效率达到 99.9%以上；汞及其化合物排放质量浓度达到《火电厂大气污染物排放标准》（GB 13223—2011）0.03 mg/m^3 的限值。

开展污染源企业节能认证和能效标识监督检查，强化重点污染源环境监管。坚持将污染减排项目、重点工业污染源、企业污染防治设施运行情况纳入环保督察、环境监察日常工作内容，并推进大气污染物总量减排工作。

（2）加强扬尘污染综合治理

加强露天煤炭开采扬尘污染治理。开展煤矿煤尘治理，采取管道输煤等措施做到煤不落地，减少煤尘排放。鼓励泡沫结壳剂、生态抑尘剂、固沙剂以及水雾抑尘等抑尘新技术全面应用。

严格建筑扬尘污染治理。制定绿色建筑施工标准，对各类料堆、渣堆、灰堆全部采用密闭料仓贮存，对各类堆场加盖防风抑尘网或建设防风围挡墙。加大对渣土运输车辆的查处和整顿力度，严查飞扬撒漏、带泥上路现象。强化道路绿化和冲洗除尘，提高冲洗频次。禁止使用袋装水泥和现场搅拌混凝土、砂浆。在施工场地采取围挡、遮盖等防尘措施，减少城区裸露地面。

开展道路扬尘清洁整治工程。制订工程建设和运输车辆、设施规范以及道路保洁等的操作规程，实行环保、公安、环卫、交通管理部门的综合管理，减少道路运输的二次扬尘。加大运输车辆环境监管力度，要求所有进入准东经开区的载货车辆，特别是重型载货运输车辆必须采取密闭、清洗等防尘措施。

加强风蚀土壤扬尘控制。推进绿化工程，建设带、网、片、点相结合，层次多样、结构合理、功能完备的生态群落，降低风沙、扬尘及浮尘等对环境空气质量的影响。

（3）注重挥发性有机污染物防治

建立挥发性有机物排放重点监管企业名录，加强重点企业挥发性有机物在线监测系统建设，推广使用环境标志产品；督促企业建立涂料、胶黏剂、有机溶剂使用情况及产品、产量的月结台账，鼓励企业采用先进的涂装工艺技术，推进其他溶剂使用工艺挥发性有机物治理。

集中、大型的重点污染源，如大型锅炉、窑炉、反应器等排气量大、污染物浓度高，设备封闭程度较高，废气要经过除尘装置或气体吸收、冷凝、分子筛等物理、化学、物理化学方法处理后，有组织排放。

加强加油站、油罐车和储油库的油气回收治理。

（4）推进机动车尾气污染排放控制

严格执行机动车环保标志分类管理制度，提高机动车污染物排放标准，2020 年年底前全面推行国家第五阶段机动车污染物排放标准；严控油品质量，适度控制石化燃料机动车数量，鼓励发展清洁能源汽车，加快完善铁路线路建设，减少公路运输负荷。重点加强对重型开采矿机械、重型运输车辆尾气排放限值管理，推广重型机械专用尾气治理设备的应用。

积极推进公共交通体系建设，提高公交客运的运营能力。加快完善相关基础配套设施，推广使用天然气汽车和新能源汽车。

（5）全面推行集中供热和清洁能源

加强天然气设施建设，促进天然气使用。推行太阳能用于道路照明、家庭洗浴热水供应等分散式、小规模的清洁能源使用方式。

鼓励采用工业余热或热电联产方式进行分片集中供热。近期，在五彩湾生活服务基地采用电厂余热、热电联产作为热源—换热站—热电管网输送到用户的模式进行集中供热。在芨芨湖生活服务基地、五彩湾生产服务区、将军庙生产服务区、工矿服务点采用燃煤锅炉—热电管网输送到用户的模式进行集中供热。在五彩湾生活服务基地和生活服务区采用煤制气企业—集气站—一级管网—低压调压站—二级管网—用户的模式，在工矿服务点采用天然气瓶装供应站配送到用户的模式，促进天然气使用。

（6）健全大气污染联防联控长效机制

严格贯彻落实《新疆维吾尔自治区大气污染防治行动计划实施方案》，制定实施细则和配套政策措施，统筹周边市、县大气污染联防联控，建立信息共享、环评会商、联合执法、联动应急等合作机制，推进区域大气环境保护统一规划、统一监测、统一监管、统一评估、统一调度，提高共同应对区域大气污染的能力和水平。

建立大气污染防治会商制度，联合论证与充分协商对区域环境空气质量有重大影响的产业布局、建设项目、污染物减排核定、空气质量改善评估等重大主题，协调解决大气污染纠纷问题。

建立环境空气质量预报预警系统，全面开展环境空气质量预报与污染预警。建立重污染天气预警会商机制，开展 24 h 空气质量预报和 72 h 空气污染预报预警。完善重污染天气应急程序，结合大气污染程度和持续时间，启动和实施不同等级的应急预案和措施。

11.4.2 加大工业节水与废水治理力度

在确保供水安全的前提下，坚持节水优先原则，严格执行用水定额制度，加强重点行业节水管理，重点加大高浓度含盐工业废水的深度处理和集中处置，努力提高水资源利用效率，降低水环境压力。

（1）实施严格的生产用水定额制度

区内已建和拟建企业，应严格执行生产用水定额标准。采煤用水定额不高于 0.2 m^3/t，选煤用水定额不高于 0.1 m^3/t。电厂项目机组用水定额控制在 0.093 $m^3/(s \cdot 10^6 kW)$ 以下。煤制烯烃项目用水定额不超过 12 t/t，煤制尿素不超过 14 t/t，煤制乙二醇项目不超过 9.6 t/t，聚氯乙烯生产水耗标准为 9 t/t。电解铝用水定额不超过 2.25 m^3/t。

（2）加强重点行业节水管理

采取政府引导、市场主导相结合的手段，鼓励企业研发、引进和使用先进、适用的节水技术、工艺和设备，推广使用水夹点技术，强制选用空冷、闭式循环等节水技术。工业企业循环水系统浓缩倍数 $N \geqslant 5$，减少新鲜水补水量。

煤炭采掘过程产生的矿井水在经过处理后，应回用作煤炭矿区的补充用水、周边地区生活用水和生态用水。选煤厂生产用水应优先采用露天矿疏干水、经处理后的矿井水和生活污水。

火电厂须采用空冷技术，并采用梯级供水方式。厂区生活污水经处理后，夏季用于厂区绿化及道路浇洒，冬季回收至清水池，用于杂用水系统补水。

煤化工项目产生的含盐废水、有机废水等应分类收集、分级处理和分质利用。冷却系统应尽量采用空冷方式，采用生化、物理等多方法联用进行废水处理，经处理达标后可用于采矿生产用水或回用于煤化工生产工艺。

（3）加大工业废水处理力度

以企业单独治理为主，以区域集中治理为辅，根据清污分流、污污分治、深度处理、分质回用的原则开展废水处理处置。加快废水配套管网建设，满足清污分流要求，对清净下水和有机含盐水进行分类收集和分质处理。

入驻企业应根据自身废污水的水质自建污水处理厂，并应做到分类收集、单独处理。污水处理厂出水水质应满足回用水水质标准。各企业自建事故水池或缓冲池，以收集处理事故状态下的消防水以及厂区污水处理厂失效工况下的排水。缓冲区废水经处理达标后全部进入中水系统再生利用。

（4）重点加强高盐水深度处理

各企业可选择膜处理、热处理或者各类组合技术，集成使用高盐尾水软化、微生物处理等新技术对高盐水进行深度处理。高盐水经过处理并达到《污水综合排放标准》（GB 8978—1996）一级指标要求后，可排至由开发区统一规划、按相关标准建设的盐水库。应定期对盐水库进行安全检查和地下水质监测，防止对地下水造成影响，确保盐水库及其周边环境安全。

11.4.3 推进工业固体废物综合利用

坚持减量化、资源化和无害化原则，大力推进工业固体废物、危险废物、医疗废物、生活垃圾的综合利用和处理处置。到 2020 年，一般工业固体废物综合利用和处置率达到 100%，危险废物和医疗废物无害化处理率达到 100%，生活垃圾无害化处理率达到 100%。

（1）一般工业固体废物综合利用

煤矸石综合利用。采用技术经济可行的煤矸石回填技术，实现煤矸石回填利用；引进煤矸石制砖项目。截至 2020 年、2030 年，煤矸石综合利用量分别达到 160 万 t、400 万 t。

粉煤灰综合利用。积极推进粉煤灰制砖（蒸压砖、烧结砖），制水泥、路基材料，生产混凝土和砌块，逐步启动粉煤灰回填露天采煤沉降区工程。到 2020 年、2030 年，粉煤灰综合利用量分别达到 450 万 t、1 100 万 t。

脱硫石膏综合利用。以生产建筑石膏、纸面石膏板为主要利用途径，提高脱硫石膏的综合利用率。截至 2020 年、2030 年，脱硫石膏综合利用量分别达到 60 万 t、210 万 t。

电石渣和炉渣综合利用。推进电石渣制水泥、生产石灰项目；以炉渣为原材料生产路基材料、水泥原料等。截至 2020 年、2030 年，电石渣综合利用量分别达到 200 万 t、800 万 t；炉渣综合利用量分别达到 600 万 t、2 700 万 t。

（2）危险（医疗）废物无害化处置

严格遵守国家有关危险废物收集、运输、处理处置的相关要求，运输过程要连单转移、手续齐全，防止转移过程发生泄漏风险，严禁非法丢弃行为。危险废物填埋场废矿物油、废催化剂等贮存场所要有防止火灾、防止泄漏的安全防护措施，制定严格的管理制度和规范操作手册。

加快推进危险废物中心建设，确保危险废物处理率达到100%。危险废物处理处置中心除设计废催化剂再生回收项目外，应配套建设危险废物贮存、毒性鉴别、破碎预处理、焚烧、稳定化/固化等关键环节及危险废物填埋场。

加强医疗垃圾的收运与处置。近期和中期，区内医疗垃圾经单独收集后由特定运输车辆运往乌鲁木齐医疗废物焚烧厂进行处置；远期，在东部分区和西部分区分别建设医疗废物焚烧厂，对医疗废物进行焚烧处置。

（3）污泥无害化处置

引进国内外有关先进技术，采用堆肥、焚烧等途径，开展污泥多元化处理处置工程建设。截至2020年、2030年，污泥处理规模分别达到1.1万t、3.6万t。

11.5　加强生态保护建设，维护生态系统健康

11.5.1　构建区域生态安全格局

保持大型自然斑块（主要指自然植被斑块）的完整性，并尽可能保留或恢复连接主要自然斑块的自然廊道；在人类活动区，保护保存一定面积比例的自然斑块和廊道，并在自然斑块和廊道周围地带设计人为斑块，如居住区、工业区斑块等。构建由生态源地、生态廊道和生态节点组成，点、线、面有机融合的生态网络结构，形成“连片基质，十块源地，多条廊道，多个节点”的区域生态安全格局。

（1）生态源地

生态源地包括农田、蓄水区、生态绿地、荒漠保育区、风景区和地质公园等十大自然斑块，占地面积约为2 896 km^2，约占开发区总面积的18.66%。

应采取严格保护措施，禁止与生态功能保护无关的一切开发建设活动，确保大型自然斑块（主要指自然植被斑块）的完整性。

（2）生态廊道

生态廊道包括绿带、道路和基础设施廊道等10条生态廊道。其中，绿带廊道包括Z916、吉彩路和S327及其两侧各50 m宽的防护林带；道路廊道包括乌准铁路、准东公路、南环路、S228和G216等12条道路廊道，总长度为1 334 km；基础设施廊道包括输电线、输水线、输油线和有蹄类动物迁徙廊道等。

选择具有耐旱、耐寒、抗高温、生产较快、观赏性和生产性等特性的植物种类，如新疆杨、圆冠榆、圆柏、大叶黄杨和金叶女贞等沿廊道两侧进行绿化，维护植物群落稳

定性，以形成连接和沟通不同区域生态源地斑块的通道。

市政基础设施管线两侧应预留控制范围，严格禁止其他建设活动侵占。按照国家规范在输水、输电、输油管线两侧设置防护林带。工业区与居民生活区之间设置卫生防护林带，工业园区与生活居住区之间原则上建设宽度不低于 20 m。

（3）生态节点

生态节点包括 7 个主要生态节点和 10 个次要生态节点。其中，主要生态节点包括卡拉麦里自然保护区边界、硅化木—恐龙国家地质公园、石钱滩景区、五彩湾、将军庙地、芨芨湖、奇台荒漠保育区。次要生态节点包括产业区和生活区内集中建设的生态防护林和广场公园，以及在荒漠地区依托现有条件建设的保育型生态林，主要分布在生态廊道的交会处。

严格限制开发建设，应采取自然恢复和人工修复与建设相结合的措施，开展生态建设，维护其在景观格局中的生态核作用。

11.5.2 实施生态空间分区保护

以准东经开区及其南部市、县绿洲区作为整体生态区域，以生态功能为核心划定生态分区，实施分区保护。

（1）北部山脉生态区

北部山脉生态区包括五彩湾矿区东部及北部临近卡拉麦里自然保护区的部分、大井矿区北部的硅化木—恐龙国家地质公园以及西黑山和老君庙矿区北部的将军戈壁。

重点保护生态植被和野生动物资源，进行自然生态环境恢复。硅化木—恐龙国家地质公园及卡拉麦里自然保护区内除按规划需要建设保护和旅游设施外，严格限制其他开发建设活动。

（2）中部矿产生态区

中部矿产生态区包括五彩湾、大井、将军庙、西黑山、老君庙 5 个矿区范围。

合理布局各类建设用地，污染工业和采矿区应设置在生活区的下风向。工业区通过绿色开采、清洁生产、废物利用以及产业升级和结构调整来减少环境污染。生活区和工业区内应合理保留自然景观斑块和生态廊道，生活区和水源保护地周围应依托原生植被构建生态防护带，加强基础设施建设，完善城市园林、绿地、水体等生态支持系统。

（3）中部荒漠生态区

中部荒漠生态区包括矿区南部到沙漠南缘之间的沙漠地区。

重点加强生态公益林建设，建立荒漠保育区，形成较大的自然景观斑块作为区内保护生物多样性的重要节点和关键物种的庇护所。在沙漠边缘地区，以控制土地沙化为重点，加强生态恢复与建设。

（4）南部绿洲生态区

南部绿洲生态区包括沙漠以南的绿洲地区。

以发展绿色、集约农业为方向，建设高标准农田，发展可持续农牧业。城镇建设要以绿洲环境可持续性为前提，维护绿洲生态安全。

11.5.3　加强水土流失综合治理

以开发区为中心，外围营造封沙育草带，边缘种植乔灌结合的防沙林带，建设区内部沿道路、河流营造窄林带；对沙漠边缘的流动沙丘，采取在沙丘表面设置沙障与障内栽植固沙植物相结合的防护体系。所有开发建设活动均应采取相应的水土流失防治措施。

加强临时堆料场、弃土场地监管，应在其周边设置护栏、排水设施；对路堤、路堑、防洪堤、开挖面等边坡要根据实际情况，采取挡墙、喷浆锚固、浆砌石护坡等工程防护，并进行园林化设计。在闲置地应种植乡土耐旱植物，以恢复植被、美化景观。建成区应尽可能增加绿地面积。

应对填方边坡采取挡墙防护、块石护坡等措施，对开挖边坡应根据需要采用削坡开级、砌石护坡、喷浆护坡等措施。对堆料场可采取块石或土装草包进行周边防护，在施工结束后，进行土地整理，恢复其原有使用功能。对弃渣场可进行挡墙防护，并根据地形设计排水设施，弃渣结束后应覆土绿化。排水沟应设置在厂区边缘，拦截路面、边坡径流汇流排入主排沟。

露天矿排土场的整地工程应与采矿工艺结合，在形成排土场稳定的台阶与边坡的同时及时完成表土覆盖工作。在矿区内井口、各露天矿坑就近工业场地外围设置截洪沟拦截汇水，并疏导至矿区内井口、各露天矿坑及工业场地外地势较低处。在未被地面建（构）筑物覆盖的扰动地面及工业场地等一切空地上进行大面积绿化。

公路、铁路建设过程中尽量避开冲沟，以防洪水冲刷。在公路、铁路具体的选线过程中，同等条件下要选水分条件差，植被稀疏的地段进行布设，以减轻对地表植被的破坏。

11.5.4　同步开展矿区生态治理和恢复

坚持以自然恢复为主、以人工修复为辅的方针，同步开展矿区生态治理与恢复。

各企业应根据区域造林需要，对采矿坑进行异地补偿性植物修复。对于达到使用期限的采矿坑，根据矿区迹地地形地貌特点，对矿体外堆倒坡面绿化、矿体内矿地改造、需填埋的矿坑等不同类型区采取不同的技术方法进行整治。

鼓励企业在排土场未到达使用期限前进行异地植物修复，待排土场达到使用期限后，进行表土回填和原位植物修复。此外，还可尝试采用固土抑尘复合外渗剂防治施工过程中的道路扬尘问题；采取边坡平整压实措施，减少坡面的风蚀、水蚀危害；可考虑将地表剥离后进行筛分，将筛出砾石用于排土场坡面覆盖。

对矿产开采形成的地表裂缝应进行填堵，对沉陷台阶进行土地平整，尽快恢复土地功能。对土地退化和植被破坏较严重区域应采用生物工程治理方式，即采用灌、草治理模式，采用封山育林、恢复植被、建立防护林体系。在条件允许时将外排的井下水通过管道或其他方式用于井田内恢复植被及林木的灌溉，加大植被和林木的恢复面积，增强防风固沙能力。

11.6 强化环境风险防控，确保区域环境安全

11.6.1 划定环境风险管控区

依据区域内环境风险源、环境风险受体空间分布及其环境风险指数大小，将准东经开区区域空间划分为红线管控区、黄线管控区和绿线管控区，实施环境风险分区分级防控。

（1）环境风险红线管控区

管控区范围。环境风险红线管控区是环境风险等级相对较高的区域，建设项目布局集中，主要包括东部和西部产业集中区，呈片状分布，包括 12 个企业所在地和 4 个煤矿项目。

管控措施。开展重大危险化学品风险源及重大化学品风险事故隐患及基本情况普查、评价及登记，建立风险源数据库，构建危险化学品信息和资源共享平台。加强高风险企业的日常监督监管力度，实行企业现场风险巡查和实时在线监控。

建立协作机制，多部门合作，实施重大危险化学品风险源协同监管。生态环境部门与其他危险化学品的监管职能部门应加强部门间工作联动和信息沟通，实现部门齐抓共管，有效控制和降低环境风险。

鼓励企业使用风险较低的化学品替代有毒有害的危险化学品，或采用清洁的新技术、新工艺，或采用、选用无毒或低毒的化学品替代有毒有害的化学品，可燃化学品替代易燃化学品。

制定切实可行的环境应急预案，保证充足的应急设施及应急物资投入。对已有预案的要按照《新疆维吾尔自治区突发环境事件应急预案编制导则》（试行）的要求进一步完善，对生产和使用危险化学品的重点风险源企业要适时组织应急预案的演练工作，检验应急预案的有效性、应急准备的完善性、应急响应能力的适应性和应急人员的协同性，保证预案有用、可用、实用。

生活服务区配备消防设施和防毒面具等必要的防护设备。采用每季度定期采集样品

和固定点监测污染状况相结合的方式，加强生活服务基地环境风险预警，依据环境风险应急监督管理制度进行监督管理。

（2）环境风险黄线管控区

管控区范围。环境风险黄线管控区是环境风险等级相对较低的区域，主要分布在限制建设区和适宜建设区范围内，包括 17 个工业企业所在地和 13 个煤矿项目。此外包括灰渣场、危险废物处置中心、生活垃圾填埋场、高盐水库等重点区块。

管控措施。加强采矿区生态地质环境监测，建立和完善动态监测体系。定期对工业企业进行现场巡视检查，督促工业企业消除和降低环境风险隐患。每季度对采矿区进行飞行器巡视检查，记录数据对比生态环境变化，防止隐性的环境渐变风险。

在灰渣场、固体废物处置中心、危险废物处置中心和盐水库等区域实施在线监控，及时应对环境风险事故。每半年对灰渣场、盐水库进行现场巡视检查。

（3）环境风险绿线管控区

管控区范围。环境风险绿线管控区是环境风险受体敏感区，主要分布在禁止建设区范围内，重点环境风险敏感对象包括硅化木—恐龙国家地质公园、石钱滩景区以及水源地、生活服务区等。

管控措施。采取禁止开发、保护优先的总体策略。对于已布设的危险源，应限期搬迁或关闭；在水库及其管路设置在线监控设备，24 h 不间断监测水质变化，及时应对环境风险事故。

11.6.2　健全环境风险管理制度

将防范和应对突发环境事件纳入开发区环境保护目标责任制，加强环境风险评价，从源头上防范区域性、系统性环境风险。在建设项目环境影响评价审批中明确环境风险防范要求。落实企业防范环境风险主体责任，建立企业突发环境事件报告和应急处理制度。推行环境污染责任保险制度，将环境污染责任追究和赔偿工作纳入法制化轨道。

11.6.3　加大环境风险源排查力度

开展环境风险源滚动调查与评估，全面查清开发区内重点行业存在的环境风险隐患，督促企业提出综合防治方案。对环境风险等级高的隐患点实施重点治理和防范，局部实施环境安全避让和搬迁。对使用和排放重金属、持久性有机污染物、危险废物和危险化学品的工业企业，实行分类管理和全过程监控。

11.6.4　完善环境风险应急响应体系

建立健全环境风险事故应急管理机制。建成完善的环境风险应急监测体系，制定完善环境突发事件应急预案，强化环境应急救援能力建设，开展环境应急演练，提高环境风险应对能力。

11.7 注重监管能力建设，提高环境治理水平

11.7.1 推进环境监测标准化建设

全面推进区域环境监测站标准化建设。加大分析人员技术和业务培训力度，与科研院所、高等院校和有关专业机构建立长效的合作培训机制，以灵活多样的形式开展多层次、多领域的技术培训。在坚持标准和严格程序的前提下，面向社会公开招聘急需的高水平专业人才和复合型人才。优先保证实验室用房以及大气、水质自动监测系统用房，并按西部地区二级标准要求加快配置监测仪器设备。

完善污染源监控网络。健全重点污染源监督性监测网络和在线监测系统，做到所有污染源排污状况均得到监控，在线监测覆盖率达到100%。

建立“天地合一”的立体监测网络。优化布局大气环境、水环境、声环境、土壤环境等监测网络，逐步建设生态环境监测网络，构建“点、线、面”和“天、空、地”相结合的立体环境质量监测网络。

适当引入社会化环境监测服务机构承担近期园区的常规环境质量现状监测和监督性监测工作任务。鼓励社会环境监测机构参与园区排污单位污染源自行监测、环境损害评估监测、环境影响评价现状监测、清洁生产审核、企事业单位自主调查等环境监测活动。

建设准东荒漠生态系统定位观测站，开展荒漠生态系统演替、生态水文循环、生物多样性、大气沙尘变化等监测。

11.7.2 强化环境监察与执法能力建设

加强环境执法监督队伍建设。构建一支“数量与任务匹配、政治素质好、业务水平高、奉献精神强”的环境执法监督队伍。实行考录制度、绩效管理制度、淘汰制，把好环境执法人员进出、考核关。加强环境执法监督人才培养和继续教育，提升环境执法队伍的整体素质和执法能力。

提升环境执法装备水平。推进准东经开区环境监测和执法业务用房建设，并按照西部地区二级标准，充实环境执法装备。

提高环境执法信息化水平。建设污染源自动监控系统、环境违法行为举报投诉信息管理系统、污染源现场执法信息管理系统、生态环境遥感与地理信息监测系统、环境污染事故应急指挥系统、环境执法监督办公自动化系统等。

发挥社会中介机构环境执法的作用。将对污染防治设施进行技术评估、对污染事故鉴定与损失评估、污染防治设施管理和操作人员培训、排污申报登记数据审核认定、指导排污单位环境管理、建设项目“三同时”环境管理、企业环境信息公开等转移到中介服务机构开展相关业务。

11.7.3 建立健全环境应急管理机制

建立环境应急指挥中心，加强环境应急指挥信息平台建设，初步建成自治区、自治州、园区的三级环境应急视频会议与指挥系统。成立由昌吉回族自治州政府、准东经开区管委会等部门领导及相关企业负责人组成的环境应急指挥领导小组，建立健全由政府统一领导、部门分工协作、企事业单位落实、公众有效参与的环境应急管理体制。

建立环境应急管理工作机制，包括环境应急全过程管理机制、环境应急联动协作机制、环境风险防范社会化运作机制、环境风险防范社会化运作机制、环境应急宣传培训机制等。建设完善应急指挥、应急监测、应急处置等环境应急响应子系统，以及责任认定、事故评估赔偿等环境事故评估系统。制定和完善工业污染源突发性污染事件的应急方案，重点环境风险源企业实现“一企一案”。

建设环境应急储备及保障系统。按照西部地区二级标准要求配置环境应急监测仪器设备，建立布局合理、调运便利的应急物资和应急装备储备体系，重点装备重金属、有毒有害气体（氯气、氨气等）、有毒有害化学物质等突发环境事件常见污染物的便携式监测分析仪器、防护器材等。完善和健全专家参与机制，建立环境应急专家库。

建立并完善空气质量预报预警系统，实现空气质量预报与污染预警。建立重污染天气预警会商机制，实现未来 24 h 空气质量预报和未来 72 h 空气污染预报预警。建立重污染天气应急程序，结合污染程度和持续时间，启动不同等级的应急措施。

11.7.4 建设环境信息管理平台

配备环境信息基础设施，搭建环境管理业务应用支撑平台，实现统一门户管理、统一消息服务、统一检索服务、统一图形服务、统一工作流、统一系统管理、统一应用开发与接入等公共服务功能。

搭建环境信息资源交换共享平台，包括内部数据交换平台、外部数据交换平台等，实现数据共享。

构建区域性的环境基础地理信息管理平台建设，实现地理信息与环境数据的衔接。

11.8 加快环境管理创新，促进生态文明建设

11.8.1 深化环境保护体制改革

（1）加强环境保护机构建设

增加准东经开区生态环境局内设机构和人员编制，配备专业的仪器装备和技术人员，推进环境监测、监察、执法垂直管理，明确环境监测和执法部门职能，提高监督执法能力。深化行政审批制度、环境执法改革，建立和完善严格监管所有污染物排放的环境保护管理制度。

（2）厘清生态环境保护事权

依照“统一领导、分级负责”的管理原则，加强政府间生态环境保护事权划分。在纵向上，要明确各级政府在生态环境保护领域的职能，形成分类分级事权划分明细目录，使环保责任有效落实。在横向上，要加强各部门之间的沟通，鼓励部门之间构建合作伙伴关系，最大限度地降低管理成本，提高管理效率，优化整合生态环境保护职能。

11.8.2 推进环境保护机制创新

（1）探索建立市场化交易机制

逐步探索排污权交易试点工作，加快实施各类排污指标的有偿使用和交易，加大排污权交易的组织机构和监管能力建设。发展环保市场，推行碳排放权、排污权、水权交易制度，建立吸引社会资本投入生态环境保护的市场化机制。尝试开展碳排放交易，研究制定碳排放权交易试点管理办法，形成“准东经开区碳排放交易试点方案”，明确总体思路、工作目标、主要任务、保障措施及进度安排，细化实施细则和配套政策措施。加快推进环境污染责任保险试点，实施重金属冶炼和危险化学品行业强制保险。

（2）落实绿色金融信贷政策

建立信贷“环保一票否决制”，对列入“区域限批”“流域限批”地区的企业和项目，或存在未履行环评审批手续、不执行“三同时”、超标排污、使用淘汰类生产工艺等环境违法行为的地方和企业实施信贷控制。

建立健全绿色信贷、节能减排等金融机制，鼓励各类金融机构加大绿色信贷发放力度，明确贷款人的尽职免责要求和环境保护法律责任。加快出台适合准东经开区的对贷款投向和企业项目的考核评估制度，确立统一的统计标准，建立健全风险补偿的激励机制。研究设立绿色股票指数和发展相关投资产品，支持设立各类绿色发展基金，实行市场化运作。

（3）建立环境污染第三方治理机制

根据国务院办公厅发布的《关于推行环境污染第三方治理的意见》，在污水、垃圾、大气、土壤污染等重点领域探索开展第三方治理试点，推进污染集中治理领域第三方专业化运营，委托第三方专业环境治理服务商开展污染治理，形成排污者付费、第三方环境服务公司进行污染治理的新模式。

11.8.3 加强生态文明制度建设

（1）建立生态文明绩效考核与责任追究制度

编制实施准东经开区生态文明建设指标体系和绩效考核办法，把生态文明建设目标、任务切实落实到各个部门，并对规划目标、资金投入及重点工程的实施情况进行跟踪反馈，提高各级党政部门干部考核中生态文明建设工作占党政实绩考核的权重和比例，并把考核结果作为提拔干部的依据。

探索建立适合准东经开区的党政领导干部自然资源资产离任审计制度，研究适合准东经开区的领导干部离任生态资产审计与核算方法，重点围绕涉及自然资源的资产负债以及指标完成情况实施审计。强化生产者环境保护法律责任，健全环境损害赔偿方面的评估方法和实施机制，对违反环保法律法规的，依法严惩重罚；对造成生态环境损害的，以损害程度等因素依法确定赔偿额度；对造成严重后果的，依法追究刑事责任。研究建立党政领导干部终身责任追究制度，对不顾生态环境盲目决策、造成生态环境损害严重后果的官员，实施终身责任追究，包括政治责任和法律责任追究。

（2）健全国土空间开发保护制度

严格落实《新疆维吾尔自治区主体功能区规划》中各类功能区的地域边界、功能定位、发展目标、发展方向和开发原则。完善水、大气、土壤、声等单要素环境功能区划体系，形成主体功能定位清晰的国土空间格局，推动建立分类指导、分区管理的环境空间管理格局。

科学布局生产空间、生活空间、生态空间，严格控制开发强度，严守生态保护红线。建立覆盖国土空间的监测系统，动态监测国土空间变化。完善自然资源监管体制，逐步建立并实施统一管理的土地用途管制制度。

（3）建立健全自然资源资产产权制度

加快自然生态空间统一确权登记。建立自然资源资产数据采集制度。全面查清准东经开区范围内的自然地理要素，落实自然资源的空间分布、位置、面积、范围等，逐步完成各类自然资源资产数据采集，建立健全自然资源资产产权管理数据库，为自然资源所有权人、监管者和使用权人履行职责、维护权益，提供基础信息支撑和服务保障。坚持资源公有、物权法定，清晰界定全部国土空间各类自然资源资产的产权主体。对荒漠、戈壁等所有自然生态空间统一进行确权登记，明确国土空间的自然资源资产所有者、监管者及其责任。

建立自然资源资产产权管理制度。建立权责明确的自然资源产权体系。制定权利清单，明确各类自然资源产权主体权利。处理好所有权与使用权的关系，创新自然资源全民所有权和集体所有权的实现形式。全面建立覆盖各类全民所有自然资源资产的有偿出让制度，严禁无偿或低价出让。在自然资源资产产权归属清晰、权责明确的基础上，探索开展自然资源资产评价，对自然资源实行资产管理。依照国家政策导向和顶层设计，按照所有者和监管者分开及一件事情由一个部门负责的原则，建立自然资源国家所有地方政府行使所有权、集体所有集体行使所有权、集体所有个人行使承包权的管理制度，构筑科学合理、严格清晰、操作性强的自然资源资产产权管理制度体系。

（4）健全资源有偿使用制度

完善资源有偿使用制度。加快自然资源及其产品价格改革。按照成本、收益相统一的原则，充分考虑社会可承受能力，建立自然资源开发使用成本评估机制，将资源所有者权益和生态环境损害等纳入自然资源及其产品价格形成机制。完善土地有偿使用制度。扩大国有土地有偿使用范围，完善工业用地供应方式。完善矿产资源有偿使用制度，建立符合市场经济要求和矿业规律的探矿权、采矿权出让方式，原则上实行市场化出让，研究建立矿产资源国家权益金制度。加快资源环境税费改革，加快推进资源税从价计征改革，逐步将资源税扩展到占用各种自然生态空间。

（5）完善生态补偿制度

研究建立统一的生态补偿基金。在准东经开区探索建立多元化投融资机制，通过政府财政转移支付、生态受益者付费、生态使用者付费、生态税等方式，多方筹措生态补偿资金。明确补偿对象，确定合理的补偿标准，逐步扩大生态补偿范围，完善财政转移支付制度，鼓励地区间建立跨区域横向财政转移和生态补偿制度。建立生态补偿绩效评估与监督考核机制。加快推进生态补偿受偿区域生态状况监测预警体系建设，逐步健全生态补偿绩效评估制度，建立生态补偿绩效监督考核机制体制。

第 12 章　重大环境工程与保障措施

12.1　重大环境设施建设

以《准东经济技术开发区总体规划（2012—2030 年）》为基础，依据科学预判工业、生活废弃物产生趋势，统筹规划和设计固体废物、废水处理处置等重大环境基础设施工程项目，并根据规划产业发展实际状况分区分期实施，充分论证各项环保工程项目的技术经济可行性和环境目标可达性。

12.1.1　加快污染治理重大工程建设

（1）盐水库

按照就近处置、分散布局的原则，依据相关规范和设计要求规划建设 5 个盐水库。其中，西部产业分区建设 2 个盐水库，分别位于大井、五彩湾；东部产业分区建设 3 个盐水库，分别位于芨芨湖、将军庙、西黑山（表 12-1）。

表 12-1　准东经开区盐水库规划方案

所在区域	子区域	2015—2020 年（无预处理）		2021—2025 年（反渗透预处理方案）		2026—2030 年（反渗透+DTRO 预处理方案）	
		盐水量/（万 t/a）	盐水库面积/万 m^2	盐水量/（万 t/a）	盐水库面积/万 m^2	盐水量/（万 t/a）	盐水库面积/万 m^2
东部	芨芨湖	208.03	300.19	101.45	170.79	25.36	51.24
	将军庙	51.14	73.80	20.46	34.44	5.11	10.33
	西黑山	26.79	38.66	43.37	73.01	10.84	21.90
西部	大井	0.65	0.94	0.26	0.44	0.07	0.13
	五彩湾	218.94	315.93	242.09	407.56	60.52	122.27
总计		505.55	729.51	407.63	686.24	101.9	205.87

注：盐水库设计时按照 50 m×40 m = 2 000 m^2 为一个单元格，多系列并联，防止渗漏对浓盐水处理造成的影响。

到 2020 年，不设预处理配套设施，主要依靠自然蒸发方式净化处理。盐水库设计占地总面积约为 730 万 m^2，高盐水产生量约为 506 万 t，全部进入盐水库。

到 2025 年，采用反渗透预处理工艺，即在高盐水进入盐水库前进行预处理。盐水库设计占地总面积约为 686 万 m^2，高盐水产生量为 1 019 万 t，去除 60%的可回用中水，盐水库实际存放盐水量约为 408 万 t。

到 2030 年，采用反渗透+DTRO（碟管式反渗透）的处理工艺。盐水库设计占地总面积约为 206 万 m^2，高盐水产生量为 1 019 万 t，去除 90%的可回用中水，盐水库实际存放盐水量约为 102 万 t。

（2）灰渣场

遵循“集中就近处置”“分期分区建设”的原则，综合考虑运输距离（运输距离控制在 30 km 以内为宜）、固体废物规模及可选场址、场址可堆存规模等因素，规划建设 6 处工业灰渣场（表 12-2）。

表 12-2 灰渣场库容量、堆存量及服务区域

灰渣场序号	库容量/万 m^3			一般工业固体废物累积堆存量/万 t			主要服务区域
	2020 年	2025 年	2030 年	2020 年	2025 年	2030 年	
1#灰渣场	18 447.47			21 163.19			火烧山、五彩湾北部、五彩湾中部
	3 447.47	6 416.04	8 583.96	3 902.42	7 368.76	9 892.01	
2#灰渣场	6 241.82			6 990.5			五彩湾南部
	1 173.69	2 269.30	2 798.83	1 272.28	2 547.74	3 170.48	
3#灰渣场	4 188.08			5 233.55			大井
	534.29	1 510.09	2 143.70	847.48	1 808.87	2 577.20	
4#灰渣场	1 732.72			2 077.35			将军庙
	223.03	613.19	896.50	267.05	735.09	1 075.21	
5#灰渣场	13 660.79			14 920.68			西黑山、老君庙
	2 296.41	4 810.39	6 553.99	2 626.75	4 810.39	7 483.54	
6#灰渣场	2 049.88			2 459.05			芨芨湖
	323.82	642.11	1 083.95	388.34	770.22	1 300.49	
合计	46 320.76			52 844.32			—
	7 998.71	16 261.12	22 060.93	9 304.32	18 041.07	25 498.93	

1#～6#灰渣场规划期内总库容约为 46 321 万 m^3，到 2020 年约达到 7 999 万 m^3，2025 年约达到 16 261 万 m^3，2030 年约达到 22 061 万 m^3。

1#～6#灰渣场规划期内总堆存量约为 52 844 万 t，到 2020 年约达到 9 304 万 t，2025 年约达到 18 041 万 t，2030 年约达到 25 499 万 t。

（3）危险（医疗）废物处理处置中心

到 2020 年，在西部、东部产业分区分别建设 1 处危险废物处理处置中心，配套建设危险废物贮存、焚烧、填埋、资源化利用等相关设施。危险废物处理处置总规模达到 18.14 万 t/a，其中西部危险废物处置中心处置规模为 1.68 万 t/a，东部危险废物处置中心处置规模为 16.46 万 t/a。中远期在近期基础上进行规模扩建。

2025 年之前，依托乌鲁木齐危险废物处置中心处置医疗废物。到 2030 年，在东部、西部产业分区分别建设 1 座医疗废物焚烧厂。

（4）生活垃圾填埋场

结合准东地区的实际发展情况和自然条件，未来生活垃圾处置方式主要采用卫生填埋方式。根据分区管理原则，在西部和东部产业分区各建 1 处生活垃圾填埋场，同时配套建设渗滤液处理设施。

① 西部产业分区

西部产业分区位于东南一号矿井处的排渣场附近；规划使用年限 70 年以上，处理量为中期 130 t/d，远期 250 t/d。

② 东部产业分区

东部产业分区位于芨芨湖东侧的红沙泉二号露天矿南侧的排渣场附近；规划使用年限 70 年以上，处理量为中期 110 t/d，远期 200 t/d。

（5）生活污水处理厂

根据准东经开区人口发展规模和生活污水产生趋势，规划建设 4 个生活污水处理厂。

五彩湾生活服务基地、五彩湾生产服务区各 1 个。到 2025 年、2030 年之前，五彩湾生活服务基地生活污水处理规模分别达到 3.0 万 m^3/d、6.5 万 m^3/d；到 2020 年之前，五彩湾生产服务区生活污水处理规模达到 1.0 万 m^3/d。

将军庙片区、芨芨湖片区各 1 个。到 2020 年、2030 年之前，芨芨湖片区生活污水处理规模分别达到 2.0 万 m^3/d、5.5 万 m^3/d；到 2025 年之前，将军庙片区生活污水处理规模达到 1.0 万 m^3/d。

到 2030 年之前，在准东经开区内各矿业服务点新建“化粪池+一体化地埋式”的污水一体化处理设施 45 座。

12.1.2 健全环境设施建设投资与运营管理制度

坚持以政府宏观调控和引导为主，充分发挥市场机制作用，建立多元化、多渠道的重大环保工程投资机制，以政府投资为引导，以企业和社会投资为主，通过金融市场、地方融资平台等多途径筹措环境保护工程项目建设资金，切实保证环保投资及时、足量到位，对于符合国家和地方政策的部分项目可申请财政专项资金。政府对城市环境基础设施、环境监管能力建设等社会公益性工程项目给予补助。

制定以环境质量改善为目标的优惠政策和财税激励机制。环保补贴由以建设环节为主转向兼顾运营环节，改变国债等政府资金的使用方式，由以往的环境设施建设前期补贴转变为设施建成后的运营期补贴，即根据环境设施实际处理的达标污水和垃圾的处理成效状况给予补贴，切实发挥环境设施功能。针对环境基础设施和企业环保设施专业运营服务制定费用优惠政策，减轻运营企业成本负担，提高运营服务企业积极性，确保环境设施设备高效运行。

鼓励环保运营商通过特许经营方式参与基础设施建设，推动第三方治理，委托有资质的单位对环境污染治理设施进行运营管理。准东经开区管理机构对环境污染治理设施的运行状况进行监督检查，发现污染防治设施不正常运行，或未经批准擅自停运的，及时纠正、限期整改。

12.2 保障政策与措施

12.2.1 落实环保法规，强化环境执法

严格落实《环境保护法》《大气污染防治行动计划》《水污染防治行动计划》《土壤污染防治行动计划》，以及新疆环境保护相关法律法规，全面依法保护生态环境，推进环境治理体系和治理能力现代化，提高生态文明建设水平。

依法开展规划和建设项目环境影响评价并实施联动管理，切实落实“三同时”、排污许可证、污染集中治理与限期治理等环境管理制度，严守环保准入门槛。加强企业环境监管，对不能稳定达标或不符合污染物总量控制要求的排污单位实行限期治理，对逾期未完成治理任务的责令停产整治。

强化环境监察和执法，完善部门联合执法机制，深入开展环保专项行动，坚决打击各类环境违法行为，重点查处影响群众健康、破坏生态环境和造成重大环境污染事故的违法行为。完善环境监控和执法手段，提高环境监管信息化、现代化水平，针对重点污染源实行在线监控和动态管理。

12.2.2 拓展投资渠道，加大投资力度

发挥市场机制配置资源的基础性作用，支持生态环境建设项目进行设备融资、发行企业债券和上市融资，允许经营生态建设项目的企业以特许经营权、矿山使用权等作抵押进行贷款。实施财政贴息贷款、延长项目经营权期限、减免税收和土地使用费等优惠政策，调动全社会资金投入的积极性。采取全过程监控的方式，加大对环保专项资金的

监督力度，明确资金用途，提高资金利用效率。

加大财政投入力度。充分利用国家对新疆的支持性政策，积极争取中央、地方财政资金支持。把生态环境保护和建设资金纳入年度财政预算，保证逐年增长。

争取生态环境保护专项资金。支持准东经开区生态环境保护项目和企业申请国家和自治区专项资金。注重开发银行等金融机构的长期贷款，积极争取国家开发银行的项目资金支持。充分利用银行贷款引导金融机构资金投向生态环境保护领域，鼓励担保公司为生态环境保护项目和企业提供贷款担保，缓解生态环境保护发展的资金矛盾。

积极争取国际贷款。采取多种手段有针对性地面向国际组织，国外大企业、大财团和区外客商推介一批经过科学论证、有较好市场前景和回报效益的生态环境建设项目，以取得其资金支持。积极争取世界银行、亚洲开发银行、联合国开发计划署等国际组织长期低息、无息贷款，并优先投向准东经开区生态环境建设项目。

12.2.3　健全参与机制，促进公众参与

完善公众参与的法律程序。通过公正的程序设计，以交流、沟通、博弈的方式，搭建一个能够反映公众诉求、进行多方利益博弈、互动的平台。

健全公众参与的环境监督制度。生态环境部门应聘请人大代表、政协委员及其他公众代表担任环保监督员，负责对生态环境部门的工作情况进行监督，并向生态环境部门反馈公众的意见。

健全公众参与的环境决策制度。政府及生态环境部门在制定环境决策或实施重大建设工程项目时，除涉及国家机密外必须公开征求公众的意见。同时，应召开公众代表听证会，或在本地主要媒体上发布政策、规划草案，公开征求公众意见和建议。

扩大信息公开范围。落实我国《政府信息公开条例》的规定，扩大公民对环境信息的知情范围和知情度，确保公众对政府环境决策的事实根据、形成过程、基本日标、预期成本和效益等情况有深入的了解。

推进企业环境信息公开。在地方主要媒体上定期公布超标准排放污染物或者超过污染物排放总量规定限额的污染严重企业名单；列入名单的企业，应当按照要求，定期公布企业的环境信息，接受社会监督。

通过实施政务和环境信息公示公告制度，鼓励公众向政府部门提供生态环境保护建设建议，参与并监督经开区内新建、改建、扩建企业或项目的环境影响评价意见征求工作。

12.2.4　加强区域合作，推动环境共治

（1）完善多边区域合作机制

推动与周边县市建立健全联席会议、联合督查、联合监测检测和信息互通等生态和

环境保护多边区域合作机制，实现环境信息共享、环境决策共商、环境污染共治、生态安全共保。

设立生态和环境保护专项资金，由周边各市、县共同筹集，主要用于自然保护区建设、沙漠化防治、防护林建设、水资源保护、水污染治理、环境风险防控、清洁能源使用、固体废物循环利用等领域的环境基础设施建设和经济补偿。

（2）建立部门联合执法机制

生态环境部门应加强与公安局、检察院、法院等部门衔接配合与联动，推进环境行政、刑事、民事责任追究的有机结合。定期组织开展环保专项行动，坚决打击环境违法行为，重点查处影响群众健康、破坏生态环境和造成重大环境违法行为。

建立环保行政审批协调机制。对未经环保审批或环保审批未通过的各类建设项目，工商、金融、国土、供电、发改、交通、文化等各相关部门不得发放经营许可文件。

建立环境污染联合整治机制。针对重点地区、重污染企业实施综合整治，对存在违法行为的工业企业，由相关职能部门依法予以处理；对严重环境污染问题要实行挂牌督办、限期治理；对逾期未完成整改的工业企业，由政府下文予以关停或取缔。

建立环境污染事故联合调处机制。对由安全生产事故引发的环境污染问题，由安监、生态环境部门联合调查处理；对由工业污染引发的环境污染事故，由生态环境部门会同相关部门调查处理。生态环境、安监等有关部门对发生污染事故和群体性事件的企业进行综合评估，责令其按要求进行整改。整改后仍不能达到要求的，报请政府予以关停或取缔。

建立环境联合执法制度保障机制。建立联席会议制度，通报联席会议工作部署的落实情况。建立信息通报制度，定期、不定期地向其他部门通报相关工作情况。建立联动惩处制度，生态环境部门协调有关部门对各类环境违法行为依法进行查处，发改、经贸部门要切实发挥在淘汰落后产能中的职能作用，限制高污染、高能耗、资源性行业企业的发展等。建立案件移交、移送、移办制度，对违法向水体排放、倾倒危险物质的，由生态环境部门移送公安部门依法处罚。建立调查研究制度，联合组成调查组，对环境污染严重、长期不能根治的企业进行调查研究，提出工作建议，制定工作对策。建立目标责任考核制度，把完成环境联合执法工作任务情况作为对相关部门和相关责任人进行年度目标责任考核的重要内容。

参考文献

Astles K L，Holloway M G，Steffe A，et al，2006. An ecological method for qualitative risk assessment and its use in the management of fisheries in New South Wales，Australia. Fisheries Research，82（1-3）：290-303.

Barnthouse L W，Suter G W，Rosen A E，et al，1987. Estimating responses of fish populations to toxic contamination[J]. Environmental Toxicology Chemistry，6（8）：11-24.

Berback B，Johansson K，Mohlander U，2001. Urban metal flows a case study of Stockholm[J]. Water Air Soil Pollut：Focus，1（3/4）：3-24.

Brain R A，Sanderson H，Sibley P K，et al，2006. Probabilistic ecological hazard assessment：Evaluating pharmaceutical effects on aquatic higher plants as an example[J]. Ecotoxicology & Environmental Safety，64（2）：128-135.

Burton G A，Chapman P M，Smith E P，2002. Weight of evidence approaches for assessing ecosystem impairment[J]. Human and Ecological Risk Assessment，8：1657-1673.

Carter D E，et al，1996. Environmental health and hazardous waste issues related to the U. S – Mexico border[J]. Environmental Health Percept，104（6）：590- 594.

Chapilll F S，et al. Biotic control over the functioning of ecosystems[J]. Science，1997，277（25）：500-503.

Failing L，Gregory R，Harstone M，2007. Integrating science and local knowledge in environmental risk management：A decision-focused approach. Ecological Economics，64（1）：47-60.

Gentile J H，Harwell M A，Cropper Jr W，et al，2001. Ecological conceptual models：a framework and case study on ecosystem management for South Florida sustainability. The Science of the Total Environment，274（1-3）：231-253.

Graedel T E，2002. The contemporary European copper cycle：Introduction[J]. Ecological Economics，42（12）：5-7.

Graham R L，Hunsaker C T，O'Neill R V，1991. Ecological risk assessment at the regional scale[J]. Ecological Applications，（1）：196-206.

Guinee J B，Van Den Bergh J C J M，Boelens J，et al，1999. Evaluation of risks of metal flows and accumulation in economy and environment[J]. Ecological Economics，（30）：47-65.

Hakanson L，1980. An ecological risk index for aquatic pollution control：A sediment logical approach[J]. Water Research，14（1）：975-1001.

Hansen E，Lassen C，2002. Experience with the use of substance flow analysis in Denmark[J].Journal of Industrial Ecology，6（3）：201-219.

Hector R M，2002. Integrated pollution prevention and control [J]. Environmental Policy and Law，6（32）：265-269.

Hiroyuki Kameda，2006. Keynote Presentation，Information sharing for technology and knowledge based on implementation strategies- Disaster Reduction Hyperbase（DRH）project. Sixth Annual IIASA-DPRI Forum on Disaster Risk Management- Risk and Challenges for Business and Industry. Istanbul Turkey，August13-17.

Hunsaker C T，Graham R L，Suter G W，et al，1990. Assessing ecological risk on a regional scale[J]. Environmental Management，14：325-332.

Johnson A R，1988. Evaluation ecosystem response to toxicant stress：A state space approach[J]. Aquatic Toxicology and Hazard Assessment，10：275-285.

Joosten L J，Hekkert M P，Worrell E，2000. Assessment of the plastic flows in the Netherlands using STREAMS[J]. Resources，Conservation & Recycling，30（2）：135-161.

Kimmo S，Matti M，Antero H，et al，2002. Integrated pollution prevention and control-the Finnish approach [J]. Resources，Conservation and Recycling，35：45-60.

Lackey R L，1994. Ecological risk assessment[J]. Fisheries，19：8-14.

Landis W G，Wiegers J A，1997. Design considerations and a suggested approach for regional and comparative ecological risk assessment[J]. Human and Ecological Risk Assessment，3：287-297.

Maoj S，Dong J，Graedel T E，2008. The multilevel cycle of anthropogenic lead：I.methodology[J]. Resource Conservation Recycling，52（8/9）：1058-1064.

Marko P H，LouisA J，Ernst W，2000. Analysis of the paper andwood flow in the Netherlands[J]. Resources，Conservation & Recycling，30（1）：29-48.

NRC，1994. Science and judgment in risk assessment[M]. Washington D C：National Academy Press.

Niina H，Hakan R，Carl D，2005. Environmental permitting as a driver for eco-efficiency in the dairy industry：A closer look at the IPPC directive [J]. Journal of Cleaner Production，13：1049-1060.

Patricia A Cirone，Bruce Duncan P，2000. Integrating human health and ecological concerns in risk assessments. Journal of Hazardous Materials，78（1-3）：1-17.

Payne B S，Miller A C，Suedel B，2007. Risk and decision methods applied to aquatic ecosystem management：Considerations for Invasive and Endangered Species. Environmental Security in Harbors and Coastal Areas，127-148.

Peter M，Tim J，2000. Material and energy flow through the UK iron and steel sector [J]. Resources，Conservation & Recycling，29（1）：131-156.

Peter M，Tim J，2000. Material and energy flow through the UK iron and steel sector [J]. Resources，Conservation & Recycling，29（3）：209-230.

Power M，McCarty L S，2002. Trends in the development of ecological risk assessment and management framework[J]. Human and Ecological Risk Assessment，8（1）：7-18.

Renn Ortwin，2006. From Risk Analysis to Risk Governance：New Chanllenges for the Risk Professionals in the Era of Post-modern Confusion. Walter J.Ammann et al Keynote lecture，on 3 Extended Abstracts of International Disaster Reduction Conference. Davos，Switzerland，August27-September1. 907.

Richard M，2010. What is integrated pollution prevention control [M]. England：Entec Company.

Rio H，Waterside D，2010. How to comply with your environmental permit[M]. England：Environment Agency.

Rob B D，Patricia P K，2000. An empirical analysis of dematerialization：Application to metal policies in the Netherlands[J]. Ecological Economics，33（2）：205-218.

Robin Gregory，Lee Failing，Paul Higgins，2006. Adaptive management and environmental decision making：A case study application to water use planning. Ecological Economics，58（2）：434-447.

Seiji H，Yuichi M，Akira S，et al，2004. Six indicators of material cycles for describing society's metabolism：Application towood resources in Japan[J]. Resources，Conservation & Recycling，40（3）：201-223.

Sergeant A，2002. Management objectives for ecological risk assessment developments at US EPA[J]. Environmental Science & Policy，3：295-298.

Susanne K，Mireille F，Peter B，2004. Economically extended-MFA：Amaterial flow approach fora better understanding of food production chain[J]. Journal of Clean Production，12（8）：877-889.

Sven H，1995. Cycling residues：Potential for increased transportation demands due to recycling of materials in Sweden[J]. Resources，Conservation & Recycling，15（1）：21-31.

Timothy L McDaniels，2000. Creating and using objectives for ecological risk assessment and management. Environmental Science & Policy，3（6）：299-304.

Thorteical E C，1975. Possibilities and consequences of major accidents inlarge nuclear power plants，DOC.740，U.S.A.E.C.，Washington D C.

USEPA，1998. Guidelines for Ecological Risk Assessment. Washington DC：U.S. Environmental Protection Agency.

Vandervoet E，Kleijnr，Huele R，et al，2002. Predicting future emissions based on characteristics of stocks[J]. Ecological Economics，41（2）：232-234.

Wiegers J K，Feder H M，Mortensen L S，et al，1998. A regional multiple stressor rank based ecological risk assessment for the fjord of Port Valdez，Alaska[J]. Human and Ecological Risk Assessment，4：1125-1173.

Xu M，Zhang T Z，2004. Material flow analysis of fossil fuel usage in the Chinese economy[J]. Journal of Tsinghua University（Sci & Tech），44（9）：1166-1170.

白雪华，冯春涛，2009. 完善矿产资源开发地质环境准入制度体系[J]. 资源与人居环境，（18）：28-29.

白占雄，2006. 基于生态风险评价的宁夏海原地区防灾减灾预案研究[D]. 北京：北京林业大学.

蔡冲，2007. 构建浙江省外来入侵生物防范体系的构想[J]. 浙江农业科学，（5）：564-567.

陈朝隆，2007. 区域产业链形成与演变的实证研究[J]. 经济地理，27（1）：64-67.

陈辉，李双成，郑度，2005. 基于人工神经网络的青藏公路铁路沿线生态系统风险研究[J]. 北京大学学报（自然科学版），(4)：586-593.
陈鹏，潘晓玲，2003. 干旱区内陆流域区域景观生态风险分析——以阜康三工河流域为例[J]. 生态学杂志，22（4）：116-120.
陈星，周成虎，2005. 生态安全国内外研究综述[J]. 地理科学进展，24（6）：8-20.
陈志萱，2008. 法国洛林：在经济转型中实现可持续发展[N]. 经济日报，05-21 版.
杜旻，2003. 生态工业共生体稳定性研究[D]. 哈尔滨：东北农业大学.
冯革群，陈芳，2006. 德国鲁尔区工业地域变迁的模式与启示[J]. 世界地理研究，15（3）：93-98.
范维唐，杜铭华，2005. 中国煤化工的现状与展望[J]. 煤化工，(1)：1-5.
付在毅，许学工，2001. 区域生态风险评价[J]. 地球科学进展，16（2）：267-271.
高伟，2006. 产业生态网络两种典型共生模式的稳定性研究[D]. 大连：大连理工大学.
格雷德尔，艾伦比，2004. 产业生态学[M]. 施涵译. 北京：清华大学出版社.
龚勤林，2004. 论产业链构建与城乡统筹发展[J]. 经济师，(3)：121-123.
韩丽，曾添文，2001. 生态风险评价的方法与管理简介[J]. 重庆环境科学，(3)：21-23，60.
何东，曹丹，2007. 论区域工业生态系统的构建[J]. 西华大学学报（哲学社会科学版），26（2）：23-26.
何剑刚，2004. 大庆地区生态风险评价[D]. 哈尔滨：东北林业大学.
黄和平，毕军，2007. 物质流分析研究述评[J]. 生态学报，27（1）：368-379.
黄惠，2006. 生态工业园系统柔性研究[D]. 兰州：西北大学.
郝璐，魏玉蓉，1999. 内蒙古畜牧业气象灾害危险性评价及灾害预防[J]. 内蒙古气象，(4)：29-35.
霍原，2006. 外来物种入侵法律调整机制的构建[J]. 沈阳师范大学学报（社会科学版），30（3）：95-97.
荆玉萍，张树文，李颖，2008. 基于景观结构的城乡交错带生态风险分析[J]. 生态学杂志，27(2)：229-234.
柯文，1992. 鲁尔工业区的振兴及其启示[J]. 管理世界，(2)：128-131.
兰友根，2005. 虚拟生态工业园区构建与生态工业链稳定性研究[D]. 天津：天津理工大学.
老木，2014. 德国鲁尔区的华丽转身[J]. 环境教育，(9)：54-56.
李健，金钰，陈力洁，2006. 生态工业园区产业结构物质流分析[J]. 现代财经，(10)：73- 76.
李猛，2002. 资源型城市资源型产业转型的国际比较研究[D]. 大连：大连理工大学.
李晟晖，2003. 矿业城市产业转型研究：以德国鲁尔区为例[J]. 中国人口·资源与环境，13（4)：94-97.
李晟晖，2003. 鲁尔区产业结构调整对我国的启示[J]. 地理教学，(6)：1-4.
李万立，2005. 旅游产业链与中国旅游业竞争力[J]. 经济，(3)：123-124.
李心芹，李仕明，兰永，2004. 产业链结构类型研究[J]. 电子科技大学学报（社科版），6（4)：60-63.
李自珍，何俊红，1999. 生态风险评价与风险决策模型及应用——以河西走廊荒漠绿洲开发为例[J]. 兰州大学学报，35（3)：149-155.
辽宁工业转型研究课题组，1998. 借鉴法国洛林经验加快辽宁工业转型[J]. 中国软科学，(10)：99-103.
刘斌，王苏亮，吴宗鑫，2005. 试论以物质流分析方法为基础建立我国循环经济指标体系[J]. 中国人口·资源与环境，15（4）：32-36.
刘贵富，2006. 产业链基本理论研究[D]. 长春：吉林大学.
刘文新，栾兆坤，1999. 乐安江沉积物中金属污染的潜在生态风险[J]. 生态学报，19（2）：206-211.
刘毅，陈吉宁，2006. 中国磷循环系统的物质流分析[J]. 中国环境科学，26（2）：238-242.
刘毅，2004. 中国磷代谢与水体富营养化控制政策研究[D]. 北京：清华大学.
刘新民，李自珍，赵文智，2006. 绿洲生态风险及其防范对策[J]. 世界环境，（4）：36-40.
楼俞，石磊，2008. 城市尺度的金属存量分析：以邯郸市 2005 年钢铁和铝存量为例[J]. 资源科学，30（1）：147-152.
卢亚灵，许学工，2010. 生态风险与生态安全的评价方法及前景[J]. 安全与环境学报，10（1）：132-136.
木佳. 魏杰，2003. 环保应推进环境准入制度[N]. 中国工商时报，11-20 版.
欧晓明，雷满香，黄明智，2003. 生态风险评价及其在农药半衰期测定中的应用[J]. 现代农药，2（3）：7-9.
乔青山，2013. 德国在矿区环境保护与综合治理方面采取的有效措施[J]. 煤炭加工与综合利用，（5）：69-70.
钱翌，2001. 生态入侵的危害及防范对策[J]. 新疆农业大学学报，（4）：62-64.
申元村，2004. 我国沙尘暴形成机制及防治对策研究[J]. 干旱区资源与环境，（S1）：9-13.
盛学良，王静，戴明忠，2010. 区域环境准入指标体系研究[J]. 生态环境，（1）：318-321.
史培军，李宁，刘婧，等，2006. 探索发展与减灾协调之路——从 2006 年达沃斯国际减灾会议看中国发展与减灾协调对策[J]. 自然灾害学报，15（6）：1-8.
苏伦·埃尔克曼，1999. 工业生态学[M]. 徐兴元译. 北京：经济日报出版社.
孙久朋，1990. 九州的复兴与日本的区域产业政策[J]. 现代日本经济，（1）：64-65.
尚天成，赵黎明，2003. 生态风险分析在生态旅游系统管理中的应用[J]. 华南农业大学学报（社会科学版），2（2）：72-76.
孙启宏，李艳萍，段宁，2007. 基于 EW-MFA 方法的我国 1990—2003 年资源利用与环境影响特征研究[J]. 环境科学研究，20（1）：108-114.
万方浩，郭建英，王德辉，2002. 中国外来入侵生物的危害与管理对策[J]. 生物多样性，10（1）：119-125.
王德喜，1991. 法国洛林矿区[J]. 国外金属矿山，（2）：31-32.
王灵梅，张金屯，2003. 生态学理论在生态工业发展中的应用[J]. 环境保护，（7）：57-60.
王胜强，孙津生，丁辉，2005. 海河沉积物重金属污染及潜在生态风险评价[J]. 环境工程，23（2）：62-64.
王兆华，尹建华，武春友，2003. 生态工业园区中的生态产业链结构模型研究[J]. 中国软科学，（10）：149-152.
王志成，2014. 德国鲁尔区：旧工业区整体改造的范本[J]. 乡音，（7）：52.
王志远，2014. 德国鲁尔区污染警报是如何解除的[N]. 经济日报，02-10（12）.
武春友，邓华，段宁，2005. 产业生态系统稳定性研究述评[J]. 中国人口·资源与环境，15（5）：20-25.
巫丽芸，黄义雄，2005. 东山岛景观生态风险评价[J]. 台湾海峡，（1）：35-42.

夏爱民，2005. 北九州循环型经济的雏形[J]. 世界环境，（3）：29-35.
刑芳芳，欧阳志云，2007. 经济环境系统的物质流分析[J]. 生态学杂志，26（2）：261-268.
徐惠忠，王德义，赵鸣，2004. 固体废弃物资源化技术[M]. 北京：化学工业出版社，126-131.
徐震，2010. 完善环境准入制度　积极优化经济增长[J]. 环境污染与防治，（1）：4-9.
许申来，张荣社，李王锋，2011. 基于 GIS 和污染源普查数据的环境准入措施研究[J]. 环境科学与管理，36（11）：5-11.
许学工，林辉平，付在毅，等，2001. 黄河三角洲湿地区域生态风险评价[J]. 北京大学学报（自然科学版），（1）：111-120.
夏建新，杨若明，2003. 西部地区社会经济系统的脆弱性及生态风险评估方法[J]. 中央民族大学学报（自然科学版），12（4）：331-335.
阳文锐，王如松，黄锦楼，等，2007. 生态风险评价及研究进展[J]. 应用生态学报，（80）：1869-1876.
颜磊，许学工，2010. 区域生态风险评价研究进展[J]. 地域研究与开发，29（1）：113-118.
佚名，1992. 德国老工业基地鲁尔区改造与振兴[J]. 经济研究参考，（Z4）：41-46.
尹琦，肖正扬，2002. 生态产业链的概念与应用[J]. 环境科学，23（6）：114-118.
游振华，李艳军，2011. 产业链概念及其形成动力因素浅析[J]. 华东经济管理，25（1）：100-103.
袁增伟，毕军，2010. 产业生态学[M]. 北京：科学出版社.
殷浩文，1995. 水环境生态风险评价程序[M]. 上海：上海环境科学，14（11）：11-14.
喻锋，李晓兵，王宏，等，2006. 皇甫川流域土地利用变化与生态安全评价[J]. 地理学报，（6）：645-653.
曾辉，刘国军，1999. 基于景观结构的区域生态风险分析[J]. 中国环境科学，19（5）：454-457.
张驎，何媛，2006. 应用循环经济理论构建煤炭生态工业园[J]. 中国矿业，15（12）：14-17.
张路，范成新，鲜启鸣，2007. 太湖底泥和疏浚堆场中持久性有机污染物的分布及潜在生态风险[J]. 湖泊科学，19（1）：18-24.
张贵祥，杨志峰，2003. 广州市生态风险重点及其防范策略[J]. 中国人口·资源与环境，13（4）：82-87.
张永军，吴孔明，彭于发，等，2002. 转基因植物的生态风险[J]. 生态学报，（11）：1951-1959.
赵海霞，朱德明，曲福田，2009. 环境准入门槛设置与指标体系构建实证[J]. 城市环境与城市生态，22（2）：37-40.
赵涛，2000. 德国鲁尔区的改造：一个老工业基地改造的典型[J]. 国际经济评论，（Z2）：37-40.
衷平，沈珍瑶，杨志峰，2003. 石羊河流域生态风险敏感性因子的确定[J]. 干旱区研究，20（3）：180-186.
周平，蒙吉军，2009. 区域生态风险管理研究进展[J]. 生态学报，29（4）：2097-2106.
周启星，王如松，1998. 城镇化过程生态风险评价案例研究[J]. 生态学报，（4）：337-342.
周伟，钟祥浩，曾云英，2006. 西藏高原农牧区生态风险评估与管理策略——以山南地区扎囊县为例[J]. 干旱地区农业研究，24（3）：164-169（193）.
赵肖，张娅兰，李适宇，2008. 滴滴涕对太湖经济鱼类危害的生态风险[J]. 生态学杂志，27（2）：295-299.